Horizonte 1

Geschichte Gymnasium Niedersachsen

Herausgegeben von
Ulrich Baumgärtner
Hans-Jürgen Döscher
Klaus Fieberg

Erarbeitet von
Ulrich Baumgärtner
Thomas Martin Buck
Johannes Derichs
Klaus Fieberg
Nicola Pütz
Ernst Rieber
Herbert Rogger
Klaus Scherberich
Silke Schneider
Stefan Stadler
Hildegard Wacker
Wolf Weigand
Wolfgang Woelk
Wolfram Wrobel

westermann®

Eine kommentierte Linkliste finden Sie unter:
www.westermann.de/geschichte-linkliste

Druck A[2] / Jahr 2009
Alle Drucke der Serie A sind im Unterricht parallel verwendbar.

Redaktion: Christoph Meyer, Dorle Bennöhr
Herstellung: Udo Sauter
Typografie: Thomas Schröder
Satz: pva, Druck und Mediendienstleistungen GmbH, Landau
Druck und Bindung: westermann druck GmbH, Braunschweig

ISBN 978-3-14-**111086**-9

Methodenseiten im Überblick

Vertiefungen im Überblick

Ein Grabstein aus der Römerzeit

Foto der zerstörten Rheinbrücke in Köln, 1945

Braunschweiger Schloss
Rekonstruierte Fassade, 2007

Der Neandertaler,
Rekonstruktion

Aus dem Familienalbum

Rathaus der Stadt Osnabrück

Das Hermanns-Denkmal in Detmold

M 1 **Eine Bildquelle**
Napoleon als Imperator, Gemälde von François Gérard, 1810

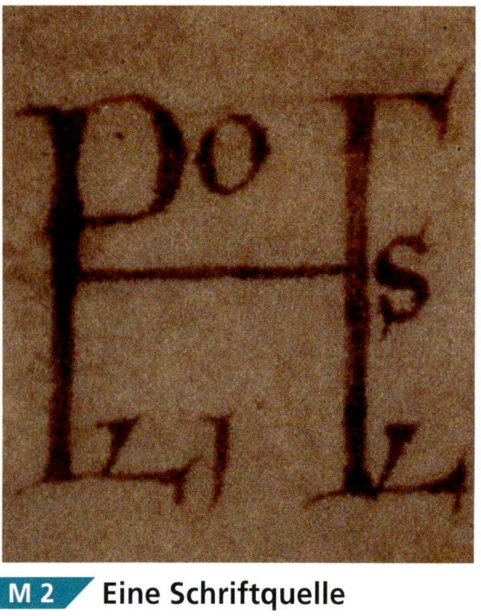

M 2 **Eine Schriftquelle**
Ausschnitt aus einer Urkunde Ludwigs des Deutschen mit seinem Monogramm, 848 n. Chr.

Geschichte – Vorstellung von der Vergangenheit

Geschichtswissenschaft – Ein Puzzlespiel

Die Vergangenheit ist unwiderruflich vergangen. Sie lässt sich nicht zurückholen. Das ist das Grundproblem der Geschichtswissenschaft. Vieles nämlich wird vergessen; vieles geht verloren. Nur aus dem, was in irgendeiner Form erhalten geblieben ist, können Informationen über die Vergangenheit entnommen werden. Aus diesen so genannten Geschichtsquellen versuchen Historiker, verlässliche Erkenntnisse über die Vergangenheit zu gewinnen: Sie sammeln sie, werten sie aus und bringen die daraus gewonnenen Informationen in einen Zusammenhang wie die Teile eines Puzzles. Die so entstandene Vorstellung von der Vergangenheit ist die „Geschichte". Nur: Das Puzzle wird niemals fertig, da niemals alle Einzelteile vorhanden sind.

Geschichtsquellen – Zeugen der Vergangenheit

Geschichtsquellen sind also Zeugnisse vergangener Zeiten. Ihnen verdanken wir unser Wissen über die Vergangenheit. Man kann folgende Quellentypen unterscheiden:

- Die *mündliche Überlieferung:*
  Darunter versteht man die oft von Generation zu Generation weitererzählten Erinnerungen.
- Die *gegenständliche Überlieferung:*
  So bezeichnet man Gegenstände aller Art, wie zum Beispiel Bauwerke, Waffen, Münzen, Gräber, Werkzeuge.
- Die *bildliche Überlieferung:*
  Dazu zählt man Höhlenzeichnungen, Buchillustrationen, Gemälde, Zeichnungen und Fotos.
- Die *schriftliche Überlieferung:*
  Das sind alle geschriebenen Texte, wie zum Beispiel Inschriften, Urkunden, Briefe, Chroniken, Zeitungen.

Überprüfung der Quellen

Quellen sind leider nicht objektiv: Mündliche Erzählungen, bildliche Darstellungen und schriftliche Berichte geben oft die persönliche Sicht der Dinge wieder. Wie Zeugen vor Gericht können Quellen die Wahrheit verschweigen, durch einseitige Darstellung verändern oder sogar völlig falsch wiedergeben. Aufgabe des Historikers ist es, aus den verschiedenen, sich manchmal sogar widersprechenden „Zeugenaussagen" die historische Wahrheit herauszufiltern. Erst durch den kritischen Vergleich der Quellen kann es gelingen, der Wahrheit möglichst nahezukommen, die Zusammenhänge zu durchschauen und ein Urteil zu fällen.

Quellen zum Sprechen bringen

Viele Texte sind jedoch in fremden Sprachen wie Lateinisch oder Griechisch geschrieben. Sie müssen erst gelesen, übersetzt oder bearbeitet werden. Das Entziffern alter Schriften ist eine Wissenschaft für sich. Bis zur Erfindung des Buchdrucks wurde alles von Hand geschrieben. Bis Ende des 19. Jahrhunderts wurden noch fast alle Briefe, Amtspapiere und selbst Personalausweise handschriftlich ausgefertigt. In der ersten

Hälfte des 20. Jahrhunderts schrieben viele Menschen eine andere Handschrift als heute üblich, die Kurrentschrift.

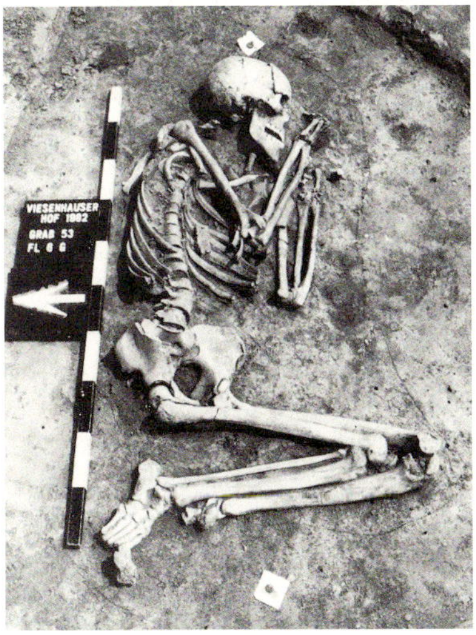

M 3 Ein archäologischer Fund
Der Tote ist in Schlafstellung als „Hocker" bestattet und in gutem Erhaltungszustand, etwa 4000 v. Chr., bei Stuttgart.

Archäologen – Schatzsucher im Dienste der Wissenschaft

Die Archäologie beschäftigt sich mit dem Aufspüren, Ausgraben und Auswerten von so genannten Bodenfunden. Bei diesen „Schätzen" handelt es sich meist um Bruchstücke, die in mühevoller Kleinarbeit am Fundort freigelegt, in ihrer Lage beschrieben, vermessen, fotografiert und später zusammengesetzt oder rekonstruiert werden müssen.

Eine Hauptaufgabe der Archäologen ist es, solche Zeugen früherer menschlicher Kultur vor dem Verfall zu schützen und auszuwerten. Sie müssen also diese scheinbar stummen Zeugen der Geschichte zum Sprechen bringen. Wie Kriminalisten oder Gerichtsmediziner gehen sie vor, wenn sie diese Funde buchstäblich unter die Lupe nehmen. Mauerreste, Knochen, Tonscherben oder die Inhalte von Abfallgruben verraten dem Fachmann erstaunlich viel über die Lebensumstände der Menschen in früheren Zeiten.

Bei der Suche nach diesen verborgenen „Schätzen" werden heute moderne Hilfsmittel eingesetzt wie zum Beispiel Luftaufnahmen aus dem Flugzeug. Dabei nutzt man die Tatsache, dass sich im Boden verborgene Mauerreste oder Gruben (Gräben, Vorratsgruben, Gräber) auf die Färbung und auf die Wuchshöhe der darüber liegenden Wiesen oder Getreidefelder auswirken. Es gibt also ein reichhaltiges „unterirdisches Archiv", das wichtige Informationen bereithält.

M 4 Luftbildarchäologie
Aus der Luft noch heute erkennbar: Reste eines römischen Landhauses im Kreis Euskirchen in Nordrhein-Westfalen, erbaut Anfang des 3. Jahrhunderts nach Christus.

Alte Dokumente entziffern

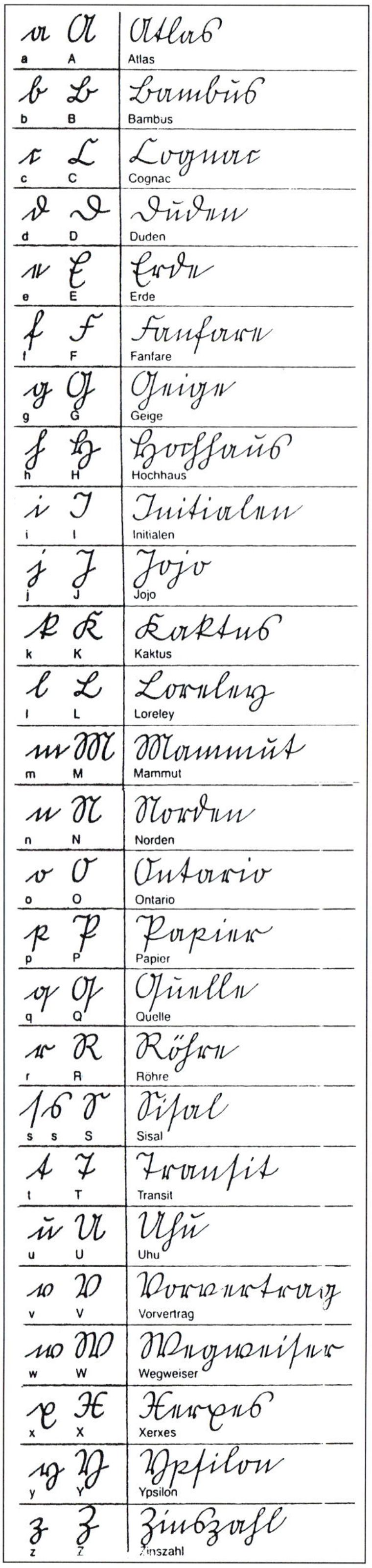

M 5 Kurrentschrift

Als Kurrentschrift bezeichnet man eine Schrift, bei der die einzelnen Buchstaben miteinander verbunden sind (Schreibschrift).

a	A	1
b	B	2
c	C	3
d	D	4
e	E	5
f	F	6
g	G	7
h	H	8
i	I	9
j	J	0
k	K	
l	L	
m	M	
n	N	
o	O	
p	P	
q	Q	
r	R	
s	S	
t	T	
u	U	
v	V	
w	W	
x	X	
y	Y	
z	Z	
ß		
ä	Ä	
ö	Ö	
ü	Ü	

M 6 Frakturschrift

Als Frakturschrift bezeichnet man Schriften, bei denen die Bögen der geschriebenen Buchstaben gebrochen sind. Diese Schrift wird heute nur noch selten verwendet, da man manche Buchstaben nur schlecht voneinander unterscheiden kann.

Personalausweis

für

den deutschen Reichsangehörigen

Volksschullehrer Georg Wrobel

aus Zirlau

Kreis Schweidnitz Haus- ~~Straße~~ Nr. 131

Personbeschreibung.

Geburtstag und Jahr 21. April 1871.

Wuchs schlank, Größe 1.81 m.

Augen blau.

Haare dunkelblond, im Ergrauen, lockig.

Gesicht oval.

Mund gewöhnlich.

Nase schmal, gebogen.

Bes. Kennzeichen keine.

(Unterschrift)

Georg Wrobel.

Der Inhaber ist die durch das Lichtbild dargestellte Persönlichkeit und hat die darunter befindliche Unterschrift eigenhändig vollzogen.

Ausgefertigt Zirlau, den 9. August 1918

Der Amtsvorsteher

M 7 **Personalausweis,** 1918

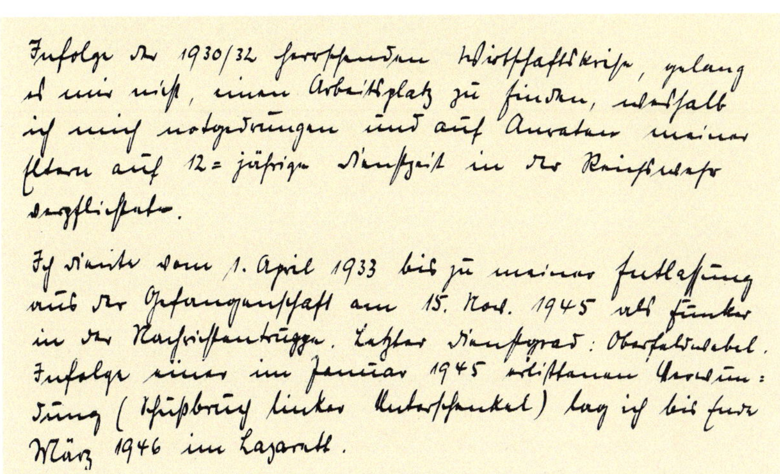

Infolge der 1930/32 herrschenden Wirtschaftskrise, gelang es mir nicht, einen Arbeitsplatz zu finden, weshalb ich mich notgedrungen und auf Anraten meiner Eltern auf 12=jährige Dienstzeit in der Reichswehr verpflichtete.

Ich diente vom 1. April 1933 bis zu meiner Entlassung aus der Gefangenschaft am 15. Nov. 1945 als Funker in der Nachrichtentruppe. Letzter Dienstgrad: Oberfeldwebel. Infolge einer im Januar 1945 erlittenen Verwundung (Schussbruch linker Unterschenkel) lag ich bis Ende März 1946 im Lazarett.

M 8 **Aus einem Lebenslauf,** geschrieben in Kurrentschrift, 1947

Aufgaben

1. a) Was bedeutet für Historiker „Quelle"?
   b) Prüfe, welche Abbildungen auf den Seiten 6 bis 11 Quellen sind.
   c) Ordne die Quellen in einer Tabelle nach Quellentypen: schriftlich, bildhaft, gegenständlich.
   → Text, Auftaktseite, M1-M8
2. a) Entziffere den Auszug aus dem Lebenslauf und die Angaben im Ausweis.
   b) Nenne Unterschiede zwischen dem Personalausweis von 1918 und einem heutigen.
   → M5–M8
3. Warum sind archäologische Funde wichtig für das Wissen über die Vergangenheit?
   → M3, M4
4. Überlege, wie die römische Villa ausgesehen haben könnte.
   → M4

Aus dem Familienalbum

Beim Betrachten eines Familienalbums begegnet man der eigenen Geschichte und der Geschichte der Familie. Seit etwa 150 Jahren gibt es Fotos. Sie zeigen manchmal Personen, die schon tot sind. Hinzu kommen weitere Unterlagen, die sich in einer Familie angesammelt haben. Historiker verwenden dafür den Begriff „Quelle", weil man aus ihnen Aufschluss über die Vergangenheit gewinnen kann. Jede Familie hat ihre eigene Geschichte. Die Geschichte dieser Familie beginnt im Jahr 1871.

Bild 1: 1871 werden mein Urgroßvater Franz und meine Urgrossmutter Martha geboren. 1927 entsteht dieses Bild mit meinen Urgroßeltern und ihren Kindern: Helene, Eugen, Augustin, Elisabeth und Hugo (von links), Augustin ist damals schon katholischer Priester, und der Kleine im Matrosenanzug wird später Politiker in Baden-Württemberg.

Bild 2 und 3: Das sind die Eltern meines Urgroßvaters, also auch meine Urugroßeltern. Opa Wilhelm wird 1877 geboren und Oma Elisabeth 1878, in dem Jahr, als der erste deutsche Fußballverein, der „Fußballverein 1878 Hannover" gegründet wird.
Beide sterben im September 1944 bei einem Luftangriff auf Karlsruhe.

Bild 4: Mein Urgroßvater wird 1939 Soldat, und er, der immer gegen einen Krieg war, muss eine Uniform anziehen. Er ist bei der Besetzung Dänemarks dabei, bekommt Heimaturlaub und darf seine Frau, meine Urgroßmutter Elisabeth, besuchen.

Bild 6: Das sind meine Eltern, geboren im Jahr 1964. 1994 heiraten meine Eltern.

Bild 7: Das bin ich, Vanessa, geboren im Jahr 1995. Ich wohne in einer süddeutschen Großstadt und gehe inzwischen zur Schule.

M 2 **Telegramm von 1944**

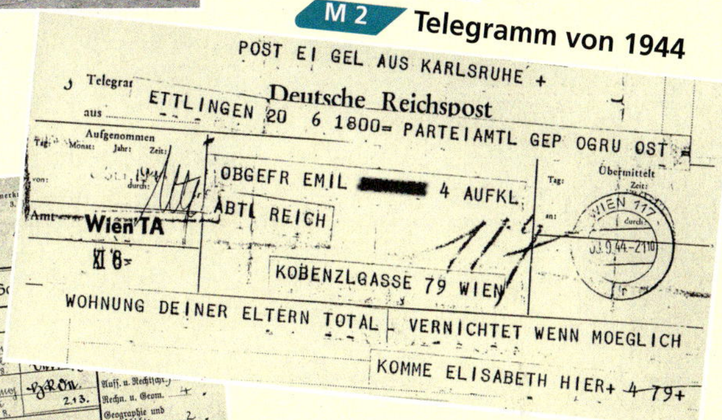

POST EI GEL AUS KARLSRUHE +

Telegramm Deutsche Reichspost

ETTLINGEN 20 6 1800= PARTEIAMTL GEP OGRU OST

OBGEFR EMIL [redacted] 4 AUFKL.

ABTL REICH

Wien TA

KOBENZLGASSE 79 WIEN

WOHNUNG DEINER ELTERN TOTAL VERNICHTET WENN MOEGLICH

KOMME ELISABETH HIER+ 4 79+

Bild 5: Das sind meine Großeltern, Mechthild (1935 geboren) und Hubert (1925 geboren). Ostern 1958 verloben sie sich und heiraten auch bald danach.

M 1 **Stundenplan von 1932**

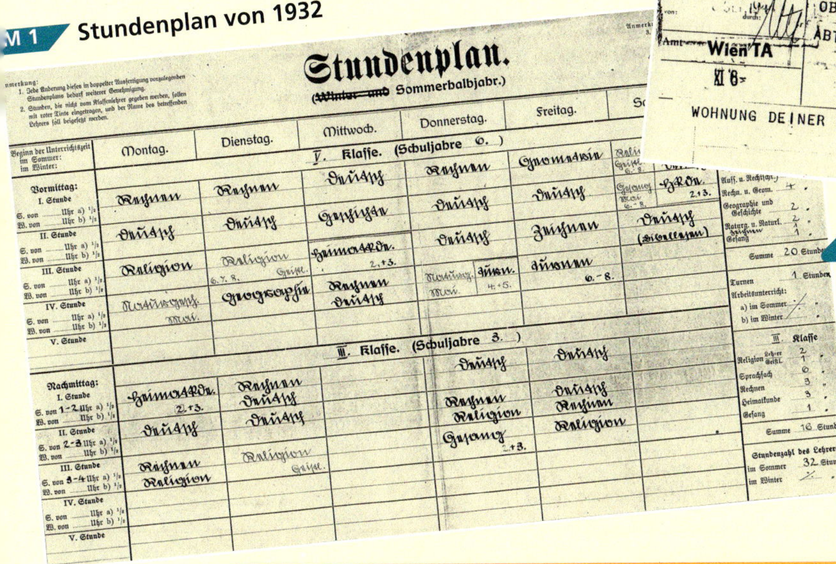

Stundenplan.

(~~Winter- und~~ Sommerhalbjahr.)

Montag. Dienstag. Mittwoch. Donnerstag. Freitag.

M 3 **Kinderzeichnung von 1999**

Aufgaben

1. a) Wer erzählt die Geschichte der Familie?
   b) Fertige einen Stammbaum der Familie an.
2. Vergleiche die einzelnen Bilder. Welche Unterschiede und welche Gemeinsamkeiten fallen auf?
3. a) Ordne den Stundenplan, das Telegramm und die Kinderzeichnung den entsprechenden Familienmitgliedern zu. Bei der Entzifferung der Schrift hilft die Tabelle auf der vorherigen Seite.
   b) Wie bedeutsam sind die einzelnen Schriftstücke für die Familiengeschichte?
   c) Prüfe, welche Informationen aus den Schriftstücken – über die Familiengeschichte hinaus – von allgemeinem Interesse sein können.
   → M1, M2, M3
4. Erforsche deine eigene Familie. Suche nach geeigneten Quellen. Befrage auch Familienmitglieder. Erstelle einen Stammbaum.

M 1 **Räderuhr mit Stundenschlag**

Nürnberg, 1. Hälfte des 15. Jahrhunderts

Die Zeit

Zeitrechnung und Zeitmessung

„Die Zeit vergeht wie im Flug." – „Die Zeit wollte einfach nicht vergehen." Solche Redensarten zeigen, dass die Zeit von Menschen unterschiedlich wahrgenommen werden kann. Der persönliche Eindruck ist also ein unsicheres Maß für die zeitliche Dauer. Deshalb haben die Menschen immer schon versucht, die Zeit zu messen. Dabei orientierten sie sich zunächst am Wechsel von Tag und Nacht. Da aber die Dauer des Tages schwankt, ist dies ein ungenaues Zeitmaß. Um die Zeit einzuteilen und Zeitabläufe zu messen, entwickelten die Menschen immer feinere Instrumente.

Mond- und Sonnenjahr

Der Sonnenstand und die wechselnden Mondphasen waren seit jeher für die Menschen ein wichtiger Anhaltspunkt für die Einteilung eines Tages oder eines Jahres. Das Mondjahr, das 12 Mondphasen umfasst, ist allerdings deutlich kürzer als ein Sonnenjahr mit 365 Tagen. Während in einem Sonnenkalender die Jahreszeiten immer einen festen Platz haben, wandern sie in einem Mondkalender durch das Jahr.

Verschiedene Kalender

Um Ereignisse zu datieren, benötigt man einen Bezugspunkt:

- In der christlich geprägten Welt wird der Zeitverlauf in die Zeit „vor Christi Geburt" (v. Chr.) und die Zeit „nach Christi Geburt" (n. Chr.) eingeteilt.
- Die Römer wählten als Anfangspunkt ihrer Zeitrechnung das Jahr der Gründung Roms („ab urbe condita"). Dieses entspricht in unserer Zeitrechnung dem Jahr 753 vor Christi Geburt.
- In der arabischen Welt gilt als Ausgangspunkt der Zeitrechnung das Jahr, in dem der Prophet Mohammed von Mekka nach Medina flüchtete. In unserer Zeitrechnung entspricht das dem Jahr 622 nach Christi Geburt.
- Die jüdische Zeitrechnung beginnt mit der Schöpfung der Welt, die sich nach jüdischem Glauben aus den Angaben der Bibel errechnen lässt und – entsprechend dem christlichen Kalender – auf das Jahr 3761 vor Christus datiert wird.

M 2 **Zeitstrahl**

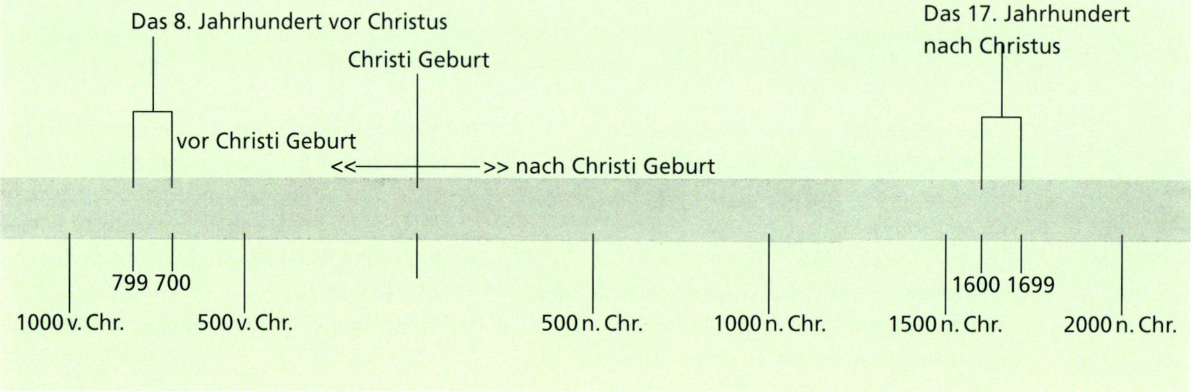

Geräte zur Zeitmessung – Gegenständliche Quellen untersuchen

M 4 **Griechische Sonnenuhr**
3. Jahrhundert v. Chr.

M 5 **Sanduhr**
aus dem 19. Jahrhundert

M 6 **Bahnhofsuhr am Frankfurter Hbf**

M 7 **Uhr mit digitaler Anzeige in Bremen**

Aufgaben

1. a) Zeichne einen Zeitstrahl für die Zeit von 100 v. Chr. bis 50 n. Chr. (10 Jahre entsprechen 1 cm).
   b) Trage folgende Jahre und Zeiträume ein:
   - die zweite Hälfte des 1. vorchristlichen Jahrhunderts
   - das Todesjahr von Julius Cäsar (44 v. Chr.)
   - das 4. Jahrzehnt des 1. Jahrhunderts n. Chr.
2. Berechne das Alter einer Münze, die im Jahr 132 v. Chr. geprägt wurde.
3. a) Beschreibe, wie eine Sanduhr und eine Sonnenuhr funktionieren.
   b) Überlege dir, wie du selbst mit einfachen Mitteln ein Gerät zur Zeitmessung herstellen könntest.
4. Bei welchen Gelegenheiten ist es heute wichtig, sich genau nach der Uhrzeit zu richten? Bei welchen Gelegenheiten „geht es nicht so genau"? Erkläre den Unterschied.
5. a) Rechne aus, in welchem Jahr du nach den unterschiedlichen Kalendersystemen geboren bist.
   b) In welchem Jahr befinden wir uns jetzt nach dem islamischen oder nach dem jüdischen Kalender?

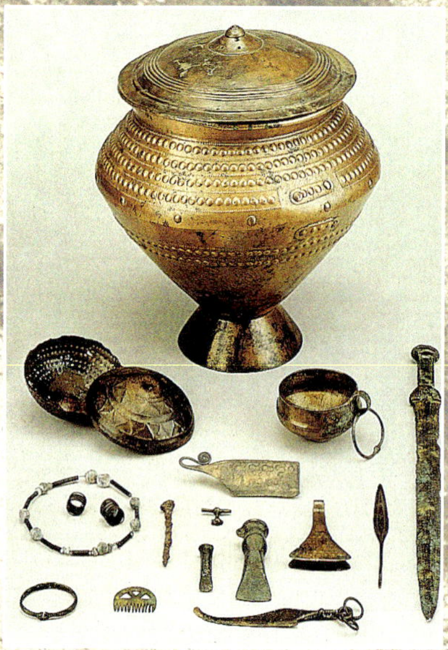

Geräte aus Bronze, 750 v. Chr.

Großsteingrab bei Kleinenkneten im Landkreis Oldenburg

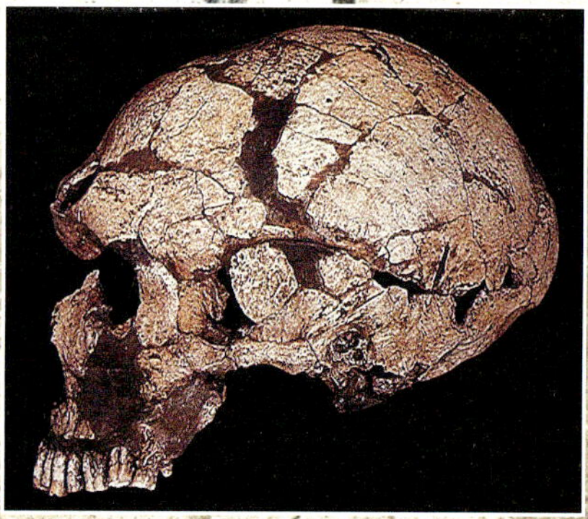

Schädel eines Neandertalers

Ein „Haus-Zelt" aus der Altsteinzeit

Ein jungsteinzeitliches Dorf

Archäologen bergen ein Grab

Vorgeschichte der Menschheit

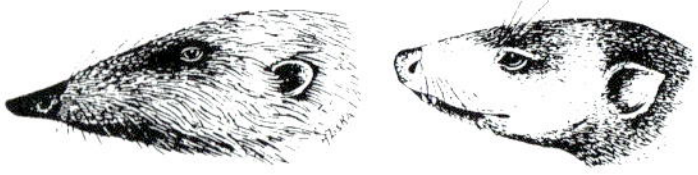

M 1 Spitzmausartige Säugetiere
Rekonstruktionszeichnung nach archäologischen Funden

Die Sonderstellung des Menschen

Gewaltige Klimaveränderungen brachten den Sauriern schon lange vor dem sagenhaften Meteoriteneinschlag vor 65 Millionen Jahren das Ende. Nun gehörte kleinen, spitzmausartigen Säugetieren die Zukunft. Teil dieser Zukunft ist der Mensch, den Wissenschaftler „Homo sapiens" – zu deutsch der „weise Mensch" – nennen. Was aber macht uns „weise" und unterscheidet uns damit vom Tier? Es ist die einmalige Kombination von verschiedenen, in Millionen von Jahren erworbenen Eigenschaften:

- aufrechter Gang,
- Fertigung von Werkzeugen und deren ständiges Mitführen,
- kontrollierte Feuernutzung,
- Sprachvermögen und systematisches, planendes Verhalten,
- enge Gruppenbindung des Einzelnen,
- Entwicklung von Technik, Kunst und Religion.

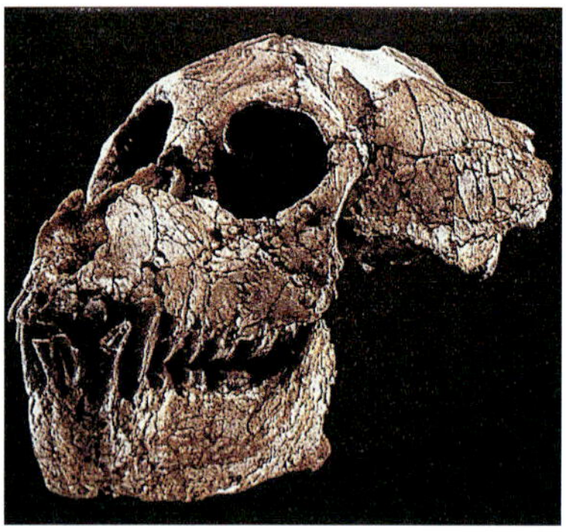

M 2 Propliopithecus
Originalschädel, Alter etwa 25 Millionen Jahre

Vom Tier zum Menschen

Die Entwicklung zum Menschen vollzog sich über einen langen Zeitraum. Im Folgenden sind die wichtigsten Etappen zusammengefasst:

- Vor 25 Millionen Jahren besetzten in verhältnismäßig kurzer Zeit die Säugetiere die Lebensräume zu Lande, zu Wasser und in der Luft. Im Gebiet des heutigen Ägypten lebte ein unscheinbares, etwa einen Meter großes Tier, das Wissenschaftler „Propliopithecus" nennen. Seine gleich langen Vorder- und Hintergliedmaßen ermöglichten ihm – im Gegensatz zu den langarmigen Baumhanglern – den aufgerichteten Gang auf dem Boden.
- Vor 20 bis 15 Millionen Jahren ließ ein Klima mit hohen Niederschlägen üppige Wälder gedeihen. In solchen Gebieten lebte ein Affe, der so genannte Proconsul. Noch weit mehr als sein Vorfahre aus Ägypten war er imstande, auch ein Bodenleben zu führen. Darum steht er dem Menschen wiederum ein Stück näher.
- Vor 15 bis 8 Millionen Jahren wurde es in Afrika kühler und trockener. Die Waldgebiete lockerten auf und es entstanden offene Landschaften, die auch von Raubtieren bevölkert waren. Die Vorfahren des Menschen überlebten durch engen Zusammenschluss in Gruppen und durch den aufrechten Gang. Dieser ermöglichte eine bessere Übersicht. Viele Funde beweisen, dass in den vielfältigen Landschaften damals eine Reihe von Affenarten lebte.
- Für die Zeit vor etwa 7 Millionen bis vor 150 000 Jahren sind schließlich verschiedene Urmenschen nachweisbar, die für die Entwicklung zum Menschen von Bedeutung waren.

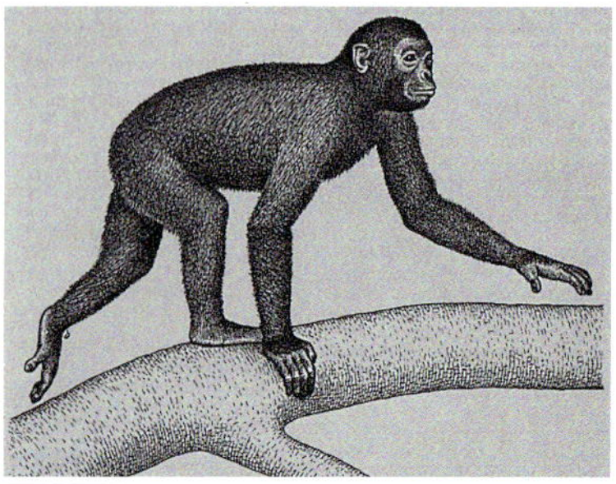

M 3 Proconsul
Rekonstruktionszeichnung

Die frühesten Menschen – Die Urmenschen

Zwei Formen, die schon vor etwa 2,5 Millionen Jahren lebten, rechnet man heute der Gattung Mensch zu: den „Homo habilis", der „begabte Mensch", und den „Homo rudolfensis". Beide konnten Werkzeuge bewusst herstellen und mitführen. Selbst der begabteste Schimpanse – heute unser nächster Verwandter – verwendet Werkzeug nur nach dem Zufallsprinzip und lässt es dann liegen.

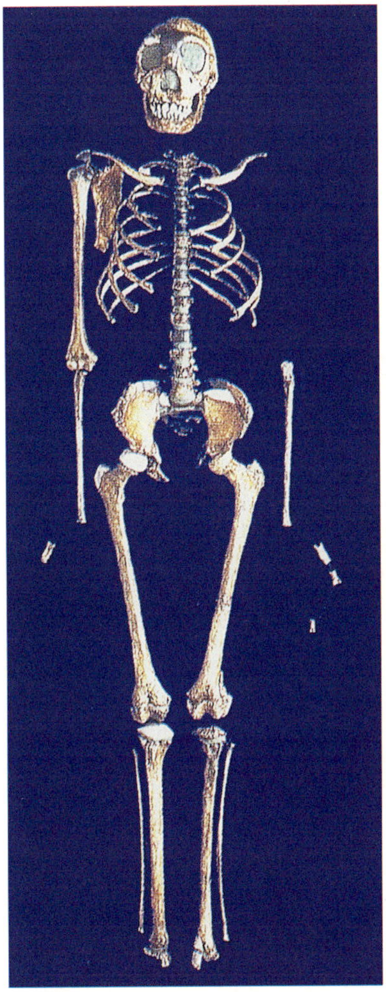

M 4 Skelett des Homo erectus
So genannter Turkana Junge, 1,58 m groß; er starb im Alter von elf Jahren.

Noch während diese frühen Menschen zu überleben suchten, begann in den Steppen und Savannen Ostafrikas vor etwa zwei Millionen Jahren ein weiterer Mensch seine stets gefährdete Karriere: der „Homo erectus“, der „aufgerichtete Mensch“. Die frühesten Exemplare des Homo erectus waren so groß wie heutige Menschen. So erreichte der so genannte Junge von Turkana mit elf Jahren die Größe von 1,58 m. Spuren des Homo erectus sind nahezu auf der ganzen Welt zu finden. Mit bis zu zwei Meter langen Lanzen wurde gefährliches Großwild wie Nashorn, Elefant, Bison, Hirsch und Bär gejagt.

Der „Neandertaler“

Einer der berühmtesten Urmenschen ist der „Homo sapiens neandertalensis“. Er ist trotz seiner altertümlich erscheinenden Merkmale ein moderner Mensch. Sein Körperbau, der an einen Schwerathleten erinnert, war für seine äußerst gefährliche Lebensweise gut geeignet. Er war zum Nahrungserwerb ständig unterwegs und er nutzte Felsüberhänge und Höhleneingänge als vorübergehenden Aufenthalt.

Bei der Jagd auf Großwild wurde er häufig schwer verletzt, aber seine Gemeinschaft half ihm zu überleben. Dieser urzeitliche Mensch beerdigte seine Toten und stellte Schmuck zum Beispiel aus Bärenzähnen her. Vermutlich konnte der Neandertaler auch sprechen. Wissenschaftler haben herausgefunden, dass das für die Sprache wichtige Zungenbein von dem heutiger Menschen nicht zu unterscheiden ist.

M 5 Neandertaler
Leben der Neandertaler, nachgestellte Szene im Neanderthal Museum Mettmann

Der Homo sapiens sapiens – der Jetztmensch

Vor etwa 150 000 Jahren lebte schließlich der „Homo sapiens sapiens“. Er stammt aus Afrika und verbreitete sich über große Teile der Welt, vor etwa 40 000 Jahren auch über Europa. Eine bessere Werkzeugtechnik, die Fähigkeit zur exakten Naturbeobachtung und die Fähigkeit, vorausschauend zu handeln, garantierten seinen Erfolg.

Ausbreitung des Jetztmenschen – Arbeiten mit Karte und Darstellung

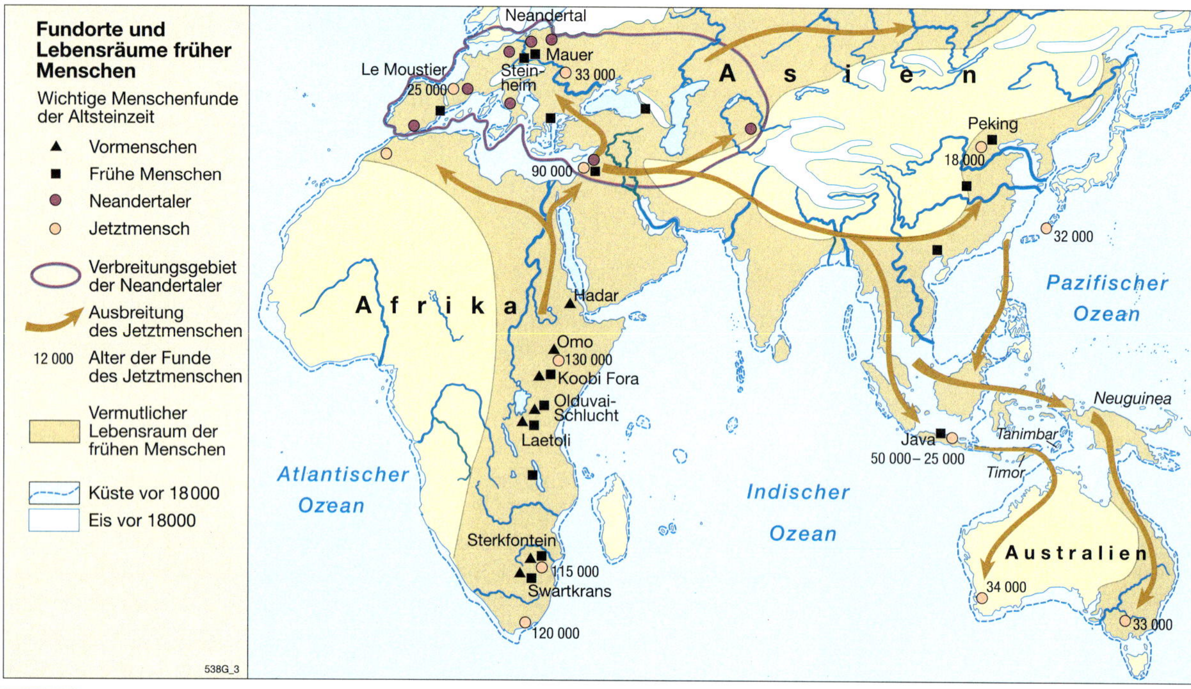

M 6

M 7 Die Besiedlung Australiens

Der amerikanische Wissenschaftler Jared Diamond hat sich ausführlich mit der Besiedlungsgeschichte der Erde befasst. In seinem Buch „Arm und Reich" schreibt er über die Besiedlung von Australien und Neuguinea Folgendes:

Um vom asiatischen Festland nach Australien/Neuguinea zu gelangen, mussten mindestens acht Tiefseerinnen überquert werden, von denen die breiteste wohl über 80 Kilometer maß. Während die meisten dieser Rinnen zwischen Inseln lagen, die sich in Sichtweite voneinander befanden, war Australien selbst von den nächstgelegenen indonesischen Inseln Timor und Tanimbar aus niemals sichtbar. […]

Deshalb ist die Besiedlung von Australien/Neuguinea insofern besonders bedeutsam, als dafür Wasserfahrzeuge erforderlich waren und somit der älteste Beweis für den Gebrauch solcher Fahrzeuge durch den Menschen erbracht war. Erst rund 30 000 Jahre später tauchten Boote in einem anderen Teil der Welt auf, und zwar im Mittelmeerraum.

Anfangs hielten es die Archäologen für möglich, dass die Besiedlung von Australien/Neuguinea zufällig durch eine Handvoll Menschen erfolgte, die beim Fischen auf einem Floß nahe der indonesischen Inseln aufs Meer getrieben wurden. Im Extremfall hätte es sich bei den ersten Siedlern um eine einzige schwangere Frau mit einem männlichen Fötus (Kind ab dem dritten Schwangerschaftsmonat) im Leib handeln können. Die Verfechter dieser Zufallstheorie mussten sich jedoch von neueren Entdeckungen überraschen lassen, die ergaben, dass kurz nach der Besiedlung Neuguineas noch andere, weiter östlich gelegene Inseln […] in Besitz genommen wurden.

Daraus folgt, dass die ersten Australier und Neuguineer wahrscheinlich in der Lage waren, gezielte Reisen über das Wasser zu unternehmen, um in Sichtweite gelegene Inseln zu erreichen.

Außerdem dürften sie häufig genug mit Flößen oder einfachen Booten hinaus aufs Meer gefahren sein, um wiederholt auch außer Sichtweite liegende Inseln durch Zufall zu entdecken und zu besiedeln.

Jared Diamond, Arm und Reich. Die Schicksale menschlicher Gesellschaften, Frankfurt am Main, 1998, S. 53 ff.

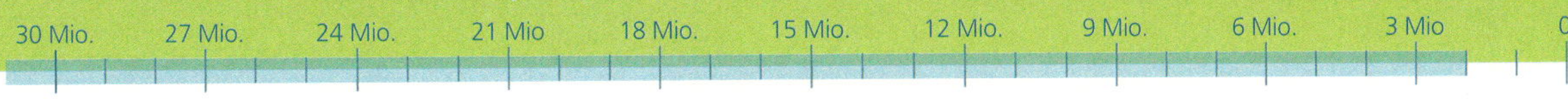

Der Neandertaler – Fund und Rekonstruktionen vergleichen

M 8 Der Neandertaler in einer Rekonstruktion von 1909

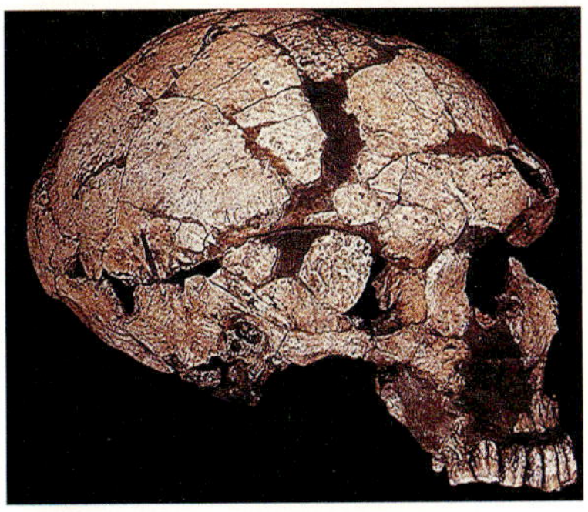

M 9 Dieser Neandertaler hatte eine Größe von 1,70 m und war etwa 80 kg schwer.

M 10 Neandertaler Modell nach neuesten wissenschaftlichen Erkenntnissen

Aufgaben

1. Was unterscheidet den Menschen vom Tier? Erkläre die im Text genannten Eigenschaften des Menschen.
   → Text
2. Arbeite mit der Karte. Beschreibe, wie sich die Ausbreitung des Menschen vollzog. Nimm dafür einen Erdkundeatlas zu Hilfe. → M6
3. a) Suche die im Text von Jared Diamond genannten Länder und Inseln auf der Karte.
   b) Fasse die Besiedlungsgeschichte von Australien/Neuguinea mit eigenen Worten zusammen.
   c) Jared Diamond benutzt im Text die Begriffe „für möglich halten" oder „wahrscheinlich". Warum?
   → M6–M7
4. a) Vergleiche die Rekonstruktion des Neandertalers von 1909 mit dem modernen Neandertalerbild. Welche Unterschiede, aber auch welche Gemeinsamkeiten haben beide Rekonstruktionen?
   b) Welche Gründe gibt es für die Unterschiede?
   → M8–M10

M 1 Herstellung eines Faustkeils

Jäger und Sammler der Altsteinzeit

Werkstoff Stein

Stein war das erste dauerhafte Material, aus dem Menschen Werkzeuge herstellten und so ihr Überleben sicherten. Diese Phase der Menschheitsentwicklung wird deshalb als „Steinzeit" bezeichnet. Die Kunst der Steinbearbeitung entwickelte sich im Lauf der Zeit immer weiter, sodass wir die Steinzeit in eine Alt-, Mittel- und Jungsteinzeit einteilen.

Schon vor mehr als zwei Millionen Jahren wurden einfache Steinwerkzeuge benutzt. So genügte damals ein aus einem Geröll gefertigtes „Handbeil", um an das nahrhafte Knochenmark von Beutetieren heranzukommen. Dazu war Stein von großer Härte, der beim Anschlag leicht absplitterte und scharfe Kanten und Klingen bildete, gut geeignet. Die besten rasiermesserscharfen Abschläge für Klingen, Schaber, Messer und Beile lieferte Flint- oder Hornstein. Rasch lernte der Mensch, Werkzeug hoher Qualität herzustellen. Deshalb sicherte das Wissen von Flintsteinlagerstätten die Überlebensfähigkeit der Gruppe.

Lebensgrundlage: Jagen und Sammeln

Die erfolgreiche Jagd auf Großwild – Mammut, Ur, Nashorn, Ren, Hirsch, Pferd – stellte in der Altsteinzeit die Existenz der Menschen sicher. Sie war jedoch äußerst gefährlich: Mammute und Ure griff man mit bis zu 2,4 m langen Stoßlanzen an. Oft waren schwere Verlet-

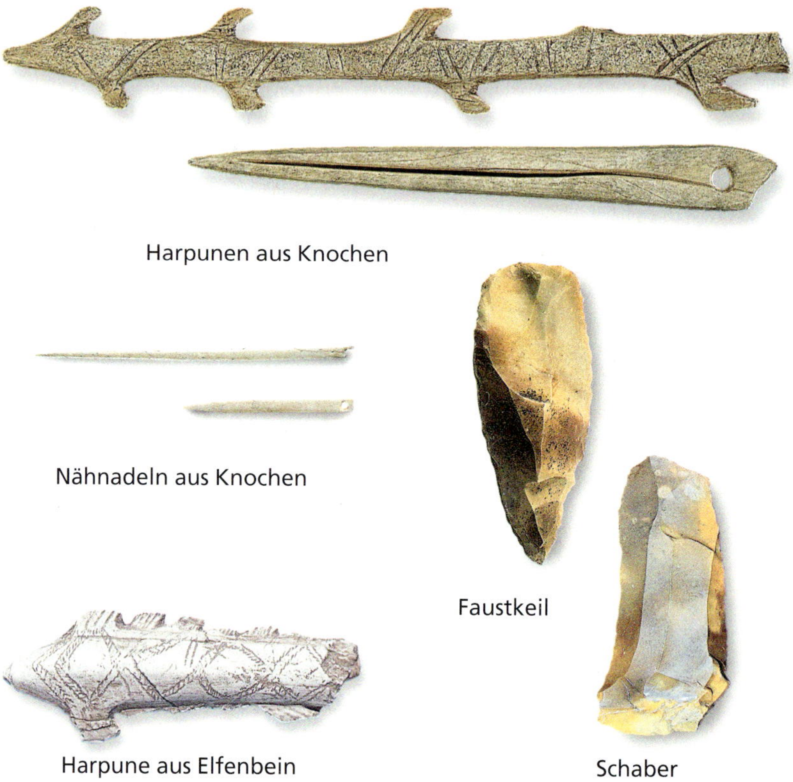

M 2 Werkzeuge und Waffen aus der Altsteinzeit

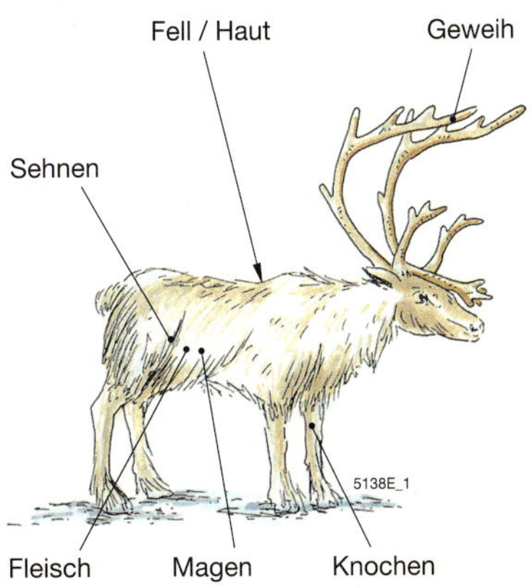

M 3 Ein „Nutz-Tier"
Schemazeichnung

zungen der Menschen die Folge. Auch der Fang eines Elefanten erforderte sehr viel Mut. Das Tier wurde in eine Grube getrieben, wo es auf einen zugespitzten Pfahl fiel. Bumerang – der keine australische Erfindung ist – Speer, Speerschleuder, Bogen und Pfeil vergrößerten die Distanz zum gefährlichen Großwild. Außerdem konnte man nun schnelles Wild, wie zum Beispiel Hirsche, leichter erlegen. Die getöteten Tiere wurden vielseitig verwertet.

Neben Nahrungspflanzen wie Früchten, Pilzen, Nüssen, Wildgetreide und Wurzeln sammelten die Steinzeitmenschen auch Heilpflanzen wie Thymian und Rosmarin. Holz, dazu Zunderschwamm und Pyrit, der eigentliche Feuerstein, mussten ständig neu zusammengetragen werden, um Feuer machen zu können.

Abhängigkeit von der Natur

In ganz anderem Ausmaß als heute war der Mensch damals der Natur ausgeliefert. Die Schwankungen der Jahreszeiten, das Ausbleiben von Jagdwild und geringer Ertrag beim Sammeln von Nahrungspflanzen konnten die altsteinzeitlichen Familiengruppen oft an den Rand der Existenz bringen. Sie mussten dann beschwerliche Wanderungen unternehmen, um wieder zu ausreichender Nahrung zu kommen. Daher folgten die Menschen dem Wild. Sie lebten ohne festen Wohnsitz als Nomaden. Auch um am Wohnplatz Unterkünfte zu errichten, mussten die Menschen Material sammeln. Während der frühen Altsteinzeit dürften die Unterkünfte aus einfachen Regen- und Windschutzzelten bestanden haben.

Eine arbeitsteilige Gesellschaft

Die Vielzahl lebensnotwendiger Beschäftigungen und die unterschiedlichen Fähigkeiten des Einzelnen führten zur Arbeitsteilung. Da schwere Verletzungen ausschließlich an männlichen Skeletten feststellbar sind, war die gefährliche Jagd auf Großwild vermutlich den Männern vorbehalten. Die kleineren Kinder blieben wohl zunächst der mütterlichen Obhut anvertraut, allerdings nahm, wie man aus einem Fund erschließen kann, ein steinzeitlicher Bergmann ein 4-jähriges Kind in die Grube mit.

Bereits in der Altsteinzeit vor über 35 000 Jahren begann der Handel zu blühen. So wurden zum Beispiel Flintsteine aus Oberitalien in Polen, Deutschland und in der Schweiz gefunden.

M 4 Tier oder Mensch?
Vermutlich ein Zauberer, der für eine Jagdzeremonie Fell und Geweih eines Jagdtiers angelegt hat. Nachzeichnung eines Höhlenbildes von Trois-Frères in Südfrankreich.

Die Religion des Steinzeitmenschen

Unwetter wie Steppenbrände, Erdbeben oder Überflutungen gingen in der Vorstellung der Urmenschen auf lebensbedrohliche Kräfte zurück. Ihnen war man völlig ausgeliefert. Sie schienen über den Ausgang eines Kampfes mit konkurrierenden Gruppen zu bestimmen.

So wurde ein erfahrener Jäger bei einem Unfall schlagartig zu einem Invaliden, den die Gruppe mit versorgen und durchbringen musste. Der Tod des geliebten Nächsten wurde für die damaligen Menschen offenbar durch ein Geisterwesen bewirkt, das man sich geneigt machen musste. Vielleicht stellten Schamanen den Kontakt zur Geisterwelt her. Diese versuchten mithilfe von Amuletten und Zeremonien Krankheiten zu heilen und Sicherheit für die Gruppe zu erreichen.

Leben in der Altsteinzeit – Rekonstruktionen vergleichen

M 5 Leben in der Altsteinzeit
Rekonstruktionszeichnung nach archäologischen Funden

M 6 Ein „Haus-Zelt"
Rekonstruktion nach archäologischen Resten eines Lagerplatzes bei Neuwied im Rheintal, Behausung vor 12 000 Jahren.

Werkzeuge aus der Steinzeit untersuchen

M 7 **Arbeiten mit Werkzeugen**

Aufgaben

1. a) Welche Schwierigkeiten hatten die Steinzeitmenschen bei der Jagd zu überwinden?
   b) Wofür wurden die Teile des Tieres verwendet?
   → Text, M3
2. Beschreibe die Werkzeuge der Altsteinzeit und erkläre ihre Funktionen.
   → Text, M1, M2, M7
3. a) Vergleiche die Rekonstruktionszeichnung über das Leben in der Steinzeit mit dem Darstellungstext und den anderen Materialien. Welche Aussagen des Textes findest du in der Grafik wieder? Was fehlt?
   b) Ist deiner Meinung nach die Rekonstruktionszeichnung historisch korrekt? Begründe.
   → Text, M5, M6

M 1 In der Höhle von Lascaux

Die Untersuchung der Felsbilder ergab, dass diese in der Zeit zwischen 15 000 und 14 000 v. Chr. entstanden sind, vermutlich um 14 500 v. Chr. Eine in der Höhle gefundene Fett-Lampe belegt, dass das Innere erleuchtet wurde. Das vorliegende Bild befindet sich im so genannten Schacht, einer tiefen, schwer zugänglichen Stelle in der Höhle. Bei der Herstellung wurde nur schwarze Farbe verwendet. Die Umrisse der Figuren wurden eingeritzt, bevor die Farbe aufgeblasen und dann mit Fingern verstrichen wurde.

M 2 Das Rätsel von Lascaux

Der Wissenschaftler Michael Rappenglück stellt in seinem Buch über Lascaux verschiedene Deutungen vor:

a) Die meisten Forscher erkennen in der Bildfolge die „älteste Darstellung" einer Jagd mit allem, was so dazugehören solle: Jäger (Vogelmensch), Jagdbeute (verwundeter Bison), Jagdwaffen (Pfeil, Speer), Tarnmaske (Vogelkopf des Vogelmenschen). Für einen oder mehrere der Beteiligten (Vogelmensch, Bison) endete die Begegnung sicher gesundheitsschädigend, wenn nicht gar tödlich: Ein „Jagdunfall" sei dargestellt, eine Szene, in der es um Leben und Tod ging. […]

b) Wenn in dieser Szene ein menschenähnliches Wesen zu Tode kommt, dann lag es für viele Interpreten nahe, hier ein „Begräbnis" in einer unterirdischen „Gruft" und in der ganzen Szene ein „Totenritual" gewissermaßen zum „Gedenken" dargestellt zu sehen. Dieser Deutung zufolge ist der Vogel auf dem Stab schlicht ein Grabpfosten und der Vogelmensch der „Geist des Jägers". Für manchen Forscher verbirgt sich hinter der seltsamen Gestalt gar noch pompöser der „Höhlengeist". Nur sollte dann im weiteren Gedankenschluss auch das „Grab eines Jägers" im Boden des Schachtes auszugraben sein. Allerdings wurden Nachgrabungen, die im Jahre 1949 erfolgten, nicht fündig. […]

c) Immer wieder beziehen die Forscher die „Szene" auf „magische" Handlungen und Vorstellungen. Dabei sind sie sich nicht nur untereinander, sondern sogar in ein und derselben Person uneinig. In diesen Interpretationen ist der Vogelmensch ein Magier oder Zauberer bzw. wird selbst behext. […]

d) Die Szene gebe einen Opferritus wieder. Sie zeige, wie nach erfolgreicher Jagd das erste erbeutete Tier, ein Bison, dem Sonnengott geschlachtet werde.

Michael A. Rappenglück, Eine Himmelskarte aus der Eiszeit?, Frankfurt am Main 1999, S. 19 ff.

Umgang mit bildlichen Quellen

Bildliche Darstellungen sind wichtig, um Aufschluss über die Vergangenheit zu erhalten. Dabei gibt es allerdings ganz verschiedene Formen: Fotografien, Gemälde, Karikaturen, Zeichnungen, Buchmalereien, Reliefs – und auch Malereien in Höhlen. Über die einzelnen Bilder weiß man unterschiedlich viel. Manchmal kann man genau nachvollziehen, wie ein Bild entstanden ist, wer den Auftrag gegeben hat, wer dafür bezahlt hat, was der Künstler damit ausdrücken wollte und wie es auf die Betrachter gewirkt hat. Oft weiß man leider sehr wenig, und es ist schwierig, nähere Informationen zu erhalten.

Bilder „zu lesen" ist aber auch deshalb schwierig, weil die „Bildersprache" sich ändert. Jede Zeit hatte zum Beispiel ihre eigene Vorstellung, was ein „schöner Mensch" ist. Die „Bildersprache" ist darüber hinaus auch nicht eindeutig. Wir können zwar die Bilder erkennen und beschreiben, aber wir können nicht immer entnehmen, welche Bedeutung damit verbunden ist. So ist es, wenn man etwas über die Vergangenheit erfahren will, interessant und ergiebig, sich mit Bildern zu beschäftigen, auch wenn sich dabei – wie im Beispiel der Höhlenmalereien – nicht alle Fragen klären lassen.

Fragen an bildliche Quellen

1. Entstehung des Bildes

a) Wie alt sind die Höhlenmalereien?
b) Welche Informationen hat man von der Entstehung dieser Bilder?

2. Beschreibung des Bildes

a) Welchen Gesamteindruck vermittelt das Bild?
b) Was ist im Einzelnen dargestellt?
c) Wo befinden sich die einzelnen Teile?
d) Lässt sich eine bestimmte Anordnung der einzelnen Teile erkennen?
e) Welche Farben werden verwendet?
f) Wie kann man die Art der Darstellung (Malweise) charakterisieren?

3. Deutung des Bildes

a) Was erfährt man aus dem Bild über die Vergangenheit?
b) Welche der Deutungen erscheint dir am überzeugendsten? Begründe deine Meinung.

Die Menschen werden zu Bauern

M 1 Äxte und Tongefäß aus der Jungsteinzeit

Die „neolithische Revolution“

Eine der größten Veränderungen in der Geschichte war die Änderung der Lebensweise der Menschen in der Steinzeit: Aus Jägern und Sammlern wurden Bauern. Die mit dem Menschen vertrauten Tiere wurden zunächst in Pferchen gehalten, dann gezüchtet. Neuesten Ausgrabungen zufolge geschah dies bereits schon vor fast 10 000 Jahren. Zuerst zähmte der Mensch Schafe und Ziegen, dann kamen Schweine, Pferde und andere Tiere hinzu.

Mit dem regelmäßigen Sammeln von Wildgetreide begann eine Entwicklung, die zum Ackerbau führte. Roggen, Weizen und andere Getreidearten wurden bereits vor 9 000 Jahren angepflanzt. Diese Kenntnisse von Viehzucht und Ackerbau verbreiteten sich allmählich über den Balkan nach Mitteleuropa. Der Übergang zur bäuerlichen Lebensweise wird als Neolithische Revolution bezeichnet: als „Revolution“, weil diese Veränderung so einschneidend war, als „neolithisch“, weil sie in der Jungsteinzeit stattfand. „Neolithikum“ leitet sich von den griechischen Wörtern für „neu“ und „Stein“ ab.

Das Ende der Eiszeit

In den Jahrtausenden davor, vor etwa 20 000 Jahren, brachte eine lang anhaltende Erwärmung die Gletscher zum Schmelzen und ließ eine wechselvolle, hügelige Landschaft entstehen. Schnell breiteten sich Pflanzen, Tiere und der Mensch in diesen Gebieten aus. Der reiche Wildbestand – Wildschwein, Ur, Wisent, Rothirsch, Reh, Elch und Pferd – lieferte den Menschen einen größeren Nahrungsvorrat. Im

M 2

M 3 **Getreidemahlstein aus der Jungsteinzeit**

Altenmedingen	„Königsgräber"
Großenkneten	„Visbeker Bräutigam"
Helmstedt	„Lübbensteine"
Oldendorf (Luhe)	„Totenstatt"
Osnabrück, Haste	„Karlsstein" „Schluppenstein"
Osterheide	„Sieben Steinhäuser"
Wildeshausen	„Kleinenkneten II"

M 4 **Fundstellen von Großsteingräbern in Niedersachsen** (Auswahl)

M 5 **Der Fund**
Die Leiche im Eis, Foto von 1991

Mittelmeerraum nahmen im Lauf der Zeit die Graslandschaften zu und der Mensch konnte eine viel größere Zahl an Nahrungspflanzen nutzen. Auch wurden die Werkzeuge immer besser und die Jagdtechnik immer ausgeklügelter. Bootsbau, die Verwendung von Fischreusen und Harpunen sowie neue Grabwerkzeuge und Hacken ermöglichten es, den Speiseplan abwechslungsreicher zu gestalten. Der Hund, das älteste Haustier der Welt, wurde vor mehr als 14 000 Jahren zum Jagdbegleiter des Menschen. Der Mensch begann nun länger an günstigen Standorten zu bleiben. Langsam wurden aus Lagerplätzen Siedlungen, und die Lebensgrundlagen veränderten sich: Viehzucht und Ackerbau ergänzten das Jagen und Sammeln.

Leben in der Jungsteinzeit

Mit Grabstöcken und Hacken lockerten die ersten Bauern den Ackerboden. Der Pflug, der den Anbau erheblich verbesserte, wurde erst viel später erfunden. Sicheln aus Feuerstein, mit Pech auf eine hölzerne Unterlage gekittet, schnitten das Getreide. Auf steinernen Mahlsteinen wurde das Mehl gemahlen. Daraus backte man Fladenbrote. Nachdem die Menschen das Töpfern erfunden hatten, gab es auch eine dauerhafte Vorratshaltung: die Familie konnte ihre Nahrungsmittel sicher in Krügen und Töpfen aufbewahren. Weitere Errungenschaften der Jungsteinzeit waren schließlich das Spinnen und das Weben sowie das durchbohrte und geschliffene Steinbeil.

Gräber aus Stein – Megalithanlagen

Ab etwa 4200 v. Chr. errichteten die Menschen in West- und Nordeuropa – also auch auf dem Gebiet des heutigen Niedersachsen – aus Findlingen Großsteingräber (Hünengräber). Die nach den griechischen Wörtern „mega" (groß) und „lithos" (Stein) als Megalithanlagen bezeichneten Bauwerke wurden über mehrere Generationen als Grabkammer genutzt.

Der „Ötzi" – Ein Sensationsfund

Im Herbst 1991 unternahm ein deutsches Ehepaar eine Bergtour in den Südtiroler Alpen und entdeckte auf seinem Weg über einen Gletscher einen Leichnam. Die gefundene Mumie, die nach ihrem Fundort in den Ötztaler Alpen „Ötzi" genannt wurde, ist etwa 5300 Jahre alt.

Viele Experten untersuchten Ötzi mit modernsten Mitteln und fanden heraus, dass er 1,61 m groß war, etwa 58 kg wog und ungefähr 46 Jahre alt wurde. Es wurden geheilte und frische Rippenbrüche festgestellt. Auch das Nasenbein war gebrochen. Die Gelenke wiesen Merkmale von Arthritis auf. In der linken Schulter des Mannes aus dem Eis steckte eine Pfeilspitze. Die Lunge wies Rauchschäden und Schwermetallstaub auf. Dies ist heute von Bergleuten bekannt.

Seine Ausrüstung bestand aus einer wintertauglichen Lederkleidung und er führte eine Reihe von Werkzeugen mit sich. Dies deutet darauf hin, dass er auf dem Weg durch die Alpen war und vermutlich in einem Schneesturm ums Leben kam. Das Besondere ist, dass er sowohl Stein- als auch Metallwerkzeuge bei sich hatte. Ötzi lebte also zwischen der Stein- und der Metallzeit. Beide Zeitalter folgten nicht genau aufeinander, sondern überlagerten sich.

Hausbau in der Jungsteinzeit – Arbeiten mit verschiedenen Bildern

M 6 Insel im Waldmeer
Modell einer jungsteinzeitlichen Siedlung

M 7 Rodung
Rekonstruktionszeichnung

M 8 Ein jungsteinzeitliches Dorf
Rekonstruktionszeichnung eines Dorfes bei Twann in der heutigen Schweiz

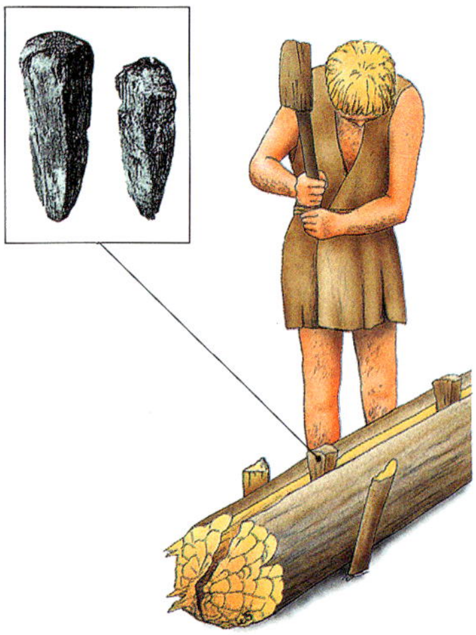

M 9 Herstellung von Bauholz
Rekonstruktionszeichnung

M 10 Nachbau eines jungsteinzeitlichen Hauses im Freilichtmuseum Oerlinghausen (Nordrhein-Westfalen)

Ötzi – Vergleich Rekonstruktion und Original

M 11 „Ötzi"
Modell nach den archäologischen Funden

M 12 Das Gepäck von Ötzi
Originalgegenstände

Aufgaben

1. Erkläre, wie es vermutlich zur Sesshaftigkeit der Menschen kam.
   → Text
2. Vergleiche die jungsteinzeitlichen Werkzeuge mit den Werkzeugen aus der Altsteinzeit.
   → M1, Kapitel: Jäger und Sammler der Altsteinzeit, Seite 22 bis 25
3. a) Beschreibe anhand der verschiedenen Abbildungen, wie in der Jungsteinzeit Häuser gebaut wurden.
   b) Vergleiche die Häuser der Jungsteinzeit mit den Behausungen der Altsteinzeit.
   → M6–M10, Kapitel: Jäger und Sammler der Altsteinzeit, Seite 22 bis 25
4. Suche die gefundenen Originalgegenstände von „Ötzi" im Modell.
   → M11, M12

Hinweis

Unterstreiche bitte nicht im Schulbuch, sondern kopiere vorher die Seite!

„Eine weltgeschichtliche Veränderung: Die Menschen werden zu Bauern"

Im Geschichtsunterricht und in anderen Fächern kommt es immer wieder vor, dass du aus Texten, z. B. aus dem Lehrbuch, die wichtigsten Informationen herausarbeiten sollst. Hierzu gibt es verschiedene Schritte und Verfahren.

Im ersten Verfahren geht es darum, in einem Textabschnitt die wichtigsten Informationen (zentrale Begriffe, Schlüsselwörter) zu markieren. Achte darauf, dass du nicht zu viel markierst und markiere nur das Wichtigste!

1. Verfahren: Unterstreichen von zentralen Begriffen und wichtigen Textpassagen

Die Menschen werden zu Bauern

Die „neolithische Revolution"

Eine der größten Veränderungen in der Geschichte war die Änderung der Lebensweise der Menschen in der Steinzeit: Aus Jägern und Sammlern wurden Bauern. Die mit dem Menschen vertrauten Tiere wurden zunächst in Pferchen gehalten, dann gezüchtet. Neuesten Ausgrabungen zufolge geschah dies bereits schon vor fast 10 000 Jahren. Zuerst zähmte der Mensch Schafe und Ziegen, dann kamen Schweine, Pferde und andere Tiere hinzu.

Mit dem regelmäßigen Sammeln von Wildgetreide begann eine Entwicklung, die zum Ackerbau führte. Roggen, Weizen und andere Getreidearten wurden bereits vor 9 000 Jahren angepflanzt. Diese Kenntnisse von Viehzucht und Ackerbau verbreiteten sich allmählich über den Balkan nach Mitteleuropa. Dieser Übergang zur bäuerlichen Lebensweise wird als Neolithische Revolution bezeichnet: als „Revolution", weil diese Veränderung so einschneidend war, als „neolithisch", weil sie in der Jungsteinzeit stattfand. „Neolithikum" leitet sich von den griechischen Wörtern für „neu" und „Stein" ab.

2. Verfahren: Erstellen einer geordneten Stichwortsammlung

Die geordnete Stichwortsammlung soll die wichtigsten Informationen des Textes beinhalten. Dabei kannst du die Stichworte bestimmten Aspekten zuordnen (z. B.: Begriff, Zeitraum), sie in Gruppen anordnen oder auch einzelne Stichworte durch Hinweiszeichen hervorheben.

Hinweis: In deiner Stichwortsammlung müssen die Informationen nicht unbedingt in der Reihenfolge erscheinen, in der sie im Text stehen.

Stichwortsammlung zum ersten Hauptabschnitt des Textes „Eine weltgeschichtliche Veränderung: Die Menschen werden zu Bauern"

Die „Neolithische Revolution"

- Begriff:
  Revolution = einschneidende Veränderung
  neolithisch = in der Jungsteinzeit (griech. Wortbestandteile für „neu" und „Stein")
- Zeitraum: fand statt vor ca. 10.000 Jahren
- Übergang der Menschen zur bäuerlichen Lebensweise:
  Sammler und Jäger → Bauern und Viehzüchter
  - Ackerbau: Roggen, Weizen und andere Getreidearten
  - Viehzucht: Schafe, Ziegen, Schweine, Pferde und andere Tiere
- neolithische Revolution = eine der größten Veränderungen in der Geschichte

3. Verfahren: Erstellen einer Mindmap

Auch mithilfe einer Mindmap kannst du die wichtigsten Informationen aus einem Text oder Textabschnitt übersichtlich anordnen.

Mindmap bedeutet wörtlich übersetzt „Gedankenkarte“. Mit ihr kannst du die Beziehungen zwischen verschiedenen Begriffen darstellen. Du kannst eine solche Mindmap zum Lernen, zum Wiederholen oder für einen kurzen Vortrag nutzen.

Und so kannst du vorgehen:
In der Mitte notierst du in einem Kreis (oder Kästchen) den Begriff, um den es geht (neolithische Revolution); verbunden durch Linien/Pfeile, schreibst du um den zentralen Begriff herum in eigenen Kästchen oder Kreisen die wichtigsten Aspekte des Textes (Begriff, Zeitraum, Geschehen, Bedeutung); von diesen Kästchen (oder Kreisen) gehen Linien/Pfeile zu Kästchen (oder Kreisen), in denen du die wichtigsten Informationen zu diesen Aspekte notierst.

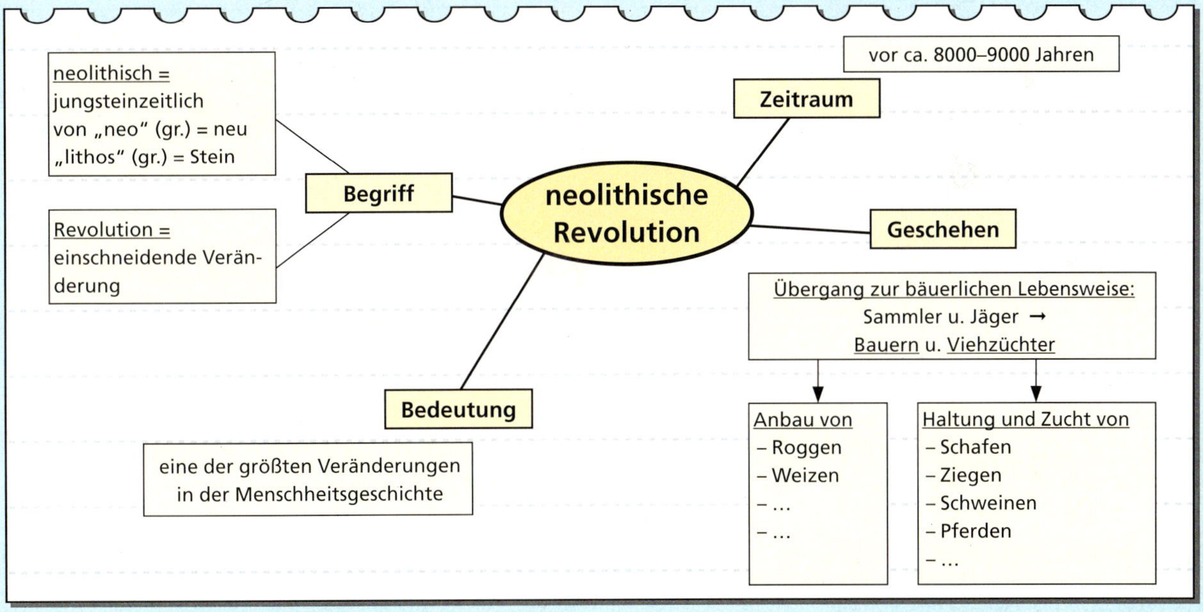

Fragen an darstellende Texte

Auf dieser Doppelseite wurde das Vorgehen am Beispiel des ersten Abschnitts von Seite 28 vorgemacht. Probiere es nun selbst aus:

1. Verstehen von Darstellungen

a) Lies den Textabschnitt auf Seite 29 „Der Ötzi – ein Sensationsfund“ – eventuell mehrmals – aufmerksam durch.

b) Was verstehst Du nicht? Ziehe zur Erklärung das Minilexikon oder ein anderes Nachschlagewerk heran.

2. Aufbau von Darstellungen

a) Vorgehen 1: Kopiere die Seite 29 und markiere im Abschnitt „Der Ötzi – ein Sensationsfund“ Schlüsselbegriffe.

b) Vorgehen 2: Fertige eine geordnete Stichpunktsammlung zum Abschnitt „Der Ötzi – ein Sensationsfund“ an.

c) Vorgehen 3: Erstelle eine Mindmap zum Abschnitt „Der Ötzi – ein Sensationsfund“.

Bronze, Eisen und Salz

Der Ofen wird mit Kupfererz und Holzkohle gefüllt, das Feuer mit einem Blasebalg angefacht.

Flüssiges Kupfer (ca. 1100 °C) setzt sich ab. Abstechen der Schlacke.

Schlacke und Kupfer werden entnommen.

Metall statt Stein

Viele Werkzeuge, die heute verwendet werden, sind nicht mehr aus Stein, sondern aus Metall. Wann der Mensch zum ersten Mal solche Metallwerkzeuge benutzte, werden wir wahrscheinlich nie ganz genau wissen. Allerdings zeigen Funde aus Vorderasien, dass dies schon vor mindestens 7000 Jahren der Fall war. Seit etwa 3000 v. Chr. lösten Gegenstände aus Metall zusehends diejenigen aus Stein ab.

Kupfer, Bronze und Eisen waren die wichtigsten Metalle. Die archäologische Untersuchung der frühesten Schmelzöfen beweist, dass Kupfer das erste Metall im praktischen Gebrauch war. Kupferwerkzeuge hatten gegenüber Stein den Vorteil, dass die Klingen nachgeschärft oder eingeschmolzen und neu gegossen werden konnten. Die Entdeckung des Kupfers hing mit dem Abbau des Flintsteins zusammen. Wenn man das Gestein mit Feuer mürbe macht, kann ein rötlichbraunes, festes Metall entstehen, das sich leicht formen lässt und scharfe Ränder aufweist. Mit etwas Geschick ist es beliebig zu formen.

Bronze und Eisen

Die Mischung von Kupfer mit Zinn im Verhältnis 9:1 ergibt Bronze. Gegenüber dem Kupfer hat dieses Metall den Vorteil, dass es wesentlich härter ist. Die Bronze setzte sich in Kleinasien, Ägypten und dem Zweistromland seit etwa 3000 v. Chr. durch. In Mitteleuropa entwickelte es sich erst ab etwa 1800 v. Chr. zum wichtigsten Werkstoff. Dieser Zeitabschnitt, der ungefähr bis 800 v. Chr. dauerte, wird deshalb Bronzezeit genannt.

Ab etwa 1000 v. Chr. trat an die Stelle von Kupfer und Bronze allmählich aber auch das Eisen. Das neue Material, widerstandsfähiger als Kupfer und Zinn, begann auch die Landwirtschaft zu revolutionieren: Der Eisenpflug gestattete nun, auch schwere Böden zu pflügen. Eiserne Waffen setzten sich rasch durch. Die Eisenzeit begann.

M 1 Erzbergbau und Kupferschmelzofen in der Metallzeit
Rekonstruktionszeichnung

M 2 **Keltischer Eisenhelm**
Südwestfrankreich,
4. Jahrhundert v. Chr.

Die Kelten, eine europäische Kultur

Ein Zentrum dieser Kultur war von 1300 bis 500 v. Chr. Hallstatt im heutigen Österreich. Salz spielte hier eine wichtige Rolle. Der Handel mit Salz reichte bis in den Mittelmeerraum. Von Hallstatt bis nach Nordfrankreich erstreckte sich das Gebiet der Hallstattfürsten. Die Hallstattsiedlungen wurden etwa im 6. Jahrhundert v. Chr. verlassen.

Von Norden breitete sich dann eine jüngere keltische Kultur in ganz Europa aus, für die Gold- und Bronzeschmuck mit Tier- und Pflanzenmotiven typisch ist. Sie wird nach dem Fundort La Tène in der Schweiz benannt. Für den Untergang der La Tène-Kultur sind vermutlich viele Ursachen verantwortlich: Verlegung der Handelswege, Erschöpfung der Ressourcen Salz, Erz und Holz sowie Bevölkerungszunahme und Machtkämpfe.

Eine arbeitsteilige Gesellschaft

Gegenüber den früheren Kulturen herrschte bei den Kelten ein hohes Maß an Arbeitsteilung und es bestand ein klarer Herrschaftsaufbau. Während die Spezialisten für Bergbau und Hüttenwesen neben den Dingen des täglichen Bedarfs kostbaren Schmuck, Waffen und teure Luxusgegenstände herstellten, sorgte die bäuerliche Bevölkerung für die Nahrungsgrundlage. Eine Gruppe von waffenfähigen Anführern übernahm den Schutz der Gemeinschaft.

Woher wissen wir etwas über die Kelten?

Da die Kelten ihre Verstorbenen beisetzten und ihnen ihre Habe mitgaben, lassen sich aus den Grabfunden wertvolle Erkenntnisse gewinnen. Auch sind Reste ihrer Siedlungen erhalten geblieben. Schließlich berichten römische Autoren über die Kelten. Von den Kelten selbst sind hingegen keine schriftlichen Zeugnisse überliefert.

M 3

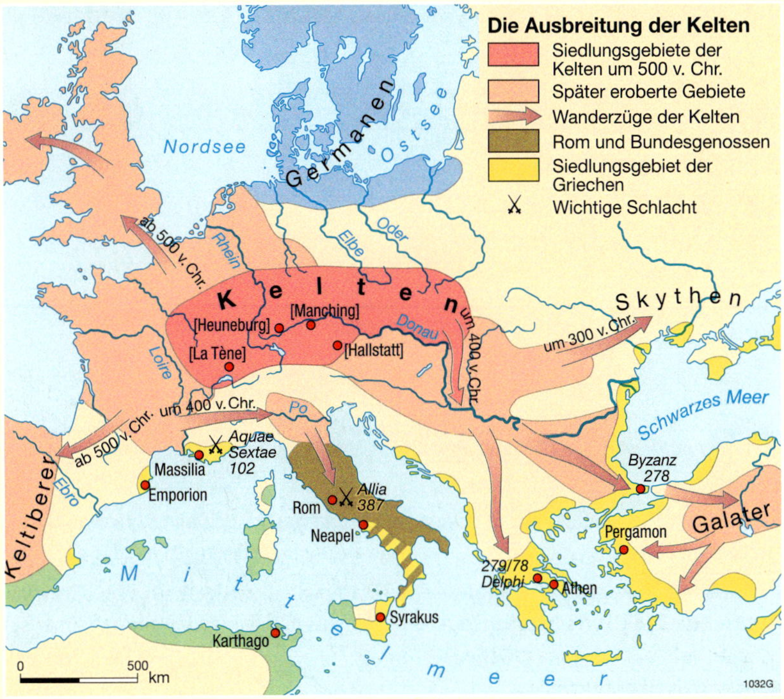

Eine archäologische Grabung nachvollziehen

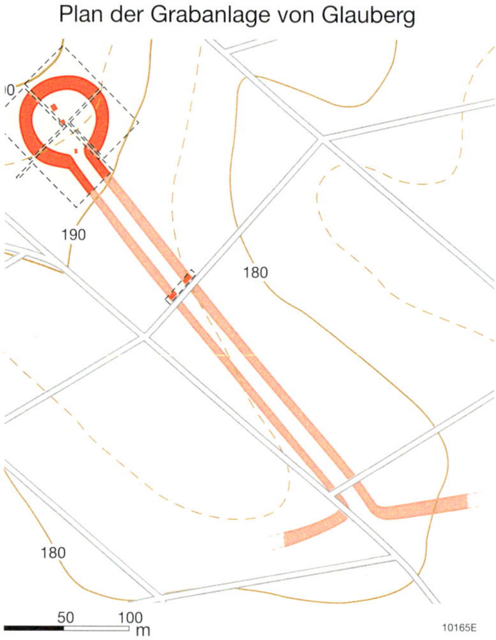

M 4 Der keltische Fürstengrabhügel Glauberg

Etwa 30 km nordöstlich von Frankfurt/Main entdeckten Archäologen im Jahr 1994 einen frühkeltischen Grabhügel von 48 m Durchmesser mit zwei reich ausgestatteten Fürstengräbern des 5. Jahrhunderts v. Chr., zu denen eine 350 m lange und 10 m breite Prozessionsstraße hinführt.

M 5 Die Bergung

Äußerst vorsichtig wird das komplette Grab in einem Block in die Restaurierungswerkstatt des Landesamts für Denkmalpflege Hessen nach Wiesbaden transportiert.

M 6 Die wissenschaftliche Auswertung

Hier wird vom Grab eine Röntgenaufnahme gemacht. Anschließend bergen Wissenschaftler mit Lupe und Pinzette eine Fülle von Schätzen, die sorgfältig restauriert und konserviert werden.

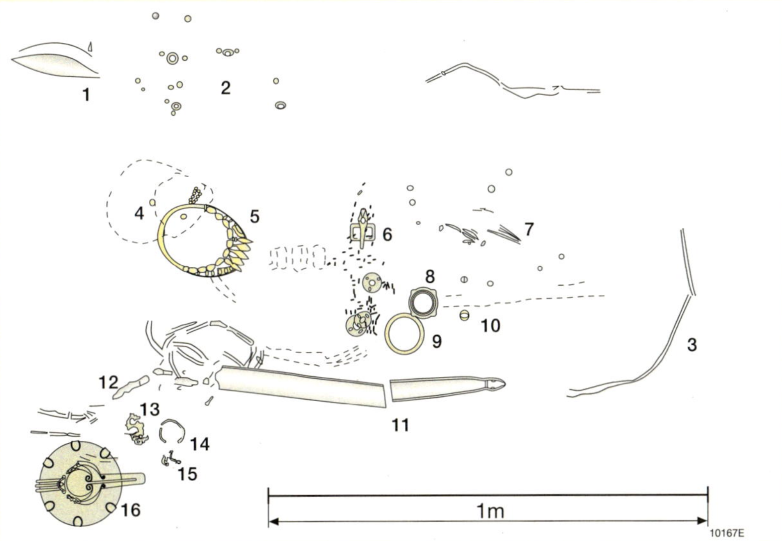

Fundstücke:

1 Eiserne Lanzenspitzen
2 Bronzeringe und -nieten eines unbekannten Gegenstandes
3 Eiserne Schildrandbeschläge
4 Zwei goldene (?) Ringlein
5 Goldener Halsring
6 Bronzener Gürtelhaken mit Gürtelringen und -beschlagteilen
7 Eisenreste
8 Bronzeringe
9 Goldener Armring
10 Goldener Fingerring
11 Eisernes Schwert mit bronzenen Scheidenbeschlägen
12 Verschiedene Eisenreste
13 Bronzene tiergestaltige Fibel
14 Bronzering
15 Zwei Bronzefibeln
16 Bronzene Schnabelkanne

Knochen des Skelettes sind durch gepunktete Linien dargestellt.

10167E_1

M 7 **Plan von Grab 1 nach Röntgenbildern**

M 8

M 9

M 10

Aufgaben

1. Erkläre anhand der Abbildungen, wie Kupfer hergestellt wurde.
   → M1
2. Vergleiche das Luftbild vom Glauberger Fürstenhügel mit dem Plan der Anlage. Versuche, den Grabhügel und die Prozessionsstraße auf dem Luftbild zu identifizieren (auf dem Luftbild ist nur ein Teil der Straße abgebildet).
   → M4
3. Beschreibe die Bilder. Warum hat man das Grab in einem Block in die Restaurierungswerkstatt gebracht?
   → M5, M6
4. Vergleiche den Plan mit den abgebildeten Fundstücken aus dem Grab. Um welche Fundstücke handelt es sich?
   → M7–M10

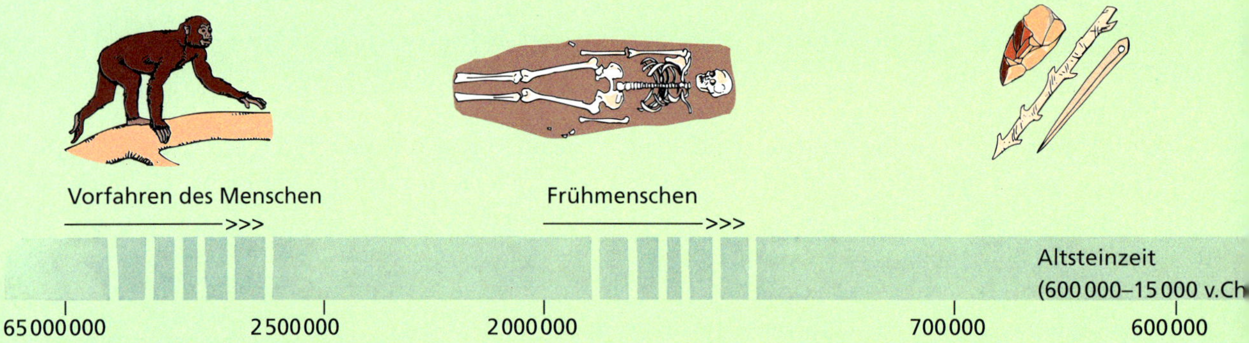

Zusammenfassung

Die Entwicklung zum Menschen und die Entwicklung des Menschen war ein außerordentlich langer Prozess, der sich über Millionen von Jahren erstreckte. Dabei bildeten sich nach und nach besondere Eigenschaften heraus, die den Menschen vom Tier unterscheiden: der aufrechte Gang, die Benutzung von Werkzeugen, die Beherrschung des Feuers, ein ausgeprägtes Sozialverhalten und die ausgiebige sprachliche Kommunikation sowie die Fähigkeit zu planen.

Das Jagen von Tieren und das Sammeln von Pflanzen bildeten die Lebensgrundlage der frühen Menschen. Nach und nach kam die Fähigkeit zur Viehzucht und zum Ackerbau hinzu. Die Menschen wurden sesshaft. Dies ist ein bedeutender Vorgang innerhalb der Geschichte der Menschheit. Die frühen Menschen entwickelten auch schon religiöse Vorstellungen.

Da die benutzten Werkzeuge aus Stein waren, bezeichnet man diese Zeit als Steinzeit. Je nachdem wie die Werkzeuge gearbeitet sind, kann man eine Alt-, eine Mittel- und eine Jungsteinzeit unterscheiden.

Die Menschen lernten in der Folge, auch Metall zu gewinnen und zu bearbeiten, nämlich Kupfer, Bronze und Eisen. In dieser Zeit ist schon die Gewinnung von Salz nachweisbar und es bestand ein lebhafter Handel durch ganz Europa. Eine wichtige Kultur in der damaligen Zeit war die der Kelten.

Neandertaler

Jetztmenschen

Sesshaftigkeit (10 000 v. Chr.)

Jungsteinzeit (10 000–2 000 v. Chr.)

500 000 | 400 000 | 300 000 | 200 000 | 100 000 | Chr. Geburt

Daten

Vor ca. 6 bis 7 Millionen Jahren: erste Formen des Menschen

Vor ca. 10 000 Jahren: langsamer Übergang zur Sesshaftigkeit

Ab 1800 v. Chr.: Bronzezeit

Ab 1000 v. Chr.: Eisenzeit

Begriffe

Altsteinzeit
Jungsteinzeit
Jäger und Sammler
Nomadentum
Sesshaftigkeit

Personen

Tipps zum Thema: Frühe Kulturen

Filmtipp

Leben in der Steinzeit (FWU), DVD-Video, 56 min, Bundesrepublik Deutschland 2006

Der Ötztalmann und seine Welt. Das Jahr bevor er schlief, 93 min, Deutschland/Österreich/USA 1999

Lesetipp

Wolfgang Kuhn und Michael Olschowy: Mit Jeans in die Steinzeit, München 1996

Gabriele Beyerlein und Tilman Michalski: Der Berg des weißen Goldes, Stuttgart 2005

Neil Grant: Die Kelten, Alltagsleben damals, Nürnberg 2003

Museen

Braunschweigisches Landesmuseum: Abteilung Ur- und Frühgeschichte, Wolfenbüttel
Ausstellungszentrum für die Archälogie des Emslandes, Meppen
Schwedenspeicher-Museum, Stade
Niedersächsisches Landesmuseum, Hannover

Kommentierte Links: www.westermann.de/geschichte-linkliste

3. Ägypten – Eine frühe Hochkultur

Unfertiger Obelisk bei Assuan

Nillandschaft heute

Hieroglyphen

Wandmalerei aus einem ägyptischen Grab

Die Pyramiden von Gise

Sarkophag des Tutanchamun

Mumie Ramses' II.

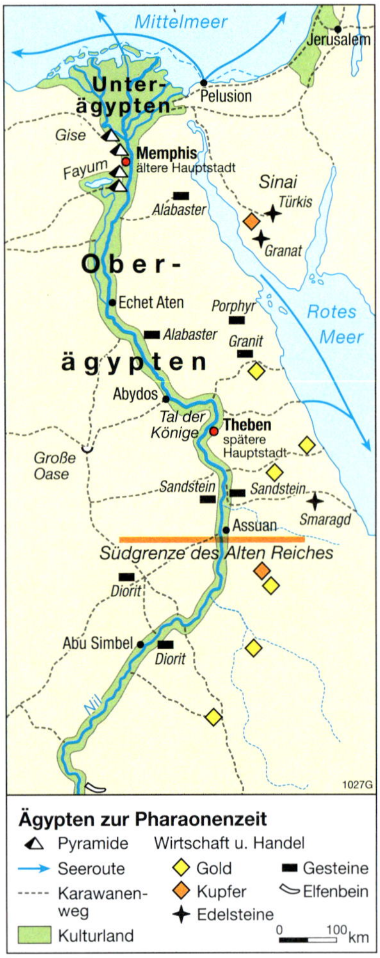

Ägypten zur Pharaonenzeit

M 1

Ägypten - Ein „Geschenk des Nil"

Ein Fluss trotzt der Wüste

Archäologische Forschungen haben gezeigt, dass die größte Wüste der Welt, die Sahara, die heute fast den gesamten Norden des afrikanischen Kontinents bedeckt, vor etwa 10 000 Jahren eine sehr fruchtbare Landschaft war. Danach änderten sich in dieser Region allmählich die klimatischen Bedingungen. Wegen der zunehmenden Trockenheit breitete sich die Wüste weiter aus. Für die Menschen wurde dadurch ein Fluss immer wichtiger, der trotz der zunehmenden Trockenheit regelmäßig Wasser führte: der Nil. Dieser Strom entspringt in den regenreichen Gebieten Zentralafrikas und ist mit 6671 km Länge der längste Fluss der Erde. Bis heute kann er der Wüste trotzen.

Ein neuer Lebensraum - Die Flussoase

Dieser Fluss wies viele Besonderheiten auf. Auf einer Länge von über 1000 km bildete der Nil eine Flussoase inmitten der Wüste. Das heißt: Er war die einzige Wasserquelle und nur entlang seiner Ufer war in einem Streifen von bis zu 20 km Breite Ackerbau möglich. Innerhalb dieser Oase war der Boden sehr fruchtbar. Zudem sorgte das stabile heiße Klima dafür, dass viele Nutzpflanzen wie Getreide, Linsen, Erbsen, Bohnen und weitere Gemüsesorten – Bewässerung vorausgesetzt – sehr gut gediehen und sogar mehrere Ernten im Jahr möglich waren. Größere Ackerflächen gab es nur ganz im Norden an der Mündung des Nil ins Mittelmeer, da der Fluss sich dort in mehrere Arme teilte und ein breites Delta bildete. Dieses Gebiet nannten die Bewohner Unterägypten, die Flussoase Oberägypten.

Der Segen der Überschwemmungen

Der Wasserstand des Nil wechselte in regelmäßigen Abständen. Wegen der unterschiedlichen Niederschlagsmengen in den Quellgebieten des Flusses konnte den Unterschied in der Wasserhöhe bis zu acht Meter betragen. Der Strom führte große Mengen von Schlamm mit sich, der sich während des Hochwassers auf den überschwemmten Flächen ablagerte und den Boden fruchtbar machte. In vielerlei Hinsicht war also Ägypten – wie der griechische Geschichtsschreiber Herodot im 5. Jahrhundert v. Chr. sagte – „ein Geschenk des Nil". Die Abhängigkeit der alten Ägypter vom Nil war sehr groß. Eine ausbleibende, zu hohe oder zu niedrige Überschwemmung konnte sehr schnell zu einer Hungersnot führen.

Erst Mitte des 20. Jahrhunderts n. Chr. wurde der Lebensraum am Nil durch den Menschen entscheidend verändert. Durch den Bau des Assuan-Staudamms im südlichen Oberägypten entstand ein riesiger Stausee. Er ermöglicht einerseits eine regelmäßige Wasserversorgung der Flussoase. Andererseits fehlt nun den ägyptischen Bauern der fruchtbare Schlamm.

Die Menschen organisierten ihr Leben

Die Menschen im Alten Ägypten passten ihre Lebensweise der Umgebung an. Mithilfe der Überreste der alten ägyptischen Kultur und durch einen Vergleich mit der Arbeitsweise der heutigen ägyptischen Landbevölkerung ist es möglich, diese Entwicklung zu erschließen.

M 2 Nordägypten heute
Satellitenaufnahme aus einer Höhe von 915 km

M 3 Nillandschaft
Heutiger Zustand

In der Flussoase lebten die Bauern auf engem Raum zusammen. Um Konflikte um das kostbare Wasser und den knappen fruchtbaren Boden zu vermeiden, haben sich verbindliche Regeln und Gesetze entwickelt. Darauf deutet das komplizierte Bewässerungssystem hin, das bis heute die Flussoase durchzieht. Denn das System konnte nur funktionieren, wenn es durch alle Bauern gemeinsam instand gehalten wurde und sich jeder an festgelegte Bewässerungszeiten hielt. Ähnliches galt für das gemeinsame Anlegen von Getreidevorräten und deren Verteilung.

Ursprünglich lebten die Bewohner des Nillandes wahrscheinlich in kleineren Gemeinschaften zusammen. Im Laufe der Zeit entstanden dann größere organisatorische Einheiten und im späten 4. Jahrtausend v. Chr. führte diese Entwicklung zum ersten gesamtägyptischen Staat. In Erinnerung blieb dieser etwa 200 Jahre andauernde historische Prozess als die „Vereinigung von Ober- und Unterägypten". Die Ägypter nannten ihr Land „Kemet", das „Schwarze Land", im Gegensatz zur Wüste, dem „Roten Land".

Schrift, Vermessung und Kalender

Aus dem Land am Nil sind Schriftzeichen, die so genannten Hieroglyphen, überliefert. Offenbar war es notwendig geworden, bestimmte Sachverhalte aufzuzeichnen, zum Beispiel, wem welches Grundstück gehörte, da alle Markierungen durch die jährliche Überschwemmung vernichtet wurden.

Um die einzelnen Grundstücke nach den Überschwemmungen wieder zu vermessen, entwickelten die Ägypter die Geometrie, die mathematische Disziplin der Landvermessung. Lebenswichtig war für sie zudem, den Zeitpunkt der jährlichen Nilschwelle in Erfahrung zu bringen. Dies war jedes Mal der Fall, wenn ein bestimmter Stern, der Sirius, am Abendhimmel erschien. Heute ist dies Anfang August der Fall. So beschäftigten sich die Ägypter mit der Sternenbeobachtung, der Astronomie, und entwickelten daraus einen eigenen Kalender.

Die Nilschwelle – Arbeiten mit Diagrammen, Schaubildern und Quellen

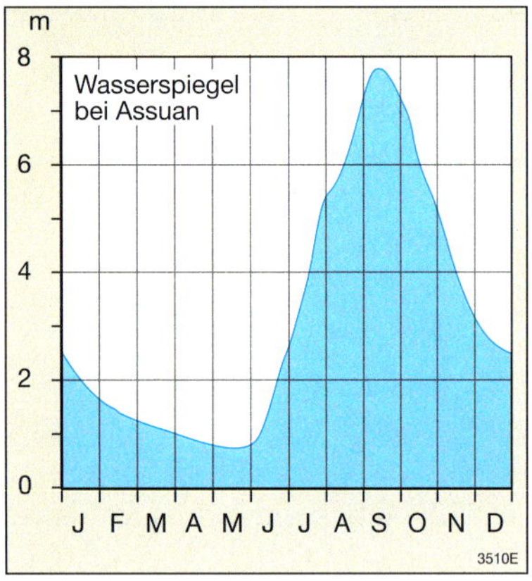

M 4 Wasserstand des Nil
Eingetragen sind die Pegelstände des Nil im Jahresverlauf beim Ort Assuan in Oberägypten vor dem Staudammbau, Diagramm.

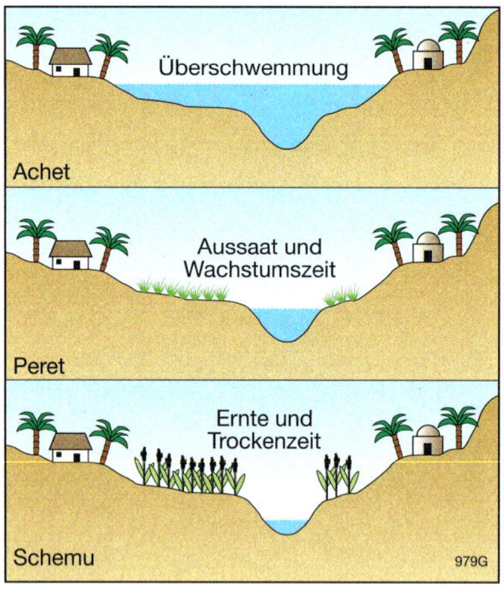

M 5 Die „Jahreszeiten" Ägyptens
Schemazeichnung

M 6 Bewässerungssystem damals, Wandmalerei aus einem ägyptischen Grab, etwa 2000 v. Chr.

M 7 Bewässerungssystem
Rekonstruktionszeichnung

M 8 Bewässerungssystem heute
Foto

M 9 Ein altägyptischer Text über den Nil

Aus dem Alten Ägypten ist folgender Text überliefert:

Heil Dir, o Nil, der Du der Erde entspringst und nach Ägypten kommst um es am Leben zu erhalten, der die Wüste tränkt, und den Ort, der dem Wasser fern ist. Wenn Dein Wasser über die Ufer tritt, wird Dir geopfert und große Geschenke werden Dir dargebracht. Vögel werden für Dich gemästet, Löwen werden für Dich in der Wüste erlegt und Feuer werden für Dich angezündet.
So ist es, o Nil. Grün bist Du, der Du es möglich machst, dass Mensch und Rind leben.

Aus: Adolf Ermann, Die Literatur der Ägypter, Leipzig 1923, S. 193 f.

M 10 Ein Bericht über Ägypten

Der Grieche Herodot sammelte im 5. Jahrhundert v. Chr. alles Wissenswerte seiner Zeit über Ägypten. In seinem Bericht heißt es unter anderem:

Die Ägypter waren die ersten, die die Länge des Jahres feststellten und es in seine zwölf Zeiten einteilten. Die Sterne, sagten sie, hätten sie darauf gebracht. Ihre Berechnungsweise ist klüger als die der Hellenen, scheint mir, weil die Hellenen in jedem dritten Jahr einen Schaltmonat einschieben, um mit dem natürlichen Jahr in Übereinstimmung zu bleiben, während die Ägypter zwölf Monate zu je dreißig Tagen zählen und in jedem Jahr noch fünf Tage hinzutun. So treffen das Kalenderjahr und das natürliche Jahr immer zusammen.

Herodot, Historien, übers. von A. Horneffer, Stuttgart 1971, S. 100.

Aufgaben

1. Welche Informationen über das Land lassen sich aus den Fotos vom heutigen Ägypten entnehmen?
   → M2, M3, M8
2. a) Wie veränderte sich der Wasserstand des Nil im Jahresverlauf?
   b) Welche unserer Monate entsprechen den jeweiligen ägyptischen „Jahreszeiten"?
   c) Welche Arbeiten mussten die Bauern in den verschiedenen ägyptischen Jahreszeiten jeweils verrichten?
   → Text, M4, M5
3. a) Welche Eigenschaften schrieben die Ägypter dem Nil zu?
   b) Um welche Art von Text handelt es sich?
   c) Erstelle aus den Informationen einen kurzen Sachtext.
   → M9
4. Arbeite auch mit dem Erdkundeatlas.
   a) Suche den Assuan-Staudamm. Wie weit ist der Damm etwa von der Nilmündung entfernt?
   b) Wo entspringt der Nil?
   → Erdkundeatlas, M1
5. a) Welche wichtige Erfindung der Ägypter ist auf der Wandmalerei dargestellt?
   b) Vergleiche die Wandmalerei mit dem heutigen Foto. Benenne Gemeinsamkeiten und Unterschiede.
   c) Erkläre anhand der Rekonstruktionszeichnung das Bewässerungssystem der Ägypter.
   → M6, M7, M8
6. a) Erkläre mithilfe des Berichts von Herodot den Kalender der Ägypter und vergleiche ihn mit unserer heutigen Jahreseinteilung.
   b) Über welche Kenntnisse mussten die Ägypter verfügen, um einen derartigen Kalender zu entwickeln?
   → M10

Die ägyptische Gesellschaft

Der Pharao – Die Spitze der ägyptischen Gesellschaft

Auch heute sind Könige Oberhäupter in einigen europäischen Staaten. Auf wichtige politische Entscheidungen haben sie allerdings kaum Einfluss. Im Alten Ägypten war das anders. Der Legende nach erschuf der Sonnengott Re, der oberste ägyptische Gott, jeweils zusammen mit der Frau des regierenden Königs den Nachfolger, sodass jeder Pharao als Sohn des Sonnengottes galt und in dessen Namen regierte. Sowohl das gesamte Land als auch die Menschen und Tiere waren nach der Vorstellung der Ägypter sein direktes Eigentum. Er hatte die absolute Befehls- und Verfügungsgewalt. Das Amt des Pharao wurde in der Regel vom Vater auf den Sohn vererbt. Das Wort „Pharao" selbst bedeutete ursprünglich „das große Haus", womit der Palast des Königs gemeint war, von dem aus das ganze Land verwaltet und regiert wurde. Fast alle Pharaonen aus der Jahrtausende dauernden altägyptischen Geschichte sind sogar namentlich bekannt. Über manche wissen wir aus schriftlichen und bildlichen Quellen Genaueres.

Die Helfer des Pharaos – Beamte und Priester

Der oberste Beamte, der Wesir, kann fast als Stellvertreter des Pharao bezeichnet werden. Ihm unterstanden weitere Beamte mit eigenen

M 1 Tempel von Abu Simbel

Der Felsentempel wurde um 1200 v. Chr. erbaut. Die vier 20 m hohen Statuen stellen Pharao Ramses II. dar. Um das Versinken des Tempels im Bett des Assuan-Stausees zu verhindern, wurde er zwischen 1964 und 1968 stückweise abgetragen und 65 m oberhalb des Stausees wieder aufgebaut, heutiger Zustand.

Aufgabenbereichen, zum Beispiel Eintreiben und Verwalten der Steuern, Errichtung von Bauwerken oder Organisation der Vorratshaltung für Getreide.

Beamte waren auch für die Einhaltung von Gesetzen zuständig und als Richter tätig. Im Verhältnis zur Gesamtbevölkerung handelte es sich hier aber um eine sehr kleine Gruppe. Ägyptische Inschriften oder die oft prächtig ausgestatteten Gräber hoher Beamter zeigen, dass diese Männer angesehen, mächtig und wohlhabend waren.

Die Priester übernahmen die Aufgaben des Pharao im religiösen Bereich. Als Mittler zwischen Menschen und Göttern hatten sie für die alten Ägypter eine wichtige Aufgabe. Auch sie waren reich und angesehen und konnten die Entscheidungen des Pharao beeinflussen.

Handwerker und Händler

Sowohl in den Dörfern als auch in den Städten gab es eine Vielzahl von Handwerkern. Diese produzierten die verschiedensten Güter wie zum Beispiel Stoffe, Backwaren oder Keramik. Es herrschte damals Tauschhandel. Das heißt: Es wurde nicht mit Geld bezahlt, sondern verschiedene Waren wurden direkt getauscht. Auch die Maler und Bildhauer, die die uns überlieferten Kunstwerke schufen, galten im Alten Ägypten als Handwerker.

Die Anzahl der Kaufleute war im Alten Ägypten gering. Aus dem Ausland wurden im Auftrag des Pharao in der Regel nur Rohstoffe eingeführt, die es im eigenen Land nicht gab. Dazu kamen noch einige Luxusgüter wie etwa Holz aus dem Libanon und Gewürze aus Asien.

M 2 Ein hoher Beamter
Sennefer und Senai mit ihrer Tochter, Skulptur aus Granit, um 1420 v. Chr. Sie steht heute im Ägyptischen Museum in Kairo.

Die Bauern

Die weitaus größte Bevölkerungsgruppe im Alten Ägypten waren die Bauern. Sie sicherten mit dem Anbau von Getreide die Grundlage für den Wohlstand der anderen Schichten sowie den Reichtum und die Macht des Pharao. Dafür mussten sie trotz der Fruchtbarkeit des Niltals schwere körperliche Arbeit leisten. Zudem wurden sie während der Überschwemmungszeit, wenn auf den Feldern nicht gearbeitet werden konnte, auch zu anderen Arbeiten, wie Mithilfe bei der Errichtung von großen Bauwerken, herangezogen. Da alles Land dem Pharao gehörte, mussten sie einen Teil der Ernte als Steuern an den Staat abliefern und teils auch noch Abgaben an die Beamten oder an die Tempelpriester leisten. Da die Bauern weder lesen noch schreiben konnten, haben wir kaum Quellen, die ihr Leben aus ihrer eigenen Sicht schildern. Das meiste, was wir wissen, stammt aus Aufzeichnungen der Verwaltung.

Das Verhältnis von Mann und Frau

Zwar sind kaum weibliche Beamte überliefert, aber in der Familie des Pharao konnten Frauen eine bedeutende politische Rolle spielen. In einer Ehe verfügte eine Frau frei über ihr Eigentum und hatte bei einer Scheidung Anspruch auf Unterhalt durch ihren Mann. Vor Gericht konnte sie sich selbst vertreten. Als "Herrin des Hauses" war sie in einer Ehe für die im Haushalt notwendigen Arbeiten zuständig, was vermutlich nicht als Zurücksetzung gegenüber dem Mann empfunden wurde.

Der Pharao – Herrscherdarstellungen untersuchen

M 3 Sarkophag mit der Totenmaske des Pharao Tutanchamun

Im Sarkophag befand sich die Mumie des Pharaos (Regierungszeit 1347–1337 v. Chr.).
Die Totenmaske gilt als eines der wertvollsten ägyptischen Kunstwerke. Die zentralen Herrschaftszeichen eines Pharao sind zu erkennen:

- Krummstab (Hirtenstab): Zeichen für die Anführerschaft,
- Geißel (Peitsche): Zeichen für die richterliche Gewalt und Macht,
- aufgebäumte Kobra, so genannte Uräusschlange: Machtsymbol, auch Wappentier von Unterägypten,
- Geierkopf, genannt Nechbet: Wappentier von Oberägypten,
- künstlich umgebundener, so genannter Ritualbart,
- gefaltetes Kopftuch, Nemes genannt.

M 4 Statue der Pharaonin Hatschepsut

(Regierungszeit 1490–1468 v. Chr.)
In seltenen Fällen kam es vor, dass Frauen, zum Beispiel für ihren minderjährigen Sohn, die Regierungsgewalt übernahmen.

Das Leben der Bauern – Arbeiten mit einer Bildquelle

M 5 Bauern, Aufseher und Schreiber
Grabmalerei aus Theben, um 1400 v. Chr.

Aufgaben

1. Vergleiche die Abbildungen der Pharaonen.
   a) Was fehlt jeweils, um das Erscheinungsbild des Pharao zu vervollständigen?
   b) Was überrascht an der Darstellung der Hatschepsut?
   c) Erläutere, welche Vorstellungen über den Pharao in den Abbildungen deutlich werden.
   → Text, M1, M3, M4
2. a) Beschreibe die einzelnen Szenen der Wandmalerei über die Landwirtschaft.
   b) Welche Gruppen kannst du unterscheiden?
   c) Inwiefern lassen sich auf den Abbildungen aus den Gräbern Elemente einer hierarchischen Gesellschaft erkennen?
   → M5
3. a) Weshalb sind ägyptische Grabmalereien wertvolle Quellen?
   b) Erkläre, welche Probleme es bei ihrer Auswertung gibt.
   → Text, M5

M 1

M 2

Pharao = Herrschaft

Beamte = Verwaltung

Handwerker = Warenproduktion

Bauern = Produktion der Lebensgrundlage

M 3

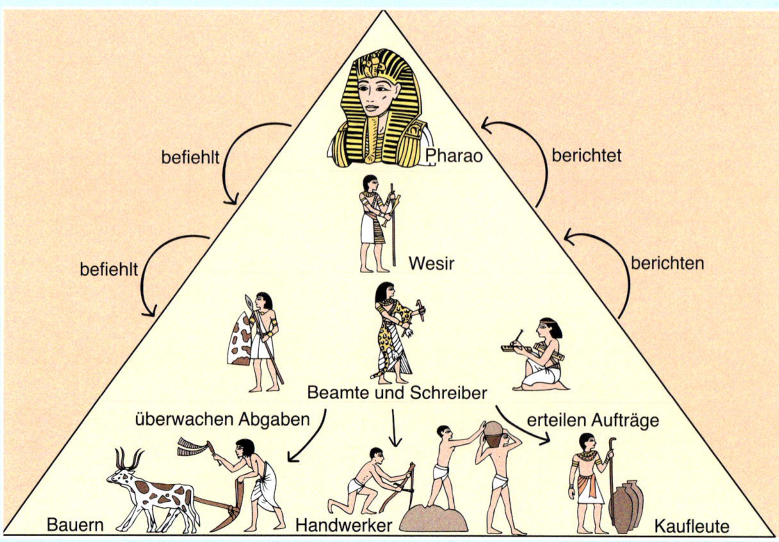

Schaubilder – Ein Versuch, Zusammenhänge darzustellen

Um schwierige Zusammenhänge auf einen Blick darzustellen, werden oft Schaubilder verwendet. Diese enthalten zur Veranschaulichung Zeichnungen, Bilder, Symbole, Beschriftungen und verschiedene Farben. Zu beachten ist dabei, dass die Schaubilder in der Regel nicht von den Menschen der damaligen Zeit erstellt wurden. Sie geben also wieder, wie wir aus heutiger Sicht die Vergangenheit deuten und sind daher keine historischen Quellen.

Auch können Schaubilder zum gleichen Thema ganz unterschiedlich aussehen, je nachdem, welche Zusammenhänge und Sachverhalte wichtig erscheinen. Oftmals entstehen verschiedene Zeichnungen zu einem Thema dadurch, dass man Personengruppen mit jeweils verschiedenem Vorwissen ansprechen will.

Außerdem ist nicht auszuschließen, dass der Verfasser des Schaubildes – aus welchen Gründen auch immer – die Zusammenhänge bewusst oder unbewusst unrichtig darstellt. Dies ist gefährlich, da damit ein falsches Bild der Vergangenheit entstehen kann.

Schaubilder müssen also immer kritisch danach beurteilt werden, ob sie mit unserem Kenntnisstand über die Vergangenheit übereinstimmen. Wenn sich dieser ändert, muss man auch die Zeichnung verändern.

Fragen an Schaubilder

1. Thema des Schaubildes	Was wird im Schaubild veranschaulicht? Finde passende Überschriften zu den Schaubildern.
2. Typ des Schaubildes	Prüfe, ob eine Entwicklung oder ein Zustand dargestellt wird. Welche Bedeutung hat die Pyramidenform?
3. Ausgestaltung des Schaubildes	Vergleiche die Größenverhältnisse in den jeweiligen Schaubildern. Weshalb ist für den Pharao unterschiedlich viel Platz vorgesehen? Welche Informationen enthalten die Pfeile?
4. Aussagewert des Schaubildes	Welche Informationen enthalten die Schaubilder jeweils über den Pharao? Welche Informationen sind nicht enthalten?
5. Kritik des Schaubildes	Welches Schaubild ist deiner Meinung nach am besten? Erstelle selbst ein Schaubild, wenn du mit den Darstellungen nicht einverstanden bist.

Hieroglyphen – „Heilige Eingrabungen“

M 1 Der Stein von Rosette, Foto

Ein bedeutender Fund

Vor größten Schwierigkeiten beim Entziffern der ägyptischen Schriftzeichen standen Wissenschaftler vor rund 200 Jahren, als man in Europa begann, sich für die altägyptische Geschichte zu interessieren. Schon in der Antike war nämlich die Kenntnis über die Bedeutung und Funktionsweise dieser Schrift verloren gegangen. Niemand konnte also die vielen Inschriften in den Tempeln und Gräbern lesen. Vieles aus der ägyptischen Geschichte schien den Menschen verschlossen zu sein.

Ein einzigartiger Fund veränderte diese Situation allerdings vollständig. In der Ortschaft Rosette im Nildelta wurde um 1800 n. Chr. eine Steintafel gefunden, auf der der gleiche Text in drei verschiedenen Schriftarten eingraviert war: In der unbekannten Alltagsschrift der Ägypter, in Hieroglyphen und in der den Forschern bekannten altgriechischen Schrift. Der Stein wurde nach Europa gebracht, wo sich der französische Sprachwissenschaftler Jean François Champollion mit den Inschriften beschäftigte.

Die Entzifferung der ägyptischen Schriftzeichen

Schon länger war bekannt, dass die alten Ägypter den Namen des Pharao mit einem ovalen Rahmen, der so genannten Kartusche, umgaben. Im altgriechischen Text wurde der Name des Pharao Ptolemäus genannt. Champollion konnte also nun den altägyptischen und altgriechischen Text an einer kleinen Stelle miteinander vergleichen. Davon ausgehend gelang dem Franzosen zwischen 1822 und 1841 die Entzifferung der altägyptischen Schrift, eine wissenschaftliche Meisterleistung. Erst ab diesem Zeitpunkt öffneten sich wirklich die Tore zur Erforschung der Zeit der Pharaonen.

Ägyptische Schreibwerkstatt

Das altägyptische Schriftsystem ist sehr kompliziert. Die Schriftzeichen wurden schon von den alten Griechen als Hieroglyphen, als „heilige Eingrabungen“, bezeichnet. Dies kam daher, dass sich viele dieser Hieroglyphen in Stein eingemeißelt in den altägyptischen Tempeln finden. Die Schriftzeichen wurden aber auch mit Pinsel und Tinte auf Papyrusrollen geschrieben. Die ältesten dieser Zeichen stam-

M 2 Herstellung von Papyrus, Schaubild

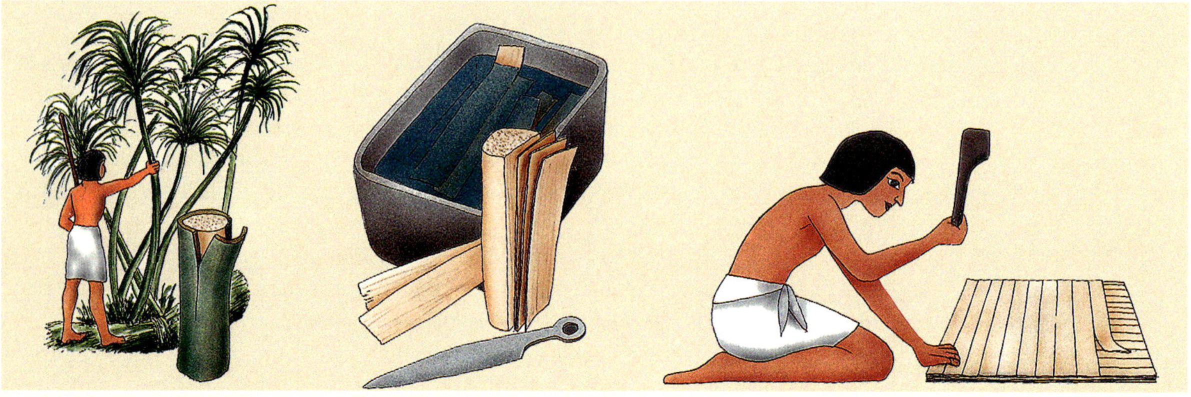

M 3 Ein Schreiber
Statue, um 1400 v. Chr.

men aus der Zeit um 3300 v. Chr. In seiner klassischen Form benutzte das Ägyptische etwa 700 verschiedene Schriftzeichen, allerdings sind die meisten Texte mit viel weniger Zeichen geschrieben.

Die Hieroglyphen

Die Hieroglyphen sind ursprünglich Bildzeichen. „Mann“ wird mit einer kleinen Zeichnung eines Mannes, „Frau“ mit der Abbildung einer Frau geschrieben. Noch im späten 4. Jahrtausend v. Chr. begann man aber aus den Bildzeichen einen bestimmten Lautwert zu bilden und dieses Zeichen immer dann zu schreiben, wenn dieser Laut in einem Wort auftrat. Das Wort für „Haus“ zum Beispiel wurde mit dem Bildzeichen eines einfachen rechteckigen Hausgrundrisses geschrieben. Nun hat „Haus“ im Ägyptischen die Konsonantenfolge p und r. Das hatte zur Folge, dass in allen Wörtern, in denen diese Konsonantenfolge p und r vorkam, das Zeichen des Hausgrundrisses verwendet werden konnte. Im Ägyptischen wurden im Übrigen nur Konsonanten geschrieben und keine Vokale, wie dies heute noch im Arabischen der Fall ist. Heute fügt man hilfsweise Selbstlaute ein. Für alle Konsonanten gibt es also ein bestimmtes Zeichen. Gleichzeitig wurde der Bildcharakter vieler Zeichen beibehalten und so schrieb man die Wörter zumeist in einer Mischung aus Laut- und Bildzeichen.

Daneben entwickelte sich eine Schreibschrift, die mit Binsenkiel und Tinte viel schneller zu schreiben war.

Hieroglyphe	Aussprache	Dargestelltes Objekt
𓄿	a (kurz)	ägyptischer Geier
𓇋	i (kurz) oder j	Blütenrispe des Schilfrohrs
𓂝	a (lang)	Vorderarm
𓅱	u (kurz oder lang) oder w	Wachtelküken
𓃀	b	Fuß (mit Unterschenkel)
𓊪	p	Sitz, Untersatz
𓆑	f	Hornviper
𓅓	m	Eule
𓈖	n	Wasserlinie
𓂋	r	Mund
𓉔	h	Hof, Gehege
𓎛	scharf gehauchtes h	gewundener Flachs, Docht
𓆓	dsch	Kobra

Hieroglyphe	Aussprache	Dargestelltes Objekt
𓐍	wie ch in „ach“	Placenta? (oder: Korb von oben gesehen?)
𓄡	wie ch in „ich“	Tierbauch mit Zitzen und Schwanz
𓊃	stimmhaftes s wie in „so“	Riegel
𓋴	stimmloses s wie in „das“	gefaltetes Stück Stoff
𓈙	wie sch in „schon“	Teich
𓈎	wie arabisch q	Hügel
𓎡	k	Korb mit Henkel
𓎼	g	Kruguntersatz
𓏏	t	Brotlaib
𓍿	tsch	Stück Schnur zum Festbinden von Tieren
𓂧	d	Hand

Deutzeichen: 𓀀 Mann 𓁐 Frau — Ring, in den der Name des Königs eingeschrieben wird (Kartusche)

M 4 Ein „Hieroglyphen-Alphabet“

Aufgaben

1. Untersuche, wie die Hieroglyphen für n und r entstanden sein könnten. → M4
2. Schreibe folgende Wörter mit Hieroglyphen: Amun – Re und Tutanchamun. Achte dabei auf die im Darstellungsteil beschriebenen Möglichkeiten.
3. a) Schreibe deinen eigenen Namen mithilfe von Hieroglyphen.
   b) Stellt eine „hieroglyphische“ Namensliste der Klasse zusammen.

M 1 Pyramide von Sakkara
Etwa 100 Jahre vor den Pyramiden von Gise entstand dieses Bauwerk für den Pharao Djoser. Es gilt als die älteste Pyramide Ägyptens, heutiger Zustand.

Das Weltwunder der Pyramiden

Ägypten – Das Land der Pyramiden

Viele Menschen verbinden heute mit dem Alten Ägypten die Pyramiden. Dies ist allerdings nicht neu. Schon in der Antike galten die Pyramiden als eines der sieben damals bekannten Weltwunder. Gemeint waren die drei Pyramiden der Pharaonen Cheops, Chefren und Mykerinos, die sich in Gise in der Nähe von Kairo, der heutigen Hauptstadt Ägyptens, befinden. Das größte dieser Bauwerke – die Cheopspyramide – entstand etwa um 2600 v. Chr. und ist bis heute eines der größten von Menschen errichteten Steinbauwerke.

Warum wurden diese Bauwerke errichtet? Wie kam es zu der erstaunlichen Pyramidenform? Wie konnten sie ohne die technischen Hilfsmittel der heutigen Zeit errichtet werden? Was befindet sich in den Pyramiden? Auf manche dieser Fragen können die Geschichtswissenschaftler und Archäologen heute eine wissenschaftlich gesicherte Antwort geben. Teilweise sind sie aber auf Vermutungen angewiesen.

Die Pyramiden von Gise in der Nähe von Kairo sind keineswegs die einzigen solcher Bauwerke in Ägypten. Vor und nach ihnen sind zu verschiedenen Zeiten eine Vielzahl weiterer Pyramiden entweder aus Stein oder aus Lehmziegeln errichtet worden. Die meisten von ihnen waren aber viel kleiner als die Pyramiden von Gise.

Pyramiden – Gewaltige Gräber

Die Pyramiden waren vor allem Gräber für die Pharaonen. Ursprünglich wurden diese wie die übrigen Ägypter auch, in einer Grube im Wüstenboden bestattet, über die man zur Markierung des Grabes einen Haufen Sand aufschüttete, der von Ziegelmauern eingefasst war. Daraus entstand ein zunächst rechteckiger massiver Graboberbau aus Ziegeln, der mehrere Meter hoch sein konnte. Um die Grabanlagen der Pharaonen noch großartiger zu gestalten, schichtete man seit etwa 2700 v. Chr. zunächst mehrere solcher Bauten – nun auf quadratischem Grundriss und aus Kalksteinblöcken bestehend – auf. Es entstand so die erste Stufen-Pyramide. Einige Jahrzehnte später wurde dann die erste echte Pyramide mit allseitig glatten Oberflächen errichtet.

Neben den gewaltigen Bauwerken der Könige befanden sich kleinere Pyramiden für deren Angehörige sowie für hochgestellte Persönlichkeiten. Zudem errichteten dort die Ägypter auch Tempel zur Verehrung der verstorbenen göttlichen Pharaonen.

Die Cheopspyramide

Die Pyramide des Pharao Cheops gehört zu den größten jemals erbauten Pyramiden. Ihre Grundfläche besteht aus einem Quadrat mit einer Seitenlänge von 227,5 Metern – das entspricht mehr als sieben Fußballfeldern. Ihre ursprüngliche Höhe betrug 146 m.

Für dieses Bauwerk wurden über zwei Millionen Kalksteinblöcke mit einem durchschnittlichen Gewicht von 2,5 t – dem Gewicht von drei Kleinwagen – benötigt. Diese wurden größtenteils in Steinbrüchen vor Ort abgebaut, teils aber auch von weiter entfernt liegenden Stellen mit Schiffen zur Baustelle gebracht, wo sie eingepasst werden sollten. Da die Ägypter zu dieser Zeit das Rad noch nicht kannten, war der

M 2 Die Pyramiden von Gise
Rechts die Pyramide des Pharaos Cheops, links daneben die seines Sohnes Chefren und links davor die seines Enkels Mykerinos. Die Cheopspyramide ist die höchste, wirkt jedoch kleiner im Bild, da sie sich im Hintergrund befindet, heutiger Zustand.

Transport außerordentlich beschwerlich. Erst an Ort und Stelle wurden die Blöcke wohl mit Werkzeugen aus Kupfer – Eisen war nicht bekannt – und sehr hartem Dioritstein so exakt behauen, dass sie ohne Mörtel fugenlos seit 4500 Jahren bis heute zusammenhalten. Über die genauen Abläufe beim Bau der Pyramide können wir allerdings nur Vermutungen anstellen, da uns entsprechende Quellen fehlen. Noch heute ist an einigen Stellen der Außenfassade zu erkennen, dass die Pyramide ursprünglich mit weißen polierten Kalksteinplatten abgedeckt war. In der gleißenden ägyptischen Sonne muss das Bauwerk also sonnengleich gestrahlt haben.

Zweifellos stellt der Bau der Cheopspyramide eine außerordentliche Leistung dar. Es waren nicht nur technische, sondern auch organisatorische Probleme zu lösen. So musste eine große Zahl von Menschen Tag für Tag nach einem festgelegten Plan arbeiten und mit Baumaterial sowie Lebensmitteln versorgt werden.

Schutz vor Räubern

Dieser ungeheure Aufwand diente dem Zweck, dem toten Pharao eine würdige Stätte zu errichten. Mehrere Kammern und Schächte im Inneren der Pyramide zeugen von dieser Absicht, wobei der Sinn einiger Gänge bis heute nur vermutet werden kann. Die alten Ägypter verschlossen alle Gänge und Kammern sorgfältig mithilfe von Steinplatten, um die Schätze, die zusammen mit dem Pharao hier begraben wurden, vor Räubern zu sichern. Gelungen ist ihnen das allerdings nicht. Schon seit langem ist die Pyramide bis auf einen Sarkophag leer. Die Mumie des Pharao Cheops wurde nicht gefunden.

Die Pyramiden – Arbeiten mit Schaubildern

M 3 Eine Pyramide aus Nilschlamm

Diese Pyramide wurde für den Pharao Amenemhet III. errichtet, der von 1842 bis 1797 v. Chr. regierte, heutiger Zustand.

M 4 Bau einer Pyramide

Über den konkreten Bauvorgang der Pyramiden gibt es keine Quellen. Heutige Forscher sehen grundsätzlich zwei Möglichkeiten:

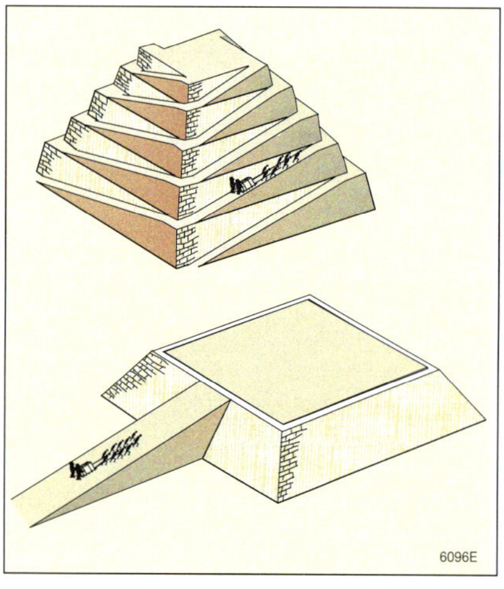

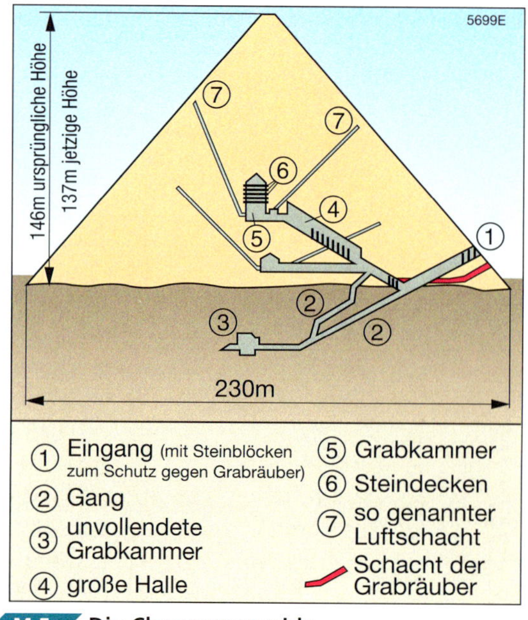

M 5 Die Cheopspyramide

Die Pyramiden – Ein Interview auswerten

M 6 Der Bau der Pyramiden

Aus einem Interview mit dem deutschen Ägyptologen Rainer Stadelmann:

Warum [...] haben die Ägypter Pyramiden gebaut?
[...] Die Pyramide [...] ist die Wohnung des Königs, der nun Totenherrscher für alle wird. Der tote Gott geht nicht mehr fort, sondern herrscht in einer für alle sichtbaren Pyramide, dem Sinnbild einer künftigen neuen Welt. [...]

War [die] Oberschicht auch für die Organisation der Bauarbeiten zuständig?
Solch ein Bauwerk konnte nur von gut trainierten und hoch angesehenen Spezialisten erstellt werden, keineswegs etwa von Sklaven [...].
Ist ihnen nicht aufgefallen, dass sie überhaupt keine Darstellungen [...] über den Pyramidenbau finden? [...]
[Der Pyramidenbau] war für die Ägypter ein Gottesdienst.

Wie viele Menschen haben mit dem Bau [einer Pyramide] zu tun gehabt?
Rund 25 000 – etwa ein Prozent der damaligen ägyptischen Bevölkerung [...]. Mit dem Bau selbst waren 15 000 Mann beschäftigt – und zwar jeweils zu einem Drittel direkt auf der Baustelle und in den Steinbrüchen von Gise und Mokazam. Wobei sich 1000 Mann ausschließlich um [die Werkzeuge] gekümmert haben. Für die Transporte [der Steinblöcke] waren weitere 5000 Mann zuständig. Zwar wurden die meisten Steine von Ochsen herbei- und heraufgeschleppt, aber manche auch von Menschen. Wir haben nachgewiesen, dass 18 Mann einen solchen Steinklotz eine Böschung mit zwölf Prozent Steigung hochbringen können. Und noch einmal rund 5000 Leuten – etwa Bäckern und Köchen – oblag die Versorgung.

Wie lange dauerte der Bau?
Immerhin gibt es ein paar Daten, aus denen Rückschlüsse erlaubt sind. Danach würde ich sagen, etwa 30 Jahre – samt aller Kultgebäude, die bei späteren Pyramiden immer mehr an Wichtigkeit gewannen.

Und dorthin pilgerten die frommen Ägypter?
Ja, aber [es] wohnten auch Hunderte von Menschen direkt bei den Pyramiden – als Totenpriester, die Opferhandlungen zu verrichten hatten, als Nachtwächter, als Reparaturhandwerker.
Während im Umfeld der Cheops-Pyramide noch kein einziges Vorratslager zu finden ist – alle für den Kult in den Totentempeln erforderlichen Dinge sind täglich angeliefert worden –, entstanden bei späteren Pyramiden große Magazine für die Versorgung der Kultbediensteten.
Es entwickelte sich ein riesiger Apparat für die Jenseitsversorgung: für die Logistik, die Verwaltung der königlichen Stiftungen und so weiter. Und allmählich wuchsen ganze Pyramidenstädte heran, mit eigener Landwirtschaft, eigenen Einkünften.

Geo Epoche, Das Reich der Pharaonen, Hamburg 2000, S. 62ff.

Aufgaben

1. a) Beschreibe die beiden Möglichkeiten des Bauvorganges einer Pyramide.
   b) Überlege, welche Vor- und Nachteile die Möglichkeiten jeweils hatten.
   → M4
2. Erkläre anhand der Skizze, wie die Ägypter versucht hatten, die Grabkammer des Pharao zu schützen.
   → M5
3. Vergleiche den heutigen Zustand der verschiedenen Pyramiden. Suche Gründe für das jeweilige Aussehen.
   → M1, M2, M3
4. Fasse die Ausführungen des Wissenschaftlers Rainer Stadelmann mit eigenen Worten zusammen.
   → M6
5. Suche Abbildungen prunkvoller Gräber aus späterer Zeit. Worin unterscheiden sich diese von den Pyramiden?

M 1 Ein Götterbild
Die Figur in der Mitte verkörpert zugleich den Sonnengott Re und den Totengott Osiris. Die Ägypter wollten damit den Kreislauf des Lebens symbolisieren, um 1250 v. Chr.

Der Glaube der alten Ägypter

Die ägyptischen Götter

Darstellungen der ägyptischen Götter sind als große Statuen oder auch als Wandmalereien in den Gräbern der alten Ägypter erhalten geblieben. Dabei fällt auf, dass auf menschlichen Körpern häufig Tierköpfe sitzen. So hat Thot, der Gott der Schreiber, einen Vogelkopf, während der Totengott Anubis den Kopf eines Schakals trägt. Die Ägypter stellten ihre Götter als Mischwesen zwischen Mensch und Tier dar, weil sie damit ihre Göttlichkeit besonders betonen wollten.

Mithilfe der verschiedenen Erzählungen über die Götter - den so genannten Mythen - versuchten die Ägypter, die sie umgebende Welt sowie ihr eigenes Leben zu erklären. Wegen der Vielzahl der Gottheiten wird der altägyptische Glauben heute als polytheistische Religion bezeichnet (griech. poly = viel; Theismus = Gottesglaube). Der Polytheismus ist für viele frühe Hochkulturen typisch. Auch heute ist noch eine der großen Weltreligionen, nämlich der in Indien vorherrschende Hinduismus, polytheistisch.

Osiris und die Unterwelt

Eine wichtige Gottheit war Osiris, der als Herrscher über die Unterwelt oft mit den gleichen Herrschaftszeichen wie der Pharao dargestellt wurde. Osiris stammte vom Sonnengott Re ab und regierte zusammen mit seiner Gattin und Schwester Isis Ägypten, wobei er den Menschen auch die Kenntnis der Landwirtschaft brachte. Aus Neid ermordete ihn sein Bruder Seth, zerstückelte ihn und warf die einzelnen Teile in den Nil. Isis suchte diese, setzte sie wieder zusammen, erweckte Osiris zum Leben und empfing von ihm den falkenköpfigen Gott Horus. Dieser trat die Nachfolge seines Vaters an, während Osiris zum Herrscher des Totenreiches wurde. Der lebende Pharao wurde nun mit Horus, der tote mit Osiris gleichgesetzt.

M 2 Der Totengott Anubis bei einer Mumifizierung
um 1250 v. Chr.

M 3 Eine Mumie
Der Pharao Ramses II. starb 1213 v. Chr. Seine Leiche wurde durch Austrocknung und Einbalsamierung dauerhaft haltbar gemacht, heutiger Zustand.

Die Vorstellung vom Jenseits

Die Ägypter gingen davon aus, dass die Seele nach dem Tod des Körpers weiterlebte. Sie glaubten, dass sich die Seele vom Leichnam zunächst entfernen würde und im Westen, also in der Region des Sonnenuntergangs, das Totengericht bestehen müsste. Ging diese Prüfung positiv aus, so kehrte nach ägyptischer Vorstellung die Seele während des Tages in den toten Körper zurück, in der Nacht durchquerte sie dagegen auf der Barke des Re die Unterwelt. Die so genannten Totenbücher stellen solche Totengerichte dar.

Die Angehörigen mussten dafür sorgen, dass der Körper möglichst gut erhalten blieb, damit die Seele in ihn zurückkehren konnte. Die Ägypter entwickelten daher die Kunst der Mumifizierung.

Die Mumifizierung der Toten

In einem komplizierten Verfahren, das bis zu 70 Tage dauern konnte, wurden dem Leichnam zunächst die Eingeweide und das Gehirn entnommen. Der Körper wurde dann mit unterschiedlichen Flüssigkeiten behandelt und schließlich - wie Osiris - in Binden eingewickelt.

Dem Toten sollte in seinem Grab nichts fehlen, was er in seinem vorherigen Leben hatte. So fanden sich in Gräbern Gegenstände des täglichen Lebens, aber auch Reste von Lebensmitteln und Getränken. Je höher der Rang des Verstorbenen war, desto prunkvoller war diese Ausstattung. Da Statuen und Wandmalereien nach der Vorstellung der Ägypter die gleiche Funktion wie die realen Gegenstände erfüllten, wurden die Gräber reichhaltig ausgestattet.

Die Darstellungen in Gräbern sind also äußerst wichtige Quellen für das Alltagsleben im alten Ägypten. Allerdings konnten sich nur sehr reiche Ägypter eine aufwendige Mumifizierung sowie ein prunkvolles Grab leisten. Die meisten Menschen wurden in einfachen Grabschächten in der Wüste bestattet.

M 4 Mundöffnung
Mit dem Mundöffnungsritual begann nach der Vorstellung der Ägypter die Wiedererweckung der Verstorbenen. Priester in weißen Schürzen stellen Horus dar. Sie benetzen die Lippen der Mumie mit Wasser. Anubis richtete die Mumie auf, sodass der Mund geöffnet werden konnte. Es sollte dem Toten ermöglicht werden, zu essen, zu trinken und zu sprechen,
Papyrus von 1290 v. Chr.

Ein Totengericht – Eine Bildquelle auswerten

Szene 1

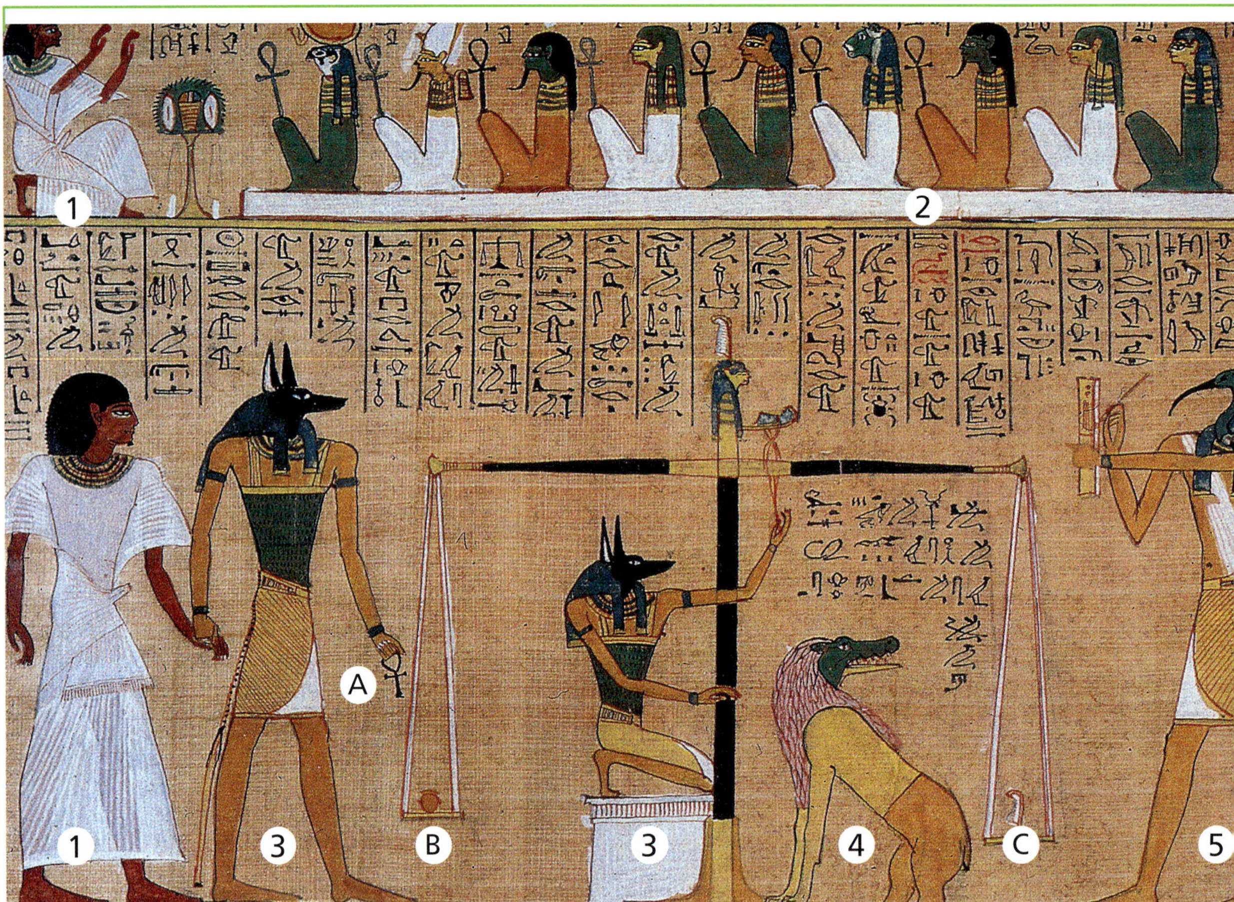

Szene 2

Szene 3

M 5 Das Totengericht des Schreibers Hunefer
In den Totenbüchern der Ägypter kann man erfahren, wie sich die Ägypter den Weg ins Jenseits vorgestellt haben. Dieses Bild aus dem Grab des königlichen Schreibers Hunefer, das man wie einen Comic „lesen" kann, stellt das Totengericht dar. Es zeigt insgesamt vier große Szenen.
Die Ziffern und Buchstaben geben Auskunft darüber, um welche Personen oder Gegenstände es sich handelt.

① = Hunefer, königlicher Schreiber unter Pharao Sethos I.
② = 14 Gottheiten
③ = Anubis, der Totengott
④ = Ammit, Fresserin der Sünder
⑤ = Thot, der Schreibergott
⑥ = Horus, Sohn des Osiris
⑦ = Osiris, der Herrscher des Jenseits
⑧ = Isis und Nephthys, Schwestern des Osiris
Ⓐ = Anch (Henkelkreuz; Zeichen des Lebens)
Ⓑ = Gefäß mit Hunefers Herz
Ⓒ = Feder der Maat; Maat ist die Göttin der Gerechtigkeit

Szene 4

M 6 Ein Toter spricht

In den Totenbüchern finden sich auch Sprüche zu den einzelnen abgebildeten Ereignissen. Im Grab des Schreibers Hunefer wurde folgendes Papyrus gefunden:

Ich habe kein Unrecht gegen Menschen begangen, und ich habe keine Tiere misshandelt. Ich habe nichts Krummes an Stelle von Recht getan.[...] Ich habe keinen Gott beleidigt. Ich habe kein Waisenkind an seinem Eigentum geschädigt. Ich habe nicht getan, was die Götter verabscheuen. Ich habe keinen Diener bei seinem Vorgesetzten verleumdet. Ich habe nicht Schmerz zugefügt und [niemand] hungern lassen. Ich habe keine Tränen verursacht. Ich habe nicht getötet, und ich habe nicht zu töten befohlen.

E. Hornung, Das Totenbuch der Ägypter, Zürich 1990.

Aufgaben

1. a) Beschreibe die Szenen des Totengerichts.
   b) Der Spruch bezieht sich auf die erste Szene im Bild. Was sagt Hunefer über sich selbst? Was will er damit zum Ausdruck bringen?
   c) Welches Ergebnis hat das Totengericht über Hunefer? → M5, M6
2. a) Was erfahren wir aus dem Bild über die Jenseitsvorstellungen der Ägypter?
   b) Vergleiche die Jenseitsvorstellungen der Ägypter mit den christlichen Vorstellungen vom Leben nach dem Tod. → M5
3. Suche in Lexika, Sachbüchern oder im Internet nach Informationen zu den im Totengericht dargestellten Gottheiten. Verfasse jeweils einen „Göttersteckbrief". → M5, Lexikon, Internet

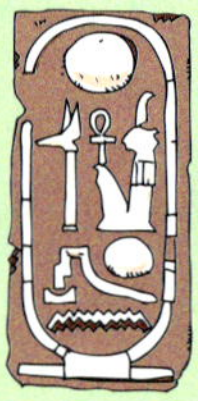

Erste Schriftzeichen

Pyramiden

Kulturelle Blütezeit

Entstehung des ägyptischen Reichs

3000 | 2500 | 2000 | 150(

Zusammenfassung

Seit dem 4. Jahrtausend v. Chr. wurde die Flussoase des Nil besiedelt. Die regelmäßig wiederkehrenden Überschwemmungen bestimmten das Zusammenleben der Menschen im Alten Ägypten. Astronomische Beobachtungen waren die Grundlage des ägyptischen Kalenders. Mithilfe der Geometrie konnte das Land vermessen werden. Die Hieroglyphenschrift und die Herstellung von Papyrus ermöglichten Aufzeichnungen verschiedenster Art.

Im Alten Ägypten bildete sich eine hierarchische Gesellschaft heraus. An der Spitze stand der Pharao, der nicht nur als unumschränkter Herrscher, sondern auch als Gott galt. Beamte und Priester sowie Handwerker und Bauern bildeten verschiedene soziale Gruppen.

Der Glaube im Alten Ägypten kannte eine Vielzahl verschiedener Götter, war also polytheistisch. Er beruhte auf der Vorstellung von einem Weiterleben nach dem Tod. Die Pyramiden waren prächtige Grabanlagen für die Pharaonen.

Das Alte Ägypten ist allerdings nur ein Beispiel für eine frühe Hochkultur. Auch in anderen Teilen der Welt gab es damals ähnliche Entwicklungen. Andere Gebiete, zum Beispiel auch Mitteleuropa, blieben davon unberührt.

Das alte Ägyptische Reich hatte eine erstaunlich lange Lebensdauer: rund 3000 Jahre lang regierten die Pharaonen das Land am Nil. Erst im Jahr 30 v. Chr. gelang es den Römern, das Land in ihr Reich einzugliedern.

ßte Ausdehnung
ägyptischen Reichs

30 v. Chr.
Römer erobern Ägypten

1000 | 500 | Chr. Geburt

Daten

Seit ca. 3000 v. Chr.:
Entstehung der Hochkultur in Ägypten

Begriffe

Pharao
Pyramide
Hieroglyphe

Personen

Tipps zum Thema: Ägypten – Eine frühe Hochkultur

Filmtipp

Die Pyramide.
Ein Weltwunder entsteht,
60 min, Deutschland 2003

Lesetipp

Christian Jacq:
Die Pharaonen, München/Wien 1998

Eloise Jarvis McGraw:
Der goldene Kelch, Weinheim/Basel 2001

Museen

Ägyptisches Museum und Papyrussammlung, Berlin

Museum für Völkerkunde, Hamburg

Roemer- und Pelizaeus-Museum, Hildesheim

Kommentierte Links: www.westermann.de/geschichte-linkliste

Parthenon-Tempel auf der Akropolis in Athen

Altes Museum in Berlin

Landtagsgebäude in Hannover

Thronender Zeus
Bronzestatuette, 6. Jahrhundert v. Chr.

Ein Werbeplakat von 1928

Vase, 6. Jahrhundert v. Chr.

Der Deutsche Bundestag

Griechische Hoplitenphalanx
Kanne, um 650 v. Chr.

Α	α	Alpha	a
Β	β	Beta	b
Γ	γ	Gamma	g
Δ	δ	Delta	d
Ε	ε	Epsilon	e
Ζ	ζ	Zeta	z
Η	η	Eta	ä
Θ	ϑ	Theta	t (th)
Ι	ι	Jota	i, j
Κ	κ	Kappa	k
Λ	λ	Lambda	l
Μ	μ	My	m
Ν	ν	Ny	n
Ξ	ξ	Xi	x
Ο	ο	Omikron	o (kurz)
Π	π	Pi	p
Ρ	ρ	Rho	r
Σ	σ	Sigma	s
Τ	τ	Tau	t
Υ	υ	Ypsilon	ü, u
Φ	φ	Phi	f (ph)
Χ	χ	Chi	ch
Ψ	ψ	Psi	ps
Ω	ω	Omega	o (lang)

M 1

M 2 Homer
Zu den Legenden, die sich um Homer ranken, gehört seine Blindheit, römische Kopie einer griechischen Büste von etwa 460 v. Chr.

Was machte die Griechen zu Griechen?

Vermutungen über die Anfänge der griechischen Antike

Über den Beginn der griechischen Kultur wissen wir nur wenig. Wissenschaftler vermuten, dass es seit etwa 2000 v. Chr. zu Wanderungen von verschiedenen Stämmen kam, woraus sich nach und nach eine einheitliche griechische Kultur entwickelte. Erst ab 800 v. Chr. lassen sich mehrere griechische Stämme unterscheiden, die durch gemeinsame Sprache, Lebensweise und Religion miteinander verbunden waren.

Polis – Der Heimatort der Griechen

Es entstand jedoch kein einheitlicher griechischer Staat, sondern einzelne Stadtstaaten mit meist nur ein paar Tausend Einwohnern. Das hängt vermutlich mit der Landschaft zusammen: Wenige Ebenen, tiefe Flusstäler, abgeschiedene Buchten und hohe Gebirge erschwerten die Verbindung zwischen den Siedlungen und Städten. Ihren Heimatort nannten die Griechen „Polis" (Mehrzahl: Poleis). Die Polis war politischer und religiöser Mittelpunkt des umliegenden Gebietes. Die Bürger achteten auf die politische Selbstständigkeit und waren stolz auf ihre Freiheit und ihr eigenes Recht.

Schrift und Sprache

Die Seefahrt brachte die Griechen in Kontakt mit dem Volk der Phöniker, das an der Ostküste des Mittelmeers beheimatet war. Von diesem übernahmen sie das Alphabet, woraus sich eine eigene Schrift entwickelte. Die gemeinsame Sprache und Schrift festigten das Zusammengehörigkeitsgefühl der Griechen. Sie bezeichneten sich selbst als Hellenen und alle Fremden, die nicht griechisch sprachen, als Barbaren.

Die große Kolonisation

Griechen lebten aber nicht nur in Griechenland. Im 8. Jahrhundert v. Chr. besiedelten sie den gesamten Mittelraum, indem sie an geeigneten Stellen Poleis, d. h. neue Stadtstaaten, gründeten. Diesen Vorgang bezeichnet man als Große Kolonisation. Die Motive für die Gründung griechischer Kolonien waren zahlreich: Bevölkerungswachstum, Landnot und Ernährungskrisen, Handelsinteressen und der verbesserte Zugang zu Metallvorkommen oder Schiffbauholz, der Ehrgeiz von Einzelpersonen und der Abbau von Konflikten im Inneren der Gemeinschaft.

Homers Erzählungen

Für die antiken Griechen gehörten die Werke Homers, die „Ilias" und die „Odyssee", zum grundlegenden Wissen. Die „Ilias" erzählt von der Belagerung Trojas durch die Griechen. Von den Irrfahrten des Odysseus während seiner Heimkehr erzählt die „Odyssee". Diese Geschichten wurden mündlich verbreitet und schließlich schriftlich aufgezeichnet. Die Griechen waren davon überzeugt, dass es Homer tatsächlich gegeben habe. Der Name steht jedoch vermutlich nicht für einen einzelnen Autor.

M 3 **Thronender Zeus**
griechische Bronzestatuette, Höhe 12 cm, 6. Jahrhundert v. Chr.

Die Religion der Griechen

Die Religion der Griechen war polytheistisch, das heißt, es wurden viele Götter verehrt. Die Griechen stellten sich ihre Götter – abgesehen von deren ewiger Jugend und Macht – sowohl vom Aussehen als auch vom Verhalten wie Menschen vor. Daher gab es unter den Göttern Freundschaft, Streit, ja sogar Betrug und Feindschaft. Sie lebten auf dem Berg Olymp.

An der Spitze der olympischen Götterfamilie stand Zeus. Zunächst war er ein Gott, der für Himmelserscheinungen wie Blitz und Donner zuständig war. Auf diese Weise konnten sich die Menschen ihnen unverständliche Ereignisse erklären. So glaubten die Griechen bei Gewittern, Zeus sei zornig. Die Liebe war für sie das Werk der Aphrodite, der Göttin der Liebe. Überhaupt erschien den Griechen die gesamte Welt voller Götter. In Quellen wohnten Nymphen, Bäume wurden von Satyrn oder Faunen bevölkert und Flüsse von Flussgöttern.

Formen religiöser Verehrung

Im Zentrum der religiösen Handlungen stand das Opfer. Um die Götter für sich zu gewinnen, schlachteten die Priester Tiere und verbrannten ausgewählte Stücke davon auf dem Opferaltar. Allerdings konnte auch der einzelne Gläubige opfern. Eine wesentliche Rolle spielten religiöse Zentren und Kultstätten. In Delphi zum Beispiel äußerte sich nach der Vorstellung der Griechen der Gott Apollon. Die Pythia, eine Priesterin, saß in ihrer „Cella“ auf einem dreifüßigen hohen Stuhl aus Bronze und wurde unter der Einwirkung von Dämpfen in eine Art Rauschzustand versetzt. Die Griechen glaubten, dass die Pythia in diesem Zustand göttliche Botschaften verkündete.

M 4 **Das Heiligtum in Delphi**
Heutiger Zustand

Griechische Götter – Informationen sammeln

M 5 Apollon
Marmorstatue, 1,97 m, römische Kopie des griechischen Originals von 460 v. Chr., gefunden 1771. Die Gegenstände, die Apollon hält, sind moderne Ergänzungen.

M 6 Athena
2,01 m, Rekonstruktion nach römischer Kopie, das Original bestand aus Bronze und entstand um 450 v. Chr.

M 7 Lexikonartikel

In einem modernen Lexikon stehen folgende Informationen zu den zwei wichtigen Göttern:

a) Apoll
griechisch Apollon, lateinisch Apollo, griechischer Gott, bei Homer Sohn des Zeus und der Leto. Bruder der Artemis, ursprünglich aber orientalischer Herkunft: Dies bezeugt sein Name, in dem das babylonische Wort abullu (Tor) vermutet wird; Hüter der Tore war der babylonische Sonnengott Schamasch. Ihm waren die Löwen heilig, die auf Delos, dem mythischen Geburtsort A.s, Symbol des A. sind. Den Griechen vor Troja war A. nach Homer noch feindlich, seine Pfeile brachten Tod und Verderben. Wer Tod und Krankheit sendet, vermag nach antikem Glauben das Übel auch abzuwehren. So wurde A. zum Heilgott (später von seinem mythischen Sohn Âskulap abgelöst) und – da Wege zur Heilung bes. durch Weissagung gewiesen wurden – zum Gott der Orakel […].

b) Athene, Pallas Athene
griechisch auch Athena, griechische Göttin. Tochter des Zeus, zunächst wohl kretische Palastgöttin und Schutzgöttin der mykenischen Herren, bei Homer ‚Vorkämpferin' in der Schlacht und zugleich Werkkundige'; sie lehrt die Frauen das Weben, die Männer das Zimmern.
Das Bild, das Palladion, wurde auf der trojanischen Burg verehrt, dennoch gewährte sie den Trojanern keinen Schutz. Geboren aus dem Haupt des Zeus, ist A. die ‚Jungfräuliche' (Parthenos), die nie ein Liebesbündnis eingeht. In dem mit ihr verbundenen Athen barg der ‚Alte Tempel' ihr Holzbild, das jährlich an den Panathenäen ein neues Gewand erhielt.
Für sie wurde ein neuer Tempel, der Parthenon, errichtet. Ihre Attribute waren der Ölbaum und die Eule […].

dtv Brockhaus Lexikon, 20. Bde., München 1984, hier Bd. 1, S. 230 f. und S. 311 f .

Griechische Kolonisation – Eine Textquelle auswerten

M 8 Die Gründung einer Kolonie

Herodot (etwa 484–430 v. Chr.) gilt als Begründer der Geschichtsschreibung. In seinen „Historien" berichtet er unter anderem über die Gründung von Kyrene in Nordafrika:

Theras stammte also aus dem Geschlecht des Kadmos und war der Mutterbruder der Söhne des Aristodemos, Eurysthenes und Prokles. Solange diese Söhne noch Kinder waren, hatte Theras als ihr Vormund den Königsthron von Sparta inne. Aber die Brüder wuchsen heran und übernahmen selber die Herrschaft, und Theras, dem es unerträglich war, einen Herrscher über sich zu haben, da er selber das Herrschen geschmeckt hatte, wollte nicht länger in Lakedaimon bleiben und sagte, er wolle auswandern zu seinen Verwandten. Nun wohnten auf der Insel Thera, früher Kalliste genannt, die Nachkommen eines Phoinikers […].
Zu ihnen also wollte Theras mit einem Teil der Spartiaten auswandern; er wollte gemeinsam mit ihnen wohnen und ihr Freund werden, nicht sie vertreiben. […] Die Insel Kalliste aber erhielt nach Theras, der sich auf ihr ansiedelte, den Namen Thera. […].
Ein Nachkomme jenes Theras, Grinnos […], König der Insel Thera, kam nach Delphi, um im Namen seiner Stadt eine Hektakombe [Festopfer] zu opfern. Einige Bürger reisten mit ihm, darunter Battos […]. Während nun der König Grinnos von Thera das Orakel befragte, gab die Pythia eine ganz andere Antwort: er solle eine Stadt in Libyen gründen. Er erwiderte darauf:
„Herr! Ich bin zu alt und müde, mich auf den Weg zu machen. Heiße doch einen der Jüngeren hier die Sache unternehmen!"
Mit diesen Worten wies er auf Battos. Weiter geschah damals nichts, und als sie heimgekehrt waren, ließen sie den Orakelspruch auf sich beruhen. […]
Nun aber blieb sieben Jahre lang der Regen in Thera aus, und während dieser Jahre verdorrten alle Bäume auf der Insel mit Ausnahme eines einzigen. Die Theraier befragten das Orakel, und die Pythia erinnerte sie an das Gebot des Gottes, eine Kolonie in Libyen zu gründen. Da sie sich nicht anders zu helfen wussten, schickten sie Boten nach Kreta, um nachzuforschen, ob vielleicht ein Kreter oder ein Fremder, der sich in Kreta aufhielt, einmal nach Libyen gekommen sei. Die Boten zogen auf der Insel umher und kamen endlich auch in die Stadt Itanos. Dort fanden sie einen Fischer, namens Korobios, der sagte, er sei einmal von den Stürmen nach Libyen verschlagen worden und sei zu der Insel Platea an der libyschen Küste gelangt. Diesem Manne gaben sie Geld und brachten ihn mit nach Thera, und es fuhren nun zuerst wenige Männer aus, um das libysche Land auszukundschaften. Korobios führte sie nach jener Insel Platea, und sie ließen ihn dort zurück, gaben ihm auch Nahrungsmittel für einige Monate und segelten eiligst nach Thera zurück, um die Kunde von jener Insel ihren Landsleuten zu überbringen. […]
Als die Theraier, die den Korobios in Platea zurückgelassen hatten, nach Thera heimkamen, meldeten sie, sie hätten eine Insel an der Küste Libyens für die Ansiedlung besetzt. Die Theraier beschlossen, dass aus allen sieben Gemeinden der Insel immer je einer von zwei Brüdern auswandern sollte. Führer und König der Auswanderer sollte Battos sein. So gingen denn zwei Fünfzigruderer nach Platea ab.

Herodot, Historien, übers. von A. Horneffer, Stuttgart 1971, S. 305 ff.

Aufgaben

1. a) Beschreibe die beiden Statuen. Berücksichtige auch die Haltung und den Gesichtsausdruck.
   b) Bearbeite die beiden Lexikonartikel. Welche Aufgabe haben die beiden Götter?
   c) Erläutere, welche Eigenschaften sich an den Statuen ablesen lassen.
   → M5, M6, M7
2. a) Fasse den Bericht Herodots zusammen.
   b) Welche Gründe für eine Auswanderung nennt Herodot? Welche gibt es darüber hinaus?
   c) Welche Schwierigkeiten hatten die Auswanderer zu bewältigen?
   → Text, M8

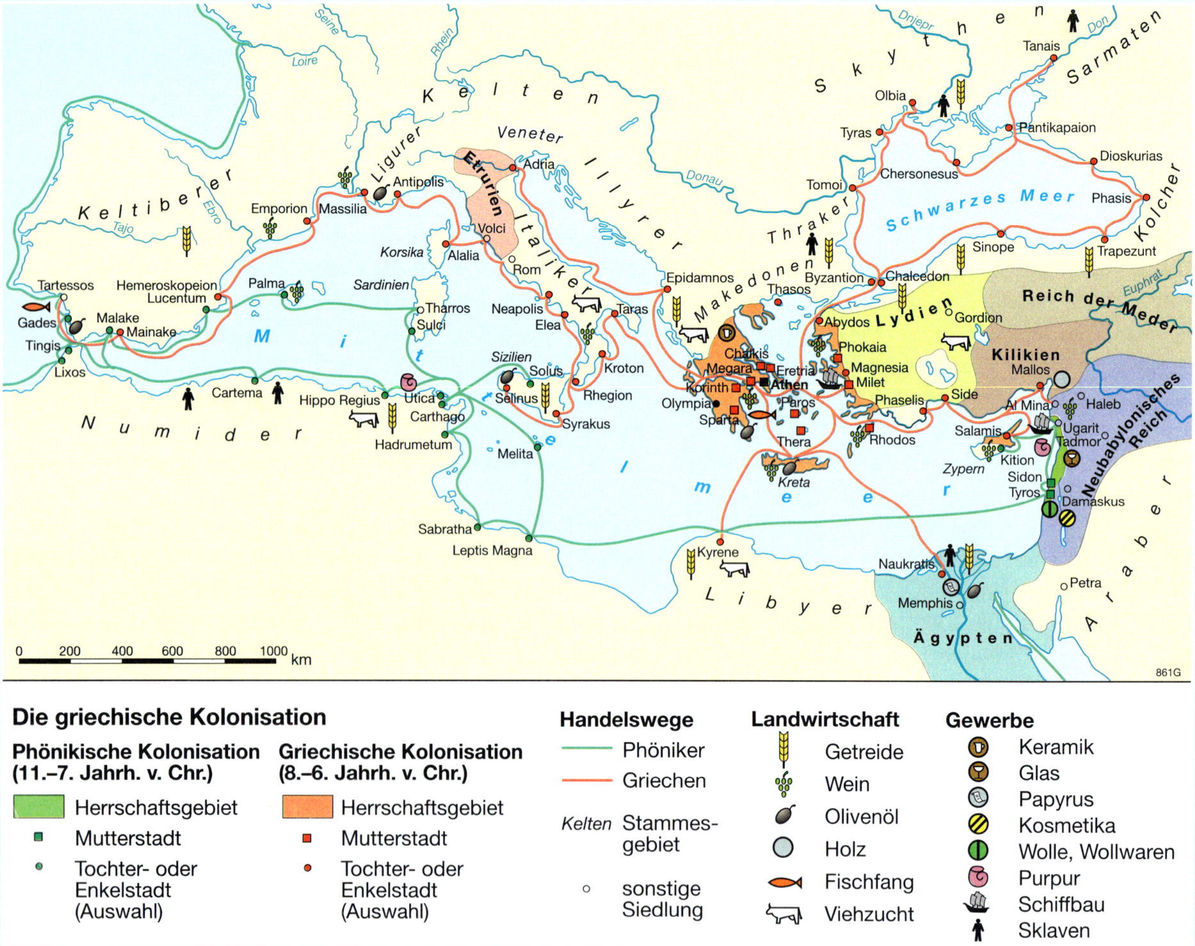

M 1

Umgang mit Geschichtskarten

Was ist eine Geschichtskarte?

Geschichtskarten sind nachträgliche Darstellungen von historischen Gegebenheiten. Ausgangspunkt ist dabei eine geografische Karte. Geschichtskarten stellen vor allem die räumliche Dimension der Geschichte dar.

Historische Informationen werden unter anderem mithilfe von Symbolen, Linien, Flächenfarben und Beschriftungen eingetragen. Jede Karte sollte neben einer Überschrift sowie der Angabe des Maßstabes auch eine Legende enthalten, die die „Zeichensprache“ der Karte erklärt. Das richtige Lesen einer Geschichtskarte ermöglicht es, sich schnell und umfassend über einen Sachverhalt zu informieren.

Vorsicht beim Umgang mit Geschichtskarten

Geschichtskarten vermitteln oft den Eindruck, dass der Kenntnisstand über historische Gegebenheiten sicher ist. Dieser Eindruck kann jedoch trügen. So lässt sich zum Beispiel die Lage von Ortschaften nicht immer sicher zuweisen. Ähnliches gilt für die Verbreitung von

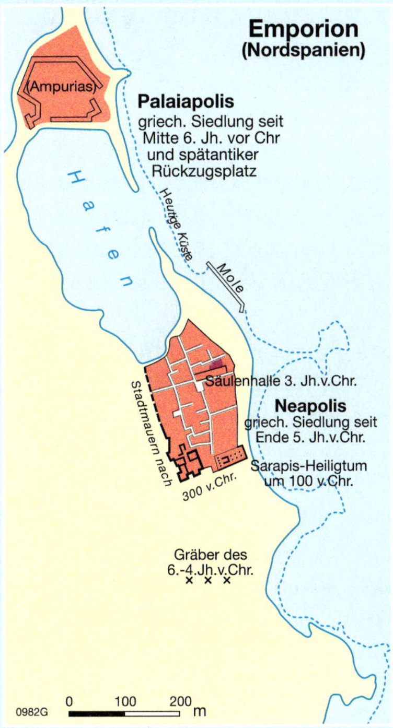

M 2

Handelsgütern. Lässt der Fund einiger weniger griechischer Luxusvasen etwa im keltischen Siedlungsgebiet auf beständigen und regen wirtschaftlichen Austausch schließen? Wurden Handelsrouten, wie sie auf der Karte angegeben sind, regelmäßig genutzt und wenn ja mit welcher Intensität?

Geschichtskarten sind vereinfachte Darstellungen

Auch die Abbildung selbst entspricht nicht vollkommen der historischen Wirklichkeit: Um dem modernen Betrachter zum Beispiel die regionale Verbreitung von Siedlungsgebieten zu veranschaulichen, muss der Kartograf die Karte vereinfachen. Unter Umständen fallen wichtige Informationen über Gebirgszüge und Flussläufe weg, damit sich der Betrachter auf die historischen Hauptaussagen der Karte konzentrieren kann. Selbst der Umriss der Küstenlinien ist meist vereinfacht und berücksichtigt nicht unbedingt den Verlauf der historischen Küstenlinien.

Bei den Symbolen, die der Kartograf auswählt, muss er ebenfalls vereinfachen. So wird dem Leser zwar klar, dass im Mittelmeerraum Getreide transportiert wurde. Um welche Form von Getreide es sich handelte, erfährt er aus der Karte nicht, weil jede zusätzliche Information unter Umständen die Karte nur schwer oder gar nicht verständlich erscheinen ließe.

Fragen an Karten

1. Bestandteile der Karte

a) Wie lautet die Überschrift der Karte? Welche Gebiete sind auf der Karte abgebildet?
b) Berechne den Maßstab der Karte.
c) Was enthält die Legende?
d) Wofür werden Symbole, wofür Striche und wofür Flächenfarben verwendet? Findest du die Karte übersichtlich gestaltet?

2. Art der Karte

a) Wird ein Zustand oder eine Entwicklung dargestellt?
b) Handelt es sich um eine politische, eine soziale, eine militärische oder eine Wirtschaftskarte?

3. Aussagewert der Karte

Beantworte mithilfe der Karten folgende Fragen:
a) Wann fand die griechische Kolonisation statt?
b) Nenne die südlichste, die westlichste, die nördlichste und die östlichste griechische Tochter- oder Enkelstadt.
c) Beherrschten die Griechen den ganzen Mittelmeerraum?
d) Wo wurde Keramik hergestellt?
e) Woher kam das Getreide, das in Athen benötigt wurde?
f) Beschreibe den Weg, den ein Schiff von Athen nach Emporion nahm.
g) Welche Bauphasen kann man in Emporion unterscheiden?
h) Weshalb war Emporion als Kolonie gut geeignet?
i) Welche Informationen erhält man nicht aus der Karte?

M 1 Ein Werbeplakat

Olympia - Ein Zentrum der griechischen Kultur

Die Olympischen Spiele - Heute und damals

Die Olympischen Spiele der Neuzeit, die seit 1896 regelmäßig veranstaltet werden, zählen zu den bedeutendsten Sportveranstaltungen auf der Welt. Sie knüpfen zwar an die Tradition der antiken Wettkämpfe an, unterscheiden sich jedoch von ihnen in vielerlei Hinsicht. Archäologische Funde, schriftliche Quellen und bildliche Darstellungen auf Vasen und Schalen enthalten wichtige Informationen über die damaligen Veranstaltungen.

Die antiken Olympischen Spiele fanden in Olympia statt, einem Ort im Westen der Peloponnes, wo heute noch Reste der damaligen Anlagen zu besichtigen sind. Die überlieferten Siegerlisten deuten darauf hin, dass die Spiele seit mindestens 776 v. Chr. veranstaltet wurden. Den vierjährigen Abstand zwischen den Spielen bezeichneten die Griechen als Olympiade und benutzten diese manchmal zur Datierung von Ereignissen. Die Zeit ihres größten Glanzes hatten die Olympischen Spiele im 5. Jahrhundert v. Chr.

Aber auch an anderen Orten fanden regelmäßig verschiedenartige Wettkämpfe statt, zum Beispiel Theater- und Gesangswettbewerbe. Diese Lust, Wettbewerbe auszutragen, gilt heute als typisches Kennzeichen der griechischen Kultur.

Ein religiöses Fest

Die antiken Olympischen Spiele waren jedoch mehr als sportliche Auseinandersetzungen. Sie waren eines der wichtigsten religiösen Feste in ganz Griechenland. Die Griechen widmeten sie ihrem wichtigsten Gott Zeus, und das Opferfest zu seinen Ehren war der wichtigste Teil der Spiele. Sein Standbild, das im zentralen Tempel im Heiligtum von Olympia aufgestellt war, hatte der Bildhauer Phidias um 430 v. Chr. aus Gold und Elfenbein gefertigt. Diese Zeus-Statue wurde zu den sieben Weltwundern der Antike gezählt.

Für das Zusammengehörigkeitsgefühl der Griechen waren die Olympischen Spiele von zentraler Bedeutung, da aus dem ganzen Mittelmeerraum Teilnehmer und Zuschauer zusammenkamen und sich trotz aller Unterschiede ihrer Gemeinsamkeiten in Sprache, Religion und Kultur bewusst wurden. Mehr noch: Ein Fest wie in Olympia bot Gelegenheit, politisch zu verhandeln und Verträge zu schließen.

M 2

Der Ablauf der Olympischen Spiele

An den Wettkämpfen in Olympia durften nur freie griechische Männer teilnehmen. Für junge Frauen fand jedoch außerhalb der Spiele alle vier Jahre ein Wettlauf über 160 m zu Ehren der Göttin Hera statt, die als Gemahlin von Zeus auch in Olympia verehrt wurde.

Ein Start bei den Olympischen Spielen war nur aussichtsreich, wenn intensiv trainiert werden konnte. Das setzte die finanzielle Unabhängigkeit der Athleten voraus. Aus diesem Grund bestritten in der frühen Zeit der Spiele vor allem Adlige die Kämpfe. In späterer Zeit unterstützten die Poleis ihre Sportler.

Um eine ungefährdete Anreise zu ermöglichen, wurde schon im Frühjahr ein für ganz Griechenland geltender Friede verkündet. Dieser wurde aber nicht immer eingehalten. Der Andrang war so stark, dass die große Anzahl der Teilnehmer, der Schaulustigen und Händler im Freien oder in Zeltstädten übernachtete. Die Spiele hatten daher immer auch den Charakter eines Volksfestes.

Das Fest dauerte mehrere Tage. Es begann mit Opferungen und der Vereidigung der Teilnehmer vor dem Standbild des Zeus im Ratsgebäude, dem Bouleuterion. Die Wettkämpfe für Männer und Jungen fanden an den folgenden Tagen statt. Höhepunkt war das Opferfest für Zeus, das mit dem Vollmond zusammenfiel. Dabei wurden Ochsen geschlachtet und teilweise auf dem Aschealtar verbrannt. Dieser, so wird berichtet, war mehrere Meter hoch. Die Olympischen Spiele endeten mit der Siegerehrung.

Die Namen der Sieger wurden öffentlich verkündet und in Siegerlisten festgehalten. Als Siegespreis winkte in Olympia lediglich ein Lorbeerkranz. In den jeweiligen Heimatstädten wurden die Sieger jedoch bei der Heimkehr glänzend empfangen, reich beschenkt und mit vielen Vorrechten versehen, sodass sich ein Sieg auch finanziell lohnte. Manche Athleten ließen Siegerstatuen aufstellen. Darüber hinaus bekleidete mancher Sieger später ein wichtiges Amt in seiner Polis.

Ende und Neuentdeckung der Olympischen Spiele

Auch als Griechenland später unter römische Herrschaft kam, wurden weiterhin Olympische Spiele veranstaltet. Erst die allgemeine Ausbreitung des Christentums führte zum Verbot. Die letzten Wettkämpfe fanden 395 n. Chr. statt. Erst Ende des 19. Jahrhunderts setzte sich der französische Pädagoge und Historiker Pierre de Coubertin (1863–1937) für die Wiederbelebung des olympischen Gedankens ein. Das 1894 gegründete Internationale Olympische Komitee richtete 1896 in Athen die ersten Spiele der Neuzeit aus, die seitdem in der Regel alle vier Jahre veranstaltet werden.

M 3 Ringkampf
Vasenbild, um 520 v. Chr.

Olympia – Vergleich zwischen Karte und Rekonstruktion

Grundriss von Olympia

- Heiliger Bezirk: Tempel, Altäre
- Bauten des Heiligtums ohne religiöse Funktion
- Bauten mit Aufgaben für die Wettkämpfe

Ⓐ Zeustempel mit Statue des Phidias
Ⓑ Heiliger Bezirk des Pelops
Ⓒ Großer Zeus-Altar von 8 m Höhe
Ⓓ Tempel der Hera
Ⓔ Tempel der Göttermutter Gaia
Ⓕ Bouleuterion (Rathaus)
Ⓖ Prytaneion (Verwaltung)
Ⓗ Schatzhäuser:

I Sikyon	VII (unbekannt)
II Syrakus	VIII Selinunt
III Epidamnos	IX Metapont
IV Byzanz	X Megara
V Sybaris	XI Gela
VI Kyrene	

Ⓘ Werkstatt des Phidias, in der die Zeus-Statue hergestellt wurde
Ⓚ Gästehaus
Ⓛ Palästra (Trainingsplatz für Ringer und Faustkämpfer)
Ⓜ Gymnasion (Sportplatz)
Ⓝ. Bad
Ⓞ Stadion (Bahn für Wettläufer mit Start- und Zielschwellen; links: Sitze der Schiedsrichter)

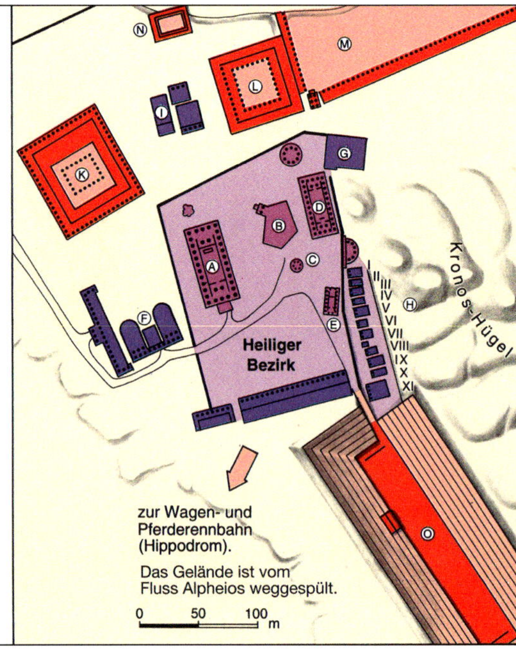

M 4 **Plan der antiken Bauten von Olympia**

M 5 **Das Heiligtum von Olympia**
Blick von Osten, Rekonstruktion

Antike Sportarten rekonstruieren – Der Weitsprung

Laufdisziplinen
Kurzstreckenlauf (192,25 m)
Mittelstreckenlauf (346,56 m)
Langstreckenlauf (3845 m),
Waffenlauf (384,5 m, ursprünglich wurden Waffen, Helm, Schild und Beinschienen getragen)

Fünfkampf
Diskuswurf
Speerwurf
Weitsprung
Kurzstreckenlauf
Ringkampf

Schwerathletik
Ringkampf
Faustkampf
Pankration (eine Mischung aus Faust- und Ringkampf)

Wagen- und Pferderennen
Sie bildeten den Höhepunkt der olympischen Disziplinen.

M 6 **Die einzelnen Wettkämpfe**

M 7 **Weitsprung-Darstellung**
Vase aus Athen, um 500 v. Chr.

M 8 **Sprunggewicht aus Stein**
Fund aus Olympia, 300 v. Chr.

Aufgaben

1. a) Erarbeite mithilfe des Grundrisses, welche Aufgaben die Olympischen Spiele hatten.
   b) Unterscheide, was im Mittelpunkt stand und was eine Randbedeutung hatte. Vergleiche hierbei den Grundriss mit der Rekonstruktion.
   → Text, M4, M5
2. a) Erkläre anhand der Quellen, wie der Weitsprung im antiken Olympia durchgeführt wurde.
   b) Vergleiche mit dem Weitsprung, wie er heute bei Olympischen Spielen üblich ist. Nenne Gemeinsamkeiten und Unterschiede.
   c) Stellt in der Klasse Sprunggewichte her und führt auf dem Sportplatz den antiken Weitsprung durch. Vergleicht mit den Weitsprungergebnissen aus dem Sportunterricht.
   → M7, M8,
3. Vergleiche die antiken Olympischen Spiele mit den modernen. Nenne Unterschiede und Gemeinsamkeiten. → Text

Athen - Polis der Bürger

Die größte Polis Griechenlands

Die Polis der Athener umfasste die gesamte Halbinsel Attika. Die Fläche von rund 2 500 Quadratkilometern entspricht ungefähr dem heutigen Großherzogtum Luxemburg. Mit etwa 35 000 männlichen Vollbürgern, die um 450 v. Chr. dort lebten, übertraf sie auch in der Bevölkerungszahl alle anderen griechischen Poleis. Hinzu kamen Frauen, Kinder, Fremde und Sklaven. Insgesamt wird die Einwohnerzahl von ganz Attika zur damaligen Zeit auf 200 000 geschätzt. Wovon lebten diese Menschen?

Wie ganz Griechenland war die Landschaft Attikas geprägt durch waldreiche Berge und Täler, die landwirtschaftlich genutzt wurden.

M 1

Der Boden war besonders geeignet für den Anbau von Wein, Feigen und Oliven. Aber auch Gemüse und Getreide wurden angepflanzt. Die Athener bauten in Attika angesichts der geringen Niederschlagsmengen mehr Gerste als Weizen an.

Auf den Gebieten, die zum Ackerbau nicht geeignet waren, wurde Weidewirtschaft betrieben. Frühjahr und Sommer verbrachte das Vieh in den Bergen, die Wintermonate dagegen in den tiefer gelegenen wärmeren Gebieten. Schafe und Ziegen lieferten Wolle und Milch, aus der auch Käse hergestellt wurde. Zudem dienten die Tiere in Notzeiten als Ergänzung der sonst überwiegend pflanzlichen Nahrung, die durch den Fischfang allerdings bereichert wurde.

Antiker Bergbau

Schon seit dem ausgehenden siebten Jahrhundert v. Chr. war Athen auf Getreideeinfuhren angewiesen, um die Bevölkerung ausreichend ernähren zu können.

Finanziert wurde dies durch den Silberbergbau im Lauriongebirge sowie durch die Ausfuhr handwerklicher Produkte. Wissenschaftler nehmen an, dass die Athener im sechsten Jahrhundert mit dem Abbau von Zink und Blei begannen. Im Verlauf des fünften vorchristlichen Jahrhunderts verwandelte sich das Gebiet nördlich von Kap Sunion in eine für damalige Zeiten riesige Bergwerkslandschaft mit mehr als 2000 Schächten und 200 Anlagen zur Aufbereitung und Verhüttung des Erzes. Viele Arbeiten unter Tage verrichteten Sklaven. Die Gänge, die bis 120 m unter die Erde reichten, waren teilweise nur 60 cm hoch. Aus Aufzeichnungen ist bekannt, dass allein ein reicher Adeliger 1000 Sklaven an die Pächter der Bergwerke vermietete. Die Minen selbst verblieben im Besitz der Polis und trugen ganz erheblich zur Macht Athens bei.

M 2 Im Bergwerk
In Laurion wurde silberhaltiges Bleierz abgebaut. Das Schaubild gibt den Zustand von etwa 350 v. Chr. wieder.

Handwerk und Handel

Bekannt waren auch die Töpferwaren der Handwerker aus Attika, die aus Ton Geschirr und Trinkgefäße herstellten. Tonbehälter dienten auch zum Transport und zur Lagerhaltung. Manche Gefäße wurden allerdings allein zu rituellen Zwecken, etwa als Grabschmuck, benutzt.

Im 5. Jahrhundert v. Chr. setzte sich die attische Keramik gegenüber Konkurrenzprodukten in Griechenland und im westlichen Mittelmeergebiet durch. Insbesondere die hochwertige attische Keramik war mit Abbildungen sowohl aus dem Alltagsleben als auch aus der Welt der Sagen und Mythen versehen. Diese ist heute für uns eine wichtige Quelle. Die attischen Töpfer und Vasenmaler waren sehr stolz auf ihr handwerkliches Können. Sie signierten ihre Erzeugnisse sogar mit ihren Namen.

Die Polis der Athener unterhielt also intensive Handelsbeziehungen im ganzen Mittelmeerraum und im Schwarzmeergebiet. Vor allem Getreide, Olivenöl und Töpfereiprodukte wurden auf großen Segelschiffen transportiert, wie man von Vasenmalereien und Wrackfunden weiß.

Mit dem Warenhandel über weite Entfernungen entwickelte sich auch das Münzwesen. Das geprägte Metallgeld aus einer Goldlegierung und später aus Silber war in Kleinasien seit Beginn des 6. vorchristlichen Jahrhunderts im Gebrauch.

Handelsschiffe – Vergleich verschiedener bildlicher Darstellungen

M 3 Zeitgenössische Abbildung
Abbildung eines Frachtschiffes auf einer Keramikschale aus Athen aus dem 6. Jahrhundert v. Chr.

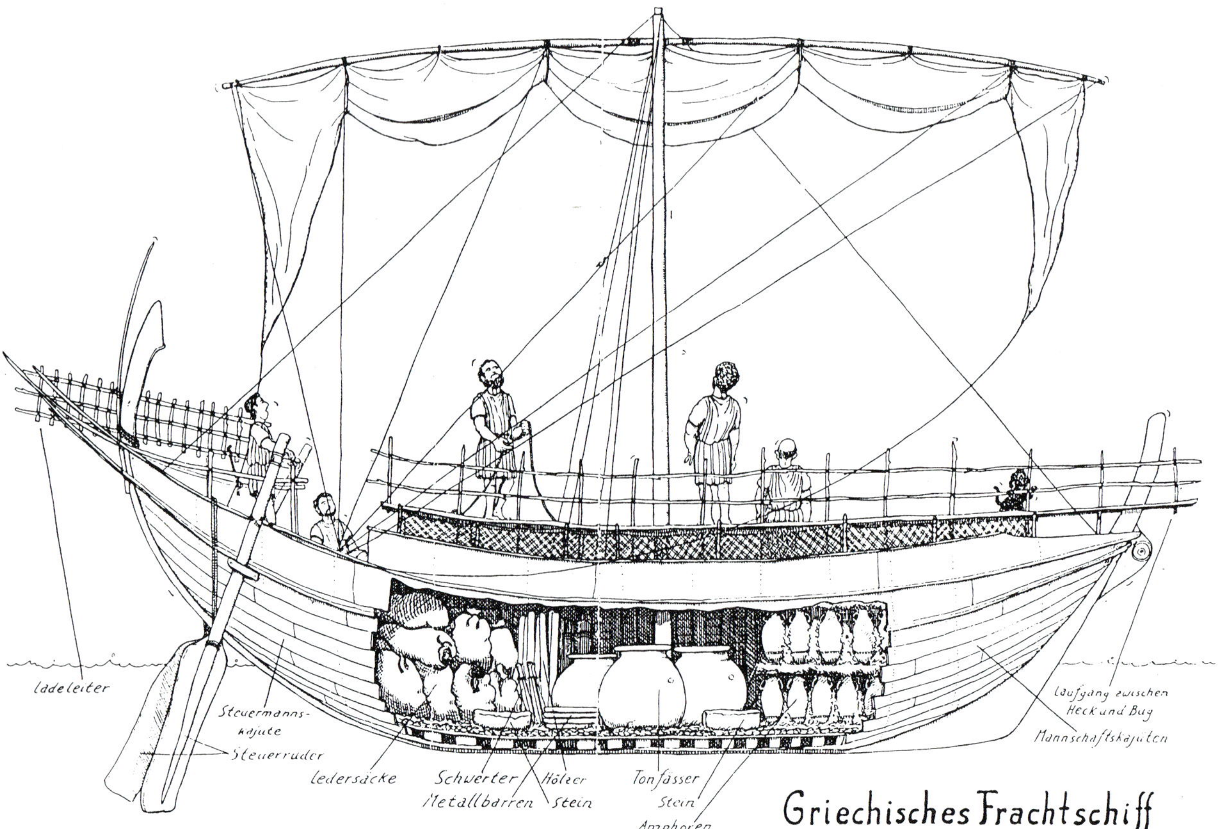

M 4 Rekonstruktionszeichnung
Länge: etwa 20 m; Breite: etwa 8 m; Zuladung: 150 t; Besatzung: Steuermann und 4 Matrosen

Sklaven in der Antike in Text und Bild

M 5 Sklaven in der griechischen Wirtschaft

Ein Geschichtsforscher unserer Zeit schildert die Bedeutung der Sklaven im antiken Griechenland:

Die Sklaven sind für die Griechen in dieser Zeit unentbehrliche Arbeitskräfte geworden. In manchen Produktionszweigen, etwa im Bergbau, überwiegen sie bei weitem die freien Arbeitskräfte. In keinem Wirtschaftszweig sind freilich nur Sklaven beschäftigt. Normalerweise führen vielmehr Sklaven und Freie dieselben Arbeiten aus. Auf der anderen Seite sind Sklaven als häusliche Arbeitskräfte unentbehrlich geblieben. Auf diesem Gebiet kommen freie Arbeitskräfte kaum mehr in Frage. Übrigens beschäftigt nicht jeder seine Sklaven in seinem eigenen Haushalt oder Betrieb. Nicht selten vermietet man sie an Dritte, etwa für Gelegenheitsarbeiten oder als Saisonarbeiter in der Landwirtschaft. Der Mieter verschafft sich auf diese Weise jeweils für kurze Zeit die Dienste einer Arbeitskraft, die er nicht ständig beschäftigen bzw. deren Unterhalt er sich nicht leisten könnte. Es gibt auch Unternehmer, die eine größere Zahl von Sklaven zu dem Zweck halten, sie gewinnbringend zu vermieten. Der bekannte athenische Staatsmann und Feldherr Nikias etwa hatte an einen Bergwerksunternehmer in den Silbergruben von Laurion 1000 Sklaven vermietet. So sind die Sklaven im klassischen Griechenland wohl die beste Kapitalanlage.

Fritz Gschnitzer, Griechische Sozialgeschichte von der mykenischen bis zum Ausgang der klassischen Zeit, Wiesbaden 1981, S. 117.

M 6 Bergwerk in Griechenland, Tontäfelchen, um 600 v. Chr.

Aufgaben

1. Arbeite mit der Karte über die Polis der Athener. Welche Nahrungsmittel wurden in Attika angebaut?
   → M1
2. a) Beschreibe, wie in Laurion Erz gefördert wurde.
   b) Welche Gefahren lauerten auf die Bergwerkssklaven?
   → Text, M2
3. Vergleiche die beiden Darstellungen des Frachtschiffes.
   → M3, M4
4. a) Fasse mit eigenen Worten zusammen, was der heutige Wissenschaftler über die Sklaverei berichtet.
   b) Aus welchen Gründen wird Sklaverei heute verurteilt?
   → M5

Das Volk bestimmt in Athen

Der Begriff „Demokratie“

Die Bundesrepublik Deutschland ist ein Staat mit einer demokratischen Ordnung. Der Begriff „Demokratie“ stammt aus dem Griechischen und bedeutet wörtlich „Volks-Herrschaft“. Das antike Athen gilt als frühes Beispiel dafür, dass die Mehrheit der Bevölkerung politische Entscheidungen treffen konnte. Deshalb wird heute immer noch auf die damalige Entwicklung Bezug genommen. Innerhalb der Welt der griechischen Poleis war die Ausbildung der Demokratie in Athen allerdings die Ausnahme – und sie zog sich über einen langen Zeitraum hin.

Von der Monarchie zur Aristokratie

In vielen griechischen Poleis scheint zunächst ein König geherrscht zu haben. Diese Herrschaft eines Einzelnen wird als „Monarchie“ bezeichnet. Nachweisbar – auch in Athen – ist auf alle Fälle die Herrschaftsform der Aristokratie. Das bedeutet wörtlich übersetzt „Herrschaft der Besten“. Gemeint ist damit eine Oberschicht, die aus einer Gruppe reicher Familien bestand. Die Aristokraten waren Großgrundbesitzer und verfügten somit über die Mittel, Pferde und Rüstung zur Verteidigung der Polis zu unterhalten.

In der Folgezeit wurden allerdings schwer bewaffnete Hopliten immer wichtiger, die in einer Schlachtreihe, der so genannten Phalanx, kämpften. Da auch Bauern, Händler und vermögende Handwerker die Ausrüstung eines Hopliten bezahlen konnten und Kriegsdienst leisteten, forderten auch sie Einfluss auf die politischen Entscheidungen.

Die Krise der Aristokratie

Viele Bauern waren allerdings bei den Großgrundbesitzern verschuldet, die sie bei Zahlungsunfähigkeit sogar versklaven konnten. Als sich die Situation in Athen zuspitzte, bemühte sich Solon (etwa 640–560 v. Chr.), der selbst ein Angehöriger der Oberschicht war, um einen Ausgleich. Er erreichte, dass den Kleinbauern die Schulden erlassen wurden, und verbot den Großgrundbesitzern, die Bauern zu verskla-

M 1 Griechische Hoplitenphalanx im Kampf
Abbildung von einer korinthischen Kanne, um 650 v. Chr.

ven. Mit dieser so genannten Lastenabschüttelung sollte der innere Frieden in der Polis wieder hergestellt werden.

Doch der Konflikt dauerte an. Diese Auseinandersetzung nutzte der Adlige Peisistratos (um 560–527 v. Chr.) aus und herrschte als „Tyrann", das heißt als ungesetzlicher Alleinherrscher. Er war erfolgreich, weil er die wirtschaftliche Lage der Handwerker und Bauern verbessern konnte. Als jedoch nach seinem Tod 527/528 v. Chr. zwei seiner Söhne versuchten, die Alleinherrschaft gewaltsam weiterzuführen, wurde der eine ermordet und der andere musste aus Athen fliehen.

Auf dem Weg zur Demokratie

Eine wichtige Etappe in der weiteren Entwicklung stellen die Maßnahmen des Kleisthenes im Jahr 508/507 v. Chr. dar. Er wollte den Einfluss verschiedener Gruppen aus der Oberschicht beschränken und die Errichtung einer Tyrannis mithilfe einer Neuaufteilung der Bevölkerung erschweren:

Zunächst teilte Kleisthenes Attika in drei Gebiete - Stadt, Binnenland und Küstenregion - mit jeweils zehn Zonen ein. Dann fasste er immer drei Zonen, und zwar eine aus der Stadt, eine aus dem Binnenland und eine aus der Küstenregion, zu einer so genannten Phyle zusammen. So entstanden insgesamt zehn Phylen. Sie bildeten die Grundlage für das Militärwesen der Stadt und für die politische Ordnung. Denn aus jeder Phyle wurden 50 Ratsherren bestimmt, die im „Rat der 500" die wichtigen politischen Entscheidungen vorbereiteten.

Das letzte Wort hatte die Volksversammlung. Sie wurde somit zur wichtigsten Einrichtung der Polis. Die Archonten, die obersten Beamten, die vom Volk gewählt, später durch Los bestimmt wurden, hatten die Beschlüsse auszuführen.

Um eine Tyrannis zu verhindern, wurde das „Scherbengericht" eingeführt: Falls mindestens 6000 Bürger den Namen eines Politikers, den sie für gefährlich hielten, auf eine Tonscherbe schrieben, musste dieser für zehn Jahre Athen verlassen. Nach der griechischen Bezeichnung für Scherbe - Ostraka - wurde dieses Verfahren Ostrakismos genannt.

M 2 Tonscherben
Sie sind mit den Namen des Themistokles und des Aristeides beschriftet, Originalscherben, vermutlich 5. Jahrhundert v. Chr.

Der weitere Ausbau der Demokratie

Nach und nach konnten alle männlichen Bürger Athens politisch mitbestimmen. Auch die besitzlosen Theten, die als Ruderer für die Flotte unverzichtbar waren, erhielten politische Rechte. Frauen, Fremde und Sklaven durften allerdings nicht mitbestimmen. Um allen die Teilnahme am politischen Leben zu ermöglichen, erhielten die Teilnehmer an Volksversammlungen und Gerichtssitzungen Tagegelder, so genannte Diäten.

Die Demokratie in Athen - Ein Vorbild?

Zwei auch heute noch gültige Prinzipen der Demokratie wurden damals durchgesetzt: Das Gleichheitsprinzip für alle Bürger und das Mehrheitsprinzip für alle Entscheidungen. Im Unterschied zu heute wurden jedoch keine Abgeordneten gewählt, sondern jeder Bürger konnte an der Volksversammlung teilnehmen und unmittelbar mitbestimmen. Allerdings konnten nur die männlichen Bürger die politischen Rechte in Anspruch nehmen.

Die athenische Demokratie – Ein Rollenspiel

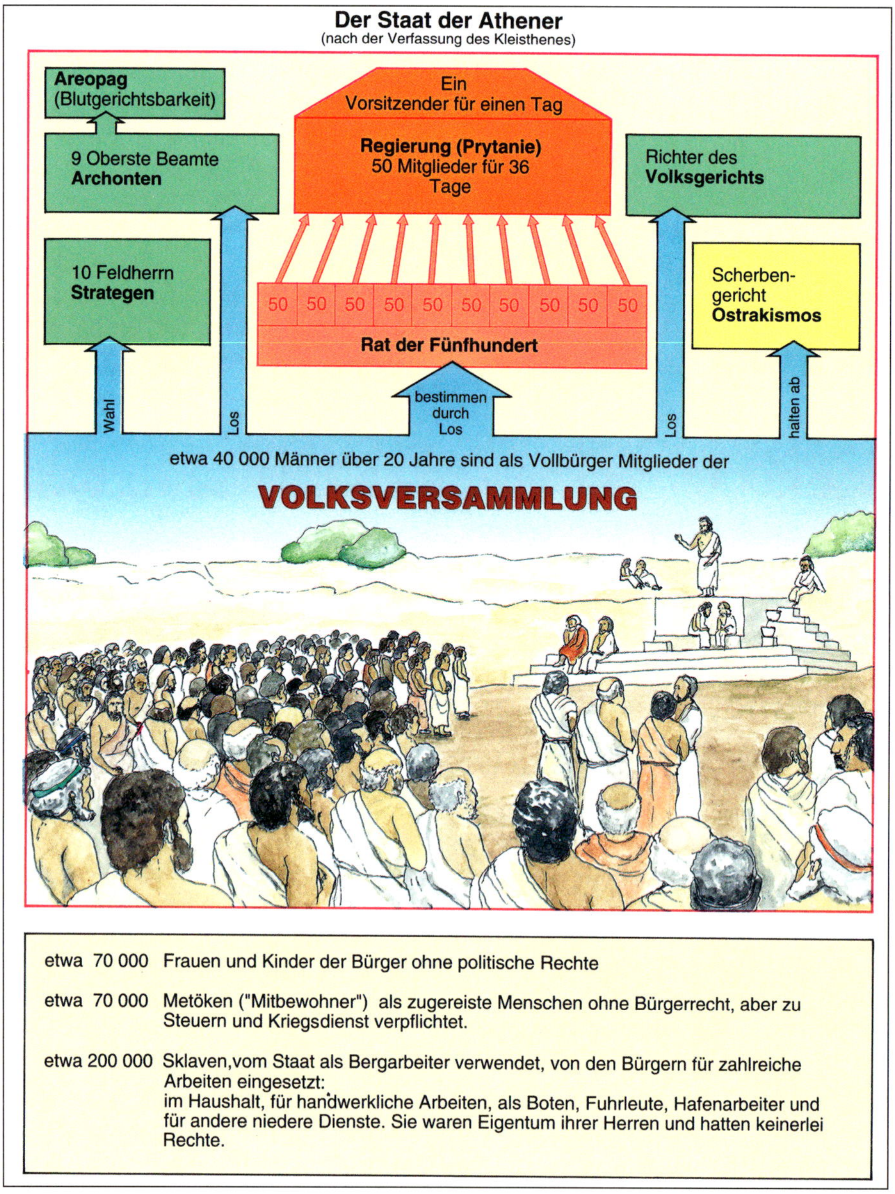

M 3 Die Volksversammlung von Athen
wird in jedem Monat vier Mal abgehalten. Zu diesem Zweck können alle Männer über zwanzig, deren Väter und Mütter freie Athener sind, auf der Pnyx, einem Hügel in der Stadt, zusammenkommen, um über Gesetze abzustimmen. Die Pnyx bietet Raum für etwa 8 000 Menschen. Lediglich für die Regierungsmitglieder, die Prytanen, sind Holzbänke aufgestellt. Die Bürger setzen sich wohl auf den blanken Stein oder stehen.

Die Tagesordnung, die fünf Tage vor der Versammlung bekannt gemacht wird, wird zwar von den Prytanen erstellt, aber zu den Tagesordnungspunkten können Änderungs- und Zusatzanträge eingereicht werden. Viele Punkte der Tagesordnung werden im Rat vorberaten und ohne große Diskussionen verabschiedet. Jeder unbescholtene Bürger hat das Recht, Vorschläge zu machen, die der „Rat der 500“ der Volksversammlung vorlegen muss. Tatsächlich ergreifen einfache Handwerker wie Schmiede, Zimmerleute oder Krämer, Schiffseigner, Kleinbauern und Großgrundbesitzer das Wort. In politischen Fragen darf jeder Teilnehmer der Volksversammlung mitreden.

Gorgyros

Du bist der Kaufmann Gorgyros aus Kreta und willst erfahren, wie und von wem Athen regiert wird.

Sosias

Du bist der Kaufmann Sosias aus Athen.

Aspasia

Du bist Aspasia, die Ehefrau des Sosias.

Dromon

Du bist Dromon, ein Sklave im Hause des Sosias.

Melesios

Du bist der Metöke Melesios, der gelegentlich bei Sosias einkauft.

M 4 **Die Rollenkarten**

Anleitung zu einem Rollenspiel

Stellt euch folgende Situation vor:
Wir befinden uns im Jahre 445 v. Chr. in Athen. Es ist Frühjahr, und gerade ist ein Handelsschiff im Hafen von Athen angekommen. Einer der Passagiere, der Kaufmann Gorgyros aus Kreta, trifft sich mit dem attischen Kaufmann Sosias.
Zufällig ist es der Tag, an dem die Volksversammlung getagt hat. Gorgyros will hierüber mehr erfahren und er lässt sich genau erklären, wie und von wem denn Athen eigentlich regiert wird. Dazu stellt er Sosias eine Menge Fragen. Aber er fragt nicht nur seinen Geschäftsfreund Sosias. Im Hause des Kaufmannes Sosias trifft Gorgyros noch weitere Personen:

- Aspasia, die Ehefrau des Kaufmannes Sosias
- Dromon, einen der Sklaven des Sosias, der im Haushalt arbeiten muss und
- Melesios, einen Metöken, der gelegentlich bei Sosias Einkäufe macht.

Das Rollenspiel:
Bildet Gruppen zu 6 Personen. Überlegt zunächst, welche Fragen Gorgyros dem attischen Kaufmann Sosias stellen könnte, um etwas über die Demokratie in Athen und die Regierung zu erfahren. Hier sind einige Beispiele:

- Von wem wird Athen eigentlich regiert?
- Was ist die Volksversammlung?
- Warum soll man an der Versammlung teilnehmen?
- Leidet nicht das Geschäft, wenn man einen ganzen Tag bei der Volksversammlung zubringt?
- Gibt es überhaupt eine Möglichkeit, den Ablauf einer Volksversammlung zu beeinflussen?
- Kann man die Themen, die einen interessieren, überhaupt zur Sprache bringen?
- Ist überhaupt jeder fähig, vor so vielen Leuten seine Meinung formulieren?

An Aspasia, die Frau des Sosias, an den Sklaven Dromon, aber auch an den Metöken Melesios stellt Sosias zusätzlich andere Fragen. Formuliert auch diese und vergesst nicht, euch hierzu Antworten zu überlegen.
Nutzt die Informationen aus dem Schaubild auf der linken Seite sowie auch die übrigen Seiten des Lehrbuchkapitels.

Aufgaben

1. Gestaltet ein Gespräch, in dem die genannten Personen auf die Fragen des fremden Kaufmannes Gorgyros Antwort geben.

M 1 Eine Rede an die Athener

a) Im Jahre 431 brach ein Krieg zwischen Athen und Sparta aus, den man den „Peloponnesischen Krieg" nennt. Dieser Krieg zwischen den beiden bedeutendsten griechischen Poleis um die Vorherrschaft dauerte fast 30 Jahre und endete im Jahr 404 schließlich mit dem Sieg Spartas.
Der aus Athen stammende Geschichtsschreiber Thukydides (460–399 v.Chr.) verfasste eine umfangreiche Geschichte dieses Krieges. Für sein Buch sammelte er während des Krieges Material, schrieb es allerdings vermutlich erst nach dem Ende des Krieges nieder:

Im selben Winter begingen die Athener nach der Sitte der Väter das öffentliche Begräbnis der ersten in diesem Krieg Gefallenen. [...] Wenn sie es [das Grab] dann mit Erde zugeschüttet haben, spricht ein von der Stadt gewählter, durch Geist und Ansehen hervorragender Mann auf die Toten eine Lobrede, wie sie ihnen gebührt. [...]
Bei diesen ersten nun wurde Perikles, Xanthippos' Sohn, gewählt zu reden. Und als der Augenblick gekommen war, trat er vom Grab weg auf eine hohe dort errichtete Rednerbühne, um möglichst weithin von der Menge gehört zu werden, und sprach so:
„Wir besitzen eine Verfassung, die keine Nachbildung auswärtiger Gesetze ist; viel häufiger dienen wir selbst manchen als Vorbild, als dass wir andere nachahmen. Mit Recht heißt sie Demokratie, weil sie nicht auf wenigen, sondern auf der großen Menge beruht. In eigenen Sachen hat nämlich jeder gleiches Recht mit dem andern, und was die öffentlichen Würden betrifft, so wird nicht bevorzugt, wer einer besonderen Klasse angehört, sondern jeder, je nachdem er in irgendeiner Beziehung Wertschätzung genießt oder tüchtig ist. Der ärmste Bürger wird, wenn er nur dem Staat nützen kann, durch seinen unansehnlichen Stand nicht gehindert, zu Ehren und Würden zu gelangen. In freisinnigem Geiste handeln wir in unseren Staatsangelegenheiten und im täglichen Verkehr, der so leicht gegenseitiges Misstrauen erzeugt. Wir verdenken es dem Nachbarn nicht, wenn er seiner Lust einmal die Zügel schießen lässt und zeigen keinen Ärger, der, wenn er auch keine Strafe nach sich zieht, doch dem Auge wehe tut. Im täglichen Umgang bewegen wir uns also frei von lästiger Strenge und überschreiten doch dem Staate gegenüber die Vorschriften nie. [...]
Wir lieben das Schöne, aber ohne Prunksucht; wir trachten nach geistiger Bildung, lassen uns aber dabei nicht verweichlichen. Reichtum gebrauchen wir als Mittel zum Zweck, nicht um mit ihm zu prahlen. Armut einzugestehen, ist bei uns nicht schimpflich; wohl aber ist es bedenklich, wenn jemand sich nicht aus ihr herauszuarbeiten vermag. Die gleichen Männer widmen sich bei uns persönlichen und öffentlichen Angelegenheiten, und obwohl sie sich verschiedenartig beschäftigen, sind sie doch der staatlichen Angelegenheiten nicht unkundig; denn wer an eben dieser gar keinen Anteil nimmt, den halten wir hier in Athen allein nicht für einen so genannten ruhigen Bürger, sondern für einen unnützen Menschen. [...]
Zusammenfassend sage ich, dass insgesamt unsere Stadt die Schule von Hellas sei. [...] Darum habe ich ja auch so ausführlich von der Stadt geredet, um euch zu zeigen, dass wir nicht für das gleiche kämpfen wie andere, die all das nicht so haben, und um zugleich den Lobspruch auf die, denen meine Rede gilt, durch Beweise zu erhärten. [...]"
So wurden die Toten beigesetzt in diesem Winter, und mit seinem Ende war das erste Jahr dieses Krieges abgelaufen.

Thukydides, Geschichte des Peloponnesischen Krieges, II 35-46 (Zusammenstellung aus versch. Übersetzungen).

M 2 Die Arbeit des Historikers

Thukydides beschreibt in seinem Buch auch seine Arbeitsweise als Historiker:

Was nun in Reden hüben und drüben vorgebracht wurde, [...], davon die wörtliche Genauigkeit wiederzugeben, war schwierig sowohl für mich, wo ich selber zuhörte, wie auch für meine Gewährsleute von anderwärts; nur wie meiner Meinung nach ein jeder in seiner Lage etwa sprechen musste, so stehn die Reden da, in möglichst engem Anschluss an den Gesamtsinn des in Wirklichkeit Gesagten. Was aber tatsächlich geschah in dem Kriege, erlaubte ich mir nicht nach Auskünften des ersten besten aufzuschreiben, auch nicht nach meinem Dafürhalten, sondern bin Selbsterlebtem und Nachrichten von andern mit aller erreichbaren Genauigkeit bis ins einzelne nachgegangen. Mühsam war diese Forschung, weil die Zeugen der einzelnen Ereignisse nicht dasselbe über dasselbe aussagten, sondern je nach Gunst oder Gedächtnis.

Thukydides, Geschichte des Peloponnesischen Krieges, 122 (Zusammenstellung aus versch. Übersetzungen).

Umgang mit schriftlichen Quellen

M 3 Porträt des Perikles (ca. 495–429 v. Chr.)
Der Helm weist auf das Amt des Strategen hin, er soll aber auch dazu gedient haben, eine Schädeldeformation zu verbergen, Büste aus römischer Zeit.

Schriftliche Quellen geben uns Auskunft über frühere Geschehnisse und Zusammenhänge. Bei der Lektüre solcher Quellen kommt es darauf an, die Informationen, die sie enthalten, durch sinnvolle Fragen zu erschließen. Die Grafik soll die zeitlichen Zusammenhänge bei dem vorliegenden Beispiel besser verständlich machen.

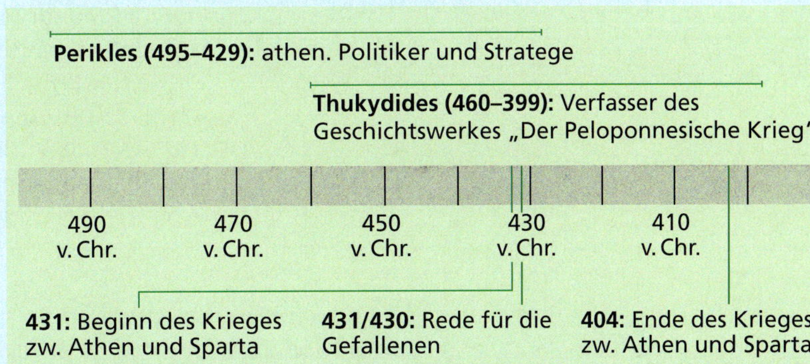

Thukydides spricht an anderer Stelle seines Werkes von seiner Vorgehensweise und von den Schwierigkeiten, die er als Historiker bei seiner Arbeit hat (M2). Er berichtet in dem Quellenauszug M1 aus seinem Werk „Der Peloponnesische Krieg" zunächst über den Ablauf des öffentlichen Begräbnisses der Gefallenen, anschließend dann von der Rede des Perikles für die Toten.

Fragen an schriftliche Quellen

1. Entstehung der Quelle

a) Wer ist der Verfasser der Quelle?
b) Wann ist die Quelle entstanden?
c) Um welche Art von Quelle handelt es sich?

2. Aussagen der Quelle

a) Wovon handelt die Quelle?
b) Wer ist der Redner?
c) An wen wendet sich der Redner (Adressat)?
d) Wann und wo findet die Rede statt? (Zeitpunkt und Ort)
e) Worüber spricht der Redner (Thema)?
f) Was sagt der Redner (Inhalt)?
g) Aus welchem Anlass spricht der Redner?
h) Welche Absicht verfolgt der Redner?

3. Glaubwürdigkeit der Quelle

a) Hat der Autor der Quelle die Geschehnisse selbst erlebt?
b) Worauf stützt er sich?
c) Ist der Autor glaubwürdig?
d) Wie beschreibt Thukydides das Ziel seiner Arbeit als Historiker?
e) Worauf stützt Thukydides sich bei seiner Geschichte des Peloponnesischen Krieges?
f) Welche Schwierigkeiten spricht Thukydides an?
g) Wie hat er versucht, diese Probleme zu lösen?

Leben im antiken Athen

Die Akropolis – Ein Sinnbild der Macht Athens

Die Blütezeit Athens waren die Jahre um 450 v. Chr. So wurde zu der Zeit der alte Burgberg, die Akropolis, die seit fast 30 Jahren eine Ruine war, prachtvoll wieder aufgebaut. Im Mittelpunkt stand der Parthenon, das Heiligtum für Athene, die Schutzgöttin der athenischen Polis. An herausragender Stelle gelegen, verdeutlichten sie dem Besucher der Stadt schon von weitem den politischen Anspruch Athens. Der Marktplatz, die Agorá, war das Zentrum der Polis. Auf der Pnyx existierte ein großer Platz für die Volksversammlung mit einer Rednerbühne. Die Baumaßnahmen wurden von den bekanntesten und besten Architekten und Künstlern aus ganz Griechenland ausgeführt.

Wie wohnten die Athener?

Während sich die Historiker in früheren Zeiten vor allem mit dem Wirken großer Persönlichkeiten beschäftigten, steht für den heutigen Wissenschaftler oft das Leben der normalen Bürger im Mittelpunkt

M 1 Die Akropolis in Athen

mit den Bauten des 5. und 4. Jahrhunderts v. Chr.: ① Propyläen: Eingangstorhalle. Die Stufen der Treppe waren niedrig, damit auch Opfertiere hinaufkamen ② Bronzestandbild der Göttin Athene als Kriegerin. Die goldene Lanzenspitze soll vom Meer aus sichtbar gewesen sein ③ Parthenon: Tempel der Göttin Athene als Jungfrau. Im Innern das Standbild der Göttin aus Gold und Elfenbein ④ Erechtheion: Tempel des Erechtheus mit der Göttin Athene als Stadtherrin ⑤ Kleiner Tempel der Siegesgöttin Nike.

M 2 Wohnhaus in Athen
Rekonstruktionszeichnung nach archäologischen Funden aus dem 4. Jahrhundert v. Chr.

des Interesses. Die Rekonstruktion der privaten Wohnverhältnisse in Athen ist allerdings schwierig, da große Teile des antiken Athen von der modernen Stadt überbaut sind, in der heute Menschen wohnen und die selbst erhaltenswert ist. Bei Ausgrabungen sind zudem von einfachen Wohnhäusern selten mehr als die Fundamente zu finden. Immerhin können Archäologen dadurch den Grundriss der Häuser erkennen.

Neben kleinen Häusern, die nur wenige Zimmer besaßen, sind Doppelhaushälften mit bis zu 15 Zimmern bekannt. Die Häuser in Athen hatten meist einen Innenhof. Im Erdgeschoss gab es Geschäfte oder Werkstätten. Schwieriger ist die Rekonstruktion der oberen Stockwerke und der hölzernen Treppen und Balkone, die nicht erhalten blieben. Lediglich die Pfostenlöcher der Säulen sowie Abbildungen auf Vasen und Reliefs geben hier Anhaltspunkte. Von Ausgrabungen aus anderen griechischen Städten des Altertums ist jedoch bekannt, dass die Zimmer mit farbigem Putz und eingeritztem Ziermauerwerk ausgeschmückt sein konnten.

Frauen in Athen

Das politische Leben fand unter freiem Himmel statt, in den Säulenhallen der Agorá oder auf der Pnyx. Es war allerdings die Domäne der Männer. Frauen, die sich – wie etwa in Persien üblich – in politische Fragen einmischten, galten in Athen als verdächtig. Das Leben einer Frau in Athen war vor allem auf das Haus beschränkt.

Zu den Pflichten der Ehefrau gehörte es, zu kochen, zu weben und die Kinder zu betreuen. Angesehene Frauen werden das Haus nicht alleine, sondern nur in Begleitung einer Freundin verlassen haben. Das bedeutet, dass die Einschränkungen der Lebenswelt für Frauen aus höheren Schichten größer waren als für Frauen aus der Unterschicht, die an Marktständen Waren verkauften oder Arbeiten nachgingen.

Bei den gesellschaftlichen Zusammenkünften der Männer in den Privathäusern, den so genannten Symposien, waren Frauen unerwünscht. Männerfreundschaften gehörten zum grundlegenden Bestandteil griechischer Kultur.

M 3 Spielzeugpüppchen aus Ton
Original aus Athen, 5. Jh. v. Chr.

Kindheit und Jugend

Nach dem sechsten Lebensjahr blieben die Mädchen im Haus unter der Obhut der Mutter, die ihnen beibrachte, zu kochen, mit der Spindel oder am Webstuhl zu arbeiten. Mädchen aus mittleren und höheren Schichten wurden oft zu Hause von einer Lehrerin sowohl im Lesen und Schreiben als auch im Spiel auf der Lyra, einem Saiteninstrument, unterrichtet. Für die Jungen begann nach dem sechsten Lebensjahr der Unterricht. Die schulischen Unterweisungen endeten mit dem 18. Lebensjahr. Nur Jungen aus armen Familien gingen nicht in die Schule, denn der Unterricht war Privatsache.

Wer es sich leisten konnte, schickte seinen Sohn zu einem Paidagogos, einem „Knabenführer", oder zu einem Grammatikos, einem „Schreiblehrer". Zur Ausbildung gehörten auch das Flöten- und Lyraspiel. Die körperliche Ertüchtigung spielte im antiken Griechenland eine wichtige Rolle.

Frauen in Athen – Text- und Bildquellen vergleichen

M 4 Frauenbild

Der griechische Philosoph und Gelehrte Theophrast (372 bis 288 v. Chr.) schreibt über Frauen in Athen Folgendes:

Freilich kann man zur Verwaltung des Hauswesens und zur Ermunterung im Leiden und zur Flucht vor dem Alleinsein eine Frau heiraten. Aber viel besser kann doch ein treuer Sklave die Verwaltung übernehmen, der dem Machtanspruch des Herrn gehorcht und seine Anweisungen befolgt, als eine Frau, die sich umso mehr als Herrin gefällt, wenn sie etwas gegen den Willen des Mannes tut. Bei einem sitzen, wenn man krank ist, können eher Freunde und Dienerinnen, die durch Wohltaten verpflichtet sind, als sie, die uns die Schuld an ihren Tränen gibt, in der Hoffnung auf die Erbschaft schon ihren alten Kram verkauft und durch das ständige Gerede über ihre Sorgen den Leidenden innerlich vollends zur Verzweiflung bringt. Falls aber sie selbst leidend wird, muss man mit ihr krank sein und darf niemals von ihrem Bett weichen. Oder wenn es eine gute und angenehme Frau sein sollte – was freilich ein seltener Vogel ist –, dann stöhnen wir mit der Gebärenden und quälen uns mit ihr, wenn sie in Gefahr ist.

Theophrast, übers. v. K. Gaiser, in: Leben im antiken Griechenland, hrsg. v. R. Rilinger, München 1990, S. 195.

M 5 Kritik am Frauenbild

Der griechische Schriftsteller Aristophanes (445 bis 386 v. Chr.) kritisiert in einem Stück das Frauenbild in Athen:

An das Publikum richten wir jetzt das Wort und gedenken uns selber zu loben!
Zwar schimpfen jetzt all' auf das Frauengeschlecht und setzen es schmählich herunter:
Wir seien, so lügt man, der Fluch der Welt und der Urquell alles Verderbens!
Wir gebären nur Hass, Zank, Kummer und Empörung und Krieg! Nun wohlan dann!
Wenn ein Fluch wir sind, warum heiratet ihr, warum, wenn wir wirklich ein Fluch sind?
Was verbietet ihr uns auf die Straße zu gehn, ja, nur aus dem Fenster zu gucken?
Was bemüht ihr euch denn so mit ängstlichem Fleiß zu hüten den Fluch und zu halten?

Die Weiber am Thesmophorenfest, Komödie von Aristophanes, in: Leben im antiken Griechenland, hrsg. v. R. Rilinger, München 1990, S. 222.

M 6 Das Wasserholen galt als Frauenarbeit
Vasenmalerei auf einer schwarzfigurigen Vase, Ende des 6. Jahrhunderts v. Chr.

Erziehung und Schule in Athen – Text- und Bildquellen erschließen

M 7 Schulunterricht in Athen

Vasenmalerei auf einer Schale aus dem 5. Jahrhundert v. Chr.

M 8 Knabenerziehung

Der griechische Komödiendichter Aristophanes (445 bis 386 v. Chr.) schildert in einem seiner Stücke die Erziehungsmethoden in Athen:

So verkünd' ich euch denn, wie vor alters es stand um die Zucht und Bildung der Knaben. Da durfte den Knaben kein trotziger Laut, kein störrisches Mucksen entfahren, da kamen im Schwarm sie die Straßen daher, nach der Singschul', all' in der Ordnung. Wenn einer aus Eitelkeit Sprünge versucht' und die Lieder mit Schnörkeln verhunzte, dann regnet' es Schlag' auf den Sünder, der frech an den heiligen Musen gefrevelt!

Aristophanes, Die Wolken, übers. v. L. Seeger u. a., in: Leben im antiken Griechenland, hrsg. v. R. Rilinger, München 1990, S. 132 f.

Aufgaben

1. a) Erkläre, welche Funktionen die Bauten auf der Akropolis hatten.
   b) Welche staatlichen Bauten der Gegenwart haben eine ähnliche Aufgabe?
   → Text, M1
2. a) Fasse die Informationen über die Rollen der Frauen in Athen zusammen.
   b) Vergleiche die Frauenbilder von Theophrast und Aristophanes.
   c) Um welche Arten von Texten handelt es sich jeweils?
   → M4–M6
3. Beschreibe mithilfe der Abbildung, welche Tätigkeiten von Frauen ausgeübt wurden.
   → M6
4. a) Stelle die Informationen über den Schulunterricht in Athen zusammen.
   b) Vergleiche den Unterricht im antiken Athen mit deinem Unterricht. Welche Unterschiede gibt es und welche Ähnlichkeiten?
   → Text, M7, M8

M 1 **Porträt des Sokrates (469–399 v. Chr.)**
Römische Kopie

Sokrates - Ein Philosoph in Athen

Die Philosophen - Freunde der Weisheit

Menschen, die sich mit nichts anderem als dem Nachdenken beschäftigten, hießen bei den Griechen Philosophen, d. h. Freunde der Weisheit. Solche Menschen gab es in vielen Städten der damaligen griechischen Welt, aber die größten Denker lebten in Athen und machten die Stadt zur Hauptstadt der Philosophie und Wissenschaft. Ein berühmter Philosoph in Athen war Sokrates.

Der Philosoph Sokrates

Sokrates wurde 469 v. Chr. in einem Dorf nahe bei Athen als Sohn eines Bildhauers und einer Hebamme geboren. Das meiste wissen wir über ihn von seinem berühmten Schüler Platon und dessen Schüler Aristoteles, die bis heute als die größten Denker der Antike gelten. Sokrates starb im Jahre 399 v. Chr.

Ein gutes Beisoiel für das Denken des Sokrates bietet eine überlieferte Geschichte, die sich vor dem Haus des Schuhmachers Simon zugetragen haben soll: Der Philosoph wollte wieder einmal den Schuhmacher besuchen. Sein Begleiter Alkibiades, ein Neffe des Perikles aus vornehmer Familie, zögerte aber, den Laden des Handwerkers zu betreten. Da sagte Sokrates zu ihm: „Verachtest du diesen Schuhmacher?“ Und als der andere das zugab, fuhr Sokrates fort: „Das ganze Volk von Athen ist solch ein Volk (von Handwerkern), dann verachtest du sie alle.“

In seiner Philosophie ging es Sokrates um das richtige Verhalten, um Tapferkeit, Gerechtigkeit und Frömmigkeit. Und er hat selbst nach diesen Tugenden gelebt. An mehreren Kriegen Athens hat er als Hoplit teilgenommen und dabei einmal sogar dem Alkibiades das Leben gerettet.

Im Jahre 406 war er Mitglied der Regierung, der Prytanie, und hat sich dabei – allerdings erfolglos - dafür eingesetzt, dass die Feldherrn einer Seeschlacht nicht ungerecht verurteilt würden, weil sie Schiffbrüchige nicht geborgen hatten.

Sokrates wird zum Ärgernis

Eine besondere Provokation aber stellte für die Athener Sokrates' Verhältnis zu den Göttern dar. Er glaubte zwar, dass die Götter die Welt regierten, aber die Geschichten, in denen sie sich gegenseitig betrogen und miteinander stritten, hielt er für unwahr. Er glaubte auch nicht an das, was seinen Beobachtungen widersprach, zum Beispiel dass Zeus die Blitze schleuderte. Wenn das so wäre, meinte er, dann dürften die Blitze nur böse Menschen treffen und Zeus würde sicher niemals Blitze gegen seinen eigenen Tempel oder die heiligen Eichbäume schleudern.

Deswegen war Sokrates 423 v. Chr. in der Komödie „Die Wolken“ von Aristophanes öffentlich verspottet worden. Und 399 v. Chr., Sokrates war damals bereits 70 Jahre, wurde er sogar vor Gericht gestellt. Die Anklage lautete: Sokrates glaubt nicht an die Götter, die der Staat anerkennt, und er verdirbt die jungen Männer. Dafür wurde er zum Tod verurteilt und, weil er sich weigerte zu fliehen, auch hingerichtet.

M 2 Der Tod des Sokrates

Über Leben und Tod des Sokrates wissen wir aus den Schriften seines Schülers Platon. Als die Sonne untergeht und Sokrates den Giftbecher trinken soll, wendet er sich an die anwesenden Freunde:

„Wohlan denn, bringe einer den Trank, wenn er schon ausgepresst ist, wenn nicht, so soll ihn der Mensch bereiten."

Da sagte Kriton: „Aber mich dünkt, o Sokrates, die Sonne scheint noch an die Berge und ist noch nicht untergegangen. Und ich weiß, dass auch andere erst ganz spät getrunken haben, nachdem es ihnen angesagt worden ist, und haben noch gut gegessen und getrunken. [...] Also übereile dich nicht; denn es hat noch Zeit."

Da sagte Sokrates: „Gar recht, o Kriton, hatten jene, so zu tun, wie du sagst – denn sie meinten etwas zu gewinnen, wenn sie so täten –, und gar Recht habe auch ich, nicht so zu tun. Denn ich meine nichts zu gewinnen, wenn ich um ein weniges später trinke, als nur, dass ich mir selbst lächerlich vorkommen würde, wenn ich am Leben klebte und sparen wollte, wo nichts mehr ist [...]."

Darauf winkte Kriton dem Knaben und er führte den herein, der ihm den Trank reichen sollte, welchen er schon zubereitet im Becher brachte. Als nun Sokrates den Menschen sah, sprach er: „Wohl, Bester, denn du verstehst es ja, wie muss man es machen?"

„Nichts weiter", sagte er, „als, wenn du getrunken hast, herumgehen, bis dir die Schenkel schwer werden, und dann dich niederlegen, so wird es schon wirken."

Damit reichte er dem Sokrates den Becher, und dieser nahm ihn, und ganz getrost, ohne im mindesten zu zittern oder Farbe oder Gesichtszüge zu verändern, sondern, wie er pflegte, ganz gerade den Menschen ansehend, fragte er ihn: „Was meinst du von dem Trank wegen einer Opferspende? Darf man die machen oder nicht?"

„Wir bereiten nur soviel, o Sokrates", antwortete er, „als wir glauben, dass hinreichend sein wird."

„Ich verstehe", sagte Sokrates. „Beten aber darf man doch zu den Göttern und muss es, dass die Wanderung von hier nach dorthin glücklich sein möge, worum ich denn auch hiermit bete, und so möge es geschehen." Und wie er dies gesagt, setzte er an und ganz frisch und unverdrossen trank er aus [...].

Als ihm nun schon der Unterleib fast ganz kalt war, sagte er und das waren seine letzten Worte: „O Kriton, wir sind dem Asklepios einen Hahn schuldig, opfert ihm den, versäumt es ja nicht!"

Nach: Platon, Phaidon, Kap. 65/66, nach der Übersetzung von F. Schleiermacher, Sämtliche Werke, Band 111, Hamburg 1958, S. 65f.

Aufgaben

1. a) Fasse den Bericht über den Tod des Sokrates zusammen.
   b) Platon betont an anderer Stelle des Berichts, dass Sokrates gemäß seinen Idealen von Tapferkeit, Gerechtigkeit und Frömmigkeit gestorben sei. Stimmst du dem Urteil zu? Begründe deine Meinung.
   → M2
2. Informiere dich im Internet oder in einem Lexikon über das Leben der attischen Philosophen Platon und Aristoteles.
   → Internet, Lexikon

Leben im Kriegerstaat Sparta

„Wanderer, kommst du nach Sparta …“
Sparta hat die Menschen bis in die moderne Zeit hinein immer wieder interessiert. Das hat damit zu tun, dass sich das gesellschaftliche Leben in Sparta von dem anderer griechischer Poleis – zum Beispiel Athen – in vielerlei Hinsicht stark unterschied.

Das Besondere der spartanischen Lebensform lässt sich vielleicht am Besten an einer kleinen Geschichte zeigen, die uns der griechische Historiker Herodot in seinem Geschichtswerk über die Perserkriege erzählt. Der berühmte Spartanerkönig Leonidas zeichnete sich im Kampf gegen die Perser durch so große Disziplin und Tapferkeit aus, dass er sogar den eigenen Tod wie selbstverständlich in Kauf nahm. Was war passiert?

M 1 **Leonidas an den Thermopylen,** Gemälde von Jacques-Louis David, 1813

M 2 **Spartas Staatsgebiet** auf der griechischen Peloponnes und die Städte der Umgebung

Im Jahr 480 v. Chr. zog ein riesiges persisches Heer unter dem König Xerxes gegen Griechenland, um das ganze Land zu erobern. In Mittelgriechenland an den Thermopylen, einem schmalen Engpass zwischen den Bergen und dem Meer, hatten die Griechen den Landweg abgeriegelt. Es kam zu erbitterten Kämpfen, denn diesen Engpass hatte eine kleine griechische Abteilung von 300 Mann unter Führung des Spartaners Leonidas zunächst erfolgreich gegen die persische Übermacht verteidigt. Obwohl sie verraten wurden und alle Spartaner den Tod fanden, gelang es ihnen doch das persische Heer so lange aufzuhalten, dass sich die übrigen Griechen neu formieren konnten. Diese Taktik führte schließlich zum Sieg über die Perser und zur Bewahrung der Unabhängigkeit Griechenlands.

Zur Geschichte der Polis Sparta
Die todesmutige Tapferkeit der Spartaner, die uns Herodot schildert, hat mit der Geschichte Spartas zu tun. Die Spartaner zählten zu den Stämmen, die als letzte nach Griechenland einwanderten. Sie ero-

M 3 Rückkehr vom Kampf
Spartanische Krieger tragen einen Toten, Vasenbild, 6. Jh. v. Chr.

M 4 Spartanischer Krieger
in einen Umhang gehüllt, Bronzefigur, um 500 v. Chr.

berten das Tal des Eurotas auf der Halbinsel Peloponnes und gründeten etwa um 900 v. Chr. Sparta. Zu den Vollbürgern zählten nur die spartanischen Eroberer, die in der Hauptstadt Sparta wohnten. Alle übrigen Spartaner, die sich an den Küsten und in den Bergen niedergelassen hatten, galten als „Periöken“ (= Umwohner). Sie hatten kein politisches Mitspracherecht, waren aber persönlich frei.

Anfangs lebten die Spartaner - wie alle Griechen - friedlich als Bauern. Aber die Bevölkerung nahm zu und das griechische Land war karg. Es kam daher zu Not. Die Spartaner taten nun einen Schritt, der ihr ganzes Staatswesen nachhaltig prägte. Sie verließen nicht wie andere Griechen ihre Heimat, sondern überwanden auf der Suche nach neuem, fruchtbaren Land das Taygetos-Gebirge und eroberten 735 v. Chr. die benachbarte Landschaft Messenien.

Den spartanischen Schwerbewaffneten, den Hopliten, kam eine neue Kampftechnik zu Hilfe, die sie entwickelt hatten: die Phalanx. Darunter versteht man die geschlossene, aus mehreren Gliedern bestehende Schlachtordnung der schwer bewaffneten Fußsoldaten. Sie rückten wie eine Walze gegen den Feind vor.

Die Eroberung Messeniens diente ursprünglich nur dazu, die Landnot im Heimatland Lakonien zu beheben. Der Kriegszug hatte jedoch, für Sparta unabsehbare Folgen. Denn die Spartaner eroberten nicht nur Messenien, sondern machten die einheimische Bevölkerung zu rechtlosen Arbeitssklaven, zu Heloten. Sparta befand sich fortan aus Angst vor Helotenaufständen in ständigem Kriegszustand. Alles zielte darauf ab, die Polis in dauernder Wehr- und Kriegsbereitschaft zu halten.

Wie bedrohlich die Situation war, zeigen die Bevölkerungszahlen, die sich heute allerdings nur noch schätzen lassen: Auf 8 000 bis 10 000 Spartaner zur Zeit der Perserkriege kamen etwa 150 000 bis 200 000 Periöken und versklavte Heloten.

Erziehung und Ausbildung in Sparta

Die Eroberung Messeniens und die damit einhergehende Unterdrückung der einheimischen Bevölkerung hatte für das politisch-soziale Leben in Sparta weitreichende Folgen. Sie konnten nur gemeistert werden, wenn das gesamte gesellschaftliche Leben auf Krieg, Kampf, Disziplin und Wehrbereitschaft abgestellt wurde.

Das begann mit der Ausbildung und Erziehung der Jugendlichen, die sich wesentlich von unserer modernen Erziehung unterschied. Das Erziehungssystem war streng und kompromisslos. Nicht die Entwicklung von Freiheit, Eigenständigkeit und Verantwortlichkeit, sondern allein die Unterordnung und die Anpassung an das Gemeinwesen zählte. Schon von Kind auf zu militärischer Tüchtigkeit und unbedingtem Gehorsam erzogen, führten junge Spartaner ohne sonstige berufliche Betätigung ein Leben „wie in einem Feldlager“, wie es der antike Autor Plutarch genannt hat.

Alle männlichen spartanischen Vollbürger waren Berufssoldaten. Sie standen ständig bereit, ihr Leben im Dienst der Gemeinschaft einzusetzen. Wenn Leonidas und seine 300 Gefährten an den Thermopylen im Kampf bis zum Tode ausharrten, so beruhte das auf der harten Erziehung, die sie in Sparta erfahren hatten.

Erziehung im Kriegerstaat Sparta

M 5 Zur Erziehung der Jungen in Sparta

Der griechische Geschichtsschreiber Plutarch (ca. 45 bis 120 n. Chr.) schrieb eine Biografie über den sagenhaften Gesetzgeber Lykurg. Dort berichtete er auch über die Erziehung der Knaben in Sparta:

Das zur Welt Gekommene aufzuziehen unterlag nicht der Entscheidung des Erzeugers, sondern er hatte es an einen Ort zu bringen [...], wo die Ältesten der Gemeindegenossen saßen und das Kind untersuchten und, wenn es wohlgebaut und kräftig war, seine Aufzucht anordneten [...]; war es aber schwächlich und missgestaltet, so ließen sie es zu der so genannten Ablage [...] bringen, einem Felsabgrund am Taygetos. Denn sie meinten, für ein Wesen, das von Anfang an nicht fähig sei, gesund und kräftig heranzuwachsen, sei es besser, nicht zu leben, sowohl um seiner selbst wie um des Staates willen. [...]
Die Knaben der Spartaner aber gab Lykurg nicht in die Hände von gekauften oder gemieteten Pädagogen, noch durfte jeder seinen Sohn halten und aufziehen, wie er wollte, sondern er nahm selbst alle, sobald sie sieben Jahre alt waren, zu sich und teilte sie in Gruppen, in denen sie miteinander aufwuchsen, erzogen und gewöhnt wurden beim Spiel wie bei ernster Beschäftigung immer beisammen zu sein. [...]
Lesen und Schreiben lernten sie nur so viel, wie sie brauchten; die ganze übrige Erziehung war darauf gerichtet, dass sie pünktlich gehorchen, Strapazen ertragen und im Kampfe siegen lernten.

Plutarch, Lykurg 16, in: Große Griechen und Römer, Bd. 1, eingeleitet und übersetzt von Konrat Ziegler (Bibliothek der Alten Welt. Hg. von Karl Hoenn), Zürich – Stuttgart 1954, S. 146 f.

M 7 Ein Hoplit
Schild, Lanze (nicht mehr vorhanden), Helm mit hohem Busch, so genannter Glokkenharnisch und Beinschienen sind typische Ausrüstungsgegenstände, Bronzestatue, Ende 6. Jh. v. Chr.

M 6 Zur Erziehung der Mädchen in Sparta

Plutarch schrieb in seiner Biografie über den sagenhaften Gesetzgeber Lykurg auch etwas über die Erziehung der Mädchen in Sparta:

Vielmehr hat Lykurg auch den Frauen jede mögliche Sorgfalt zugewendet. Er kräftigte die Körper der Jungfrauen durch Laufen, Ringen, Diskus- und Speerwerfen, damit die Zeugung der Kinder in kräftigen Körpern erfolge und die Frucht um so besser heranwachse, und damit sie selbst befähigt wären, die Geburten kräftig zu bestehen und leicht und gut gegen die Wehen anzukämpfen.

Plutarch, Lykurg 14, ebd. S. 142 f.

M 8 Junge Spartanerin
in kurzem Gewand bei einem Wettlauf, Bronzefigur, um 530 v. Chr.

Leben im Kriegerstaat Sparta – Arbeiten mit Textquellen

M 9 Leben wie in einem Feldlager

Der griechische Geschichtsschreiber Plutarch (ca. 45 bis 120 n. Chr.) beschreibt in der Lykurg-Biografie die spartanische Gesellschaftsordung:

Die Zucht erstreckte sich bis auf die Erwachsenen. Keinem stand es frei zu leben, wie er wollte, sondern sie lebten in der Stadt wie in einem Feldlager nach strengen Vorschriften für all ihr Verhalten und ihre Beschäftigung in der Öffentlichkeit, und überhaupt glaubten sie nicht sich, sondern dem Vaterlande zu gehören. [...]
Dies war ja einer der großen und beneidenswerten Vorteile, die Lykurg seinen Mitbürgern verschafft hatte: die reichliche Muße, da es ihnen nicht gestattet war, irgendein niederes Gewerbe zu betreiben, und sie sich überhaupt nicht mit Gelderwerb und mühseligen Geschäften zu befassen brauchten, weil Reichtum ganz verächtlich und wertlos geworden war. Die Heloten bearbeiteten für sie das Land und lieferten die vorgeschriebene Abgabe. [...]
Übrigens verschwanden zugleich mit dem Gelde auch die Prozesse, da es bei ihnen keine Habsucht und keine Armut mehr gab, sondern Gleichheit im Wohlstand und Unbeschwertheit in aller Einfachheit hergestellt war.

Plutarch, Lykurg 24, ebd. S. 156 f.

M 10 Grausamkeiten

Zur Behandlung der Heloten schreibt Plutarch:

Von Zeit zu Zeit schickten die Oberen die gewandtesten jungen Leute überall aufs Land hinaus, versehen mit Schwertern und den notwendigen Nahrungsmitteln, sonst nichts. Am Tage verstreuten sie sich, hielten sich an schwer auffindbaren Orten verborgen und ruhten aus, bei Nacht gingen sie auf die Straßen und töteten jeden Heloten, dessen sie habhaft wurden. Oft auch gingen sie über die Felder und erschlugen die stärksten und tüchtigsten von ihnen. [...]
Ich [Plutarch] glaube jedoch, dass derartige Grausamkeiten erst später bei den Spartanern aufgekommen sind.

Plutarch, Lykurg 28, ebd. S. 161 f.

Aufgaben

1. a) Tragt Werte, die eurer Meinung nach eine moderne Kindererziehung ausmachen, zusammen und vergleicht sie mit dem Erziehungsideal in Sparta.
   b) Schreibe das Gespräch zwischen zwei Spartanern auf, ob die Erziehung der Kinder geändert werden solle.
   → M5, M6
2. Erläutere das Frauenbild Lykurgs und nimm Stellung dazu.
   → M6
3. Nenne wichtige Unterschiede zwischen den Poleis Athen und Sparta.
4. Welche Informationen lassen sich den Quellen über die Situation der Heloten entnehmen?
   → M9, M10

M 1 **Alexander der Große**
Ausschnitt aus einem römischen Mosaik in Pompeji, 2. Jh. v. Chr. (heute im Nationalmuseum Neapel)

Alexander der Große erobert das Perserreich

Die Vorgeschichte

Schon Alexanders Vater, König Philipp II. von Makedonien, hatte einen Rachefeldzug gegen das Perserreich geplant. Dessen Großkönig hatte nämlich nach einem Aufstand griechischer Städte in Kleinasien – der heutigen Westküste der Türkei – Anfang des 5. Jahrhunderts v. Chr. den Versuch unternommen, ganz Griechenland der persischen Herrschaft zu unterwerfen und dabei auch die Akropolis von Athen zerstört.

Aus Sicht der Perser war Griechenland eine kleine, eher unbedeutende Region am Rande ihres Weltreiches, die sie leicht erobern zu können glaubten. In mehreren Schlachten gelang es den Griechen unter der Führung der Athener und Spartaner jedoch, sich gegen die Perser zu behaupten und ihre Unabhängigkeit zu bewahren (entscheidende Siege: 490 v. Chr. bei Marathon, 480 v. Chr. bei Salamis und 479 v. Chr. bei Plataä).

Ein ausgedehnter Eroberungszug

Nach dem Tode Philipps 336 v. Chr. übernahm Alexander die Pläne seines Vaters und eroberte in einem mehrjährigen Feldzug das gesamte Perserreich. Dabei lernten die Griechen aus eigener Anschauung viele Gebiete und Völker kennen, über die sie vorher nur wenig wussten. Griechen und „Barbaren“ kamen so in sehr viel engeren Kontakt als vorher, wodurch die gegenseitige Beeinflussung der in vielem unterschiedlichen Kulturen stark zunahm.

M 2

Der Feldzug Alexanders 334 - 323 v. Chr.

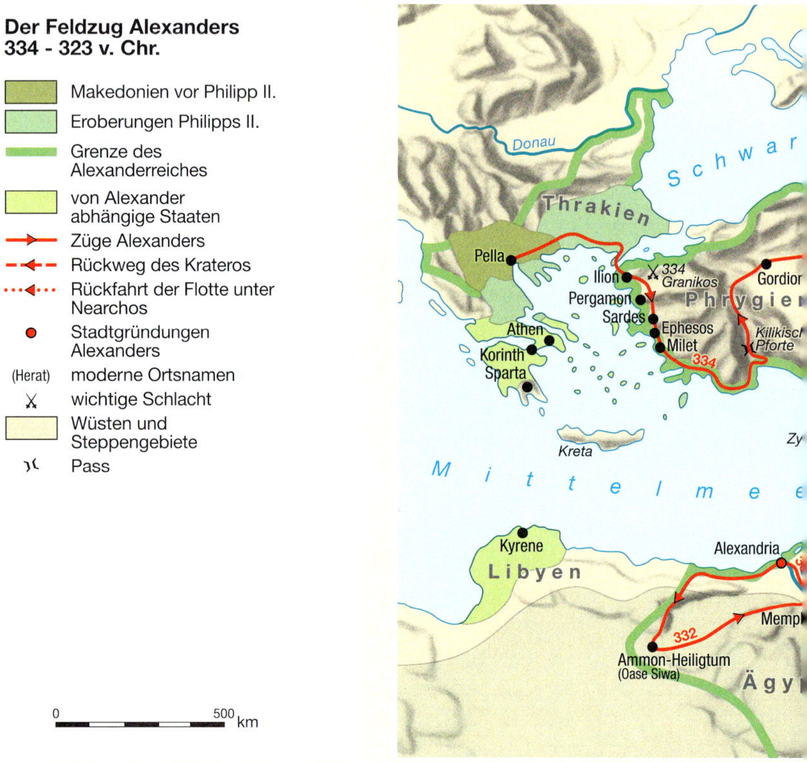

M 3 **Das Bild Alexanders** auf einer Münze. Die Widderhörner sind das Zeichen des ägyptischen Gottes Ammon, den die Griechen mit Zeus gleichsetzten.

Griechen und Perser begegnen sich

Schon um sein neues Reich regieren zu können, sah sich Alexander gezwungen, religiöse und politische Vorstellungen der unterworfenen Völker aufzugreifen. So übernahm er zum Beispiel verschiedene Elemente des persischen Hofzeremoniells oder ließ sich in Ägypten zum Pharao krönen. Andererseits versuchte er vor allem durch die Neugründung zahlreicher Städte, in denen er Griechen ansiedelte, seine Macht zu sichern und die griechische Kultur zu verbreiten. Dies verlief nicht immer ohne Konflikte.

Die Entstehung der hellenistischen Staatenwelt

Nach dem frühen Tod Alexanders 323 v. Chr. entbrannten unter seinen führenden Offizieren langjährige Kämpfe um die Nachfolge, bei denen das Reich in mehrere Teile zerfiel. Aus diesen Diadochenkriegen (griech. Diadoche = Nachfolger) gingen schließlich drei große, griechisch geprägte Königreiche hervor: Das Reich der Ptolemäer in Ägypten und Nordafrika, das Seleukidenreich von Kleinasien bis in das Zentrum des vormaligen Perserreiches und der Herrschaftsbereich der Antigoniden in Makedonien und Teilen Griechenlands. Später kamen noch einige kleinere Königreiche hinzu wie das von Pergamon im nordwestlichen Kleinasien.

Den Zeitraum vom Herrschaftsantritt Alexanders bis zur Eroberung Ägyptens durch die Römer als letztem der Nachfolgestaaten des Alexanderreiches 30 v. Chr. bezeichnet man als Hellenismus. In diesen drei Jahrhunderten breitete sich die griechische Zivilisation von Nordafrika bis Indien aus.

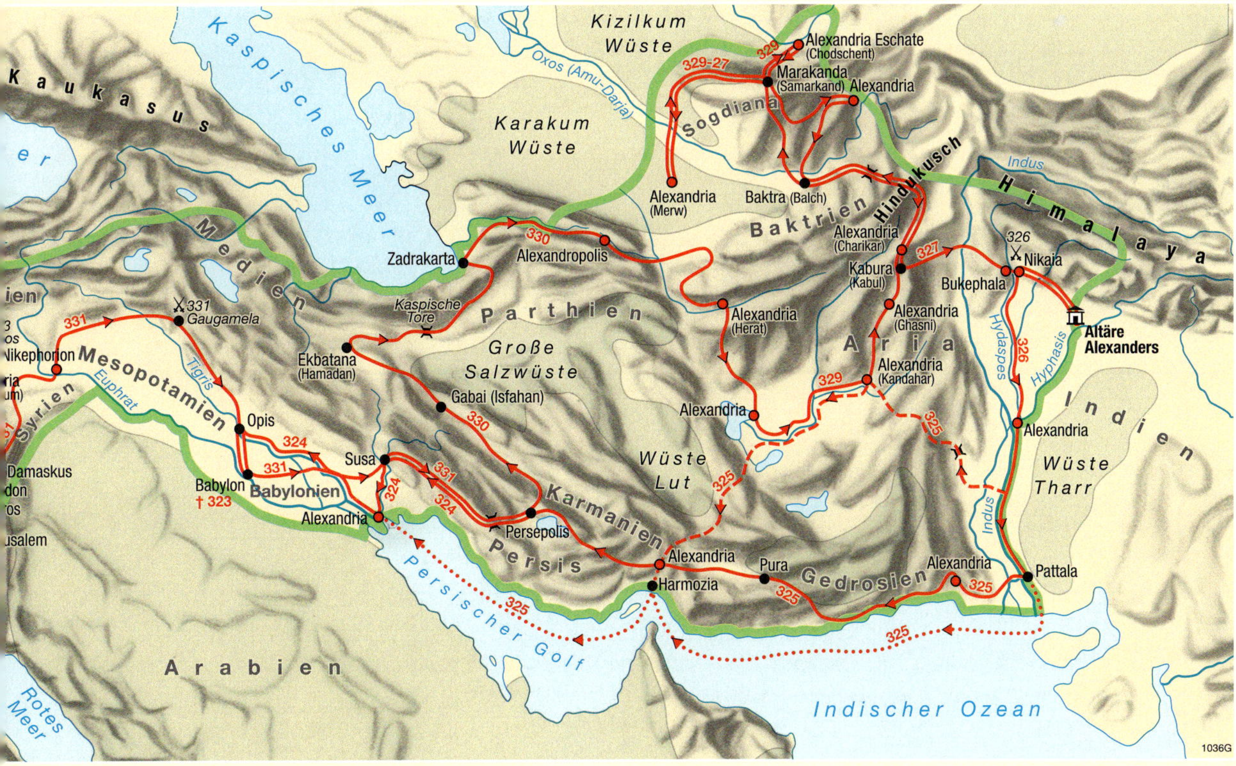

Die hellenistische Weltkultur

Die hellenistischen Reiche nach Alexanders Tod

Erst durch das Jahrhunderte währende Fortbestehen der hellenistischen Reiche konnte sich das, was durch Alexander auf den Weg gebracht worden war, voll entfalten. In einem längeren Prozess wuchsen die Gebiete des ehemaligen Alexanderreiches nach und nach zusammen.

Eine wichtige Rolle spielten dabei besonders die auch nach Alexanders Tod zahlreich neugegründeten Städte beziehungsweise der Um- und Ausbau bereits bestehender Städte nach griechischem Vorbild. Vor allem in diesen Städten ließen sich zahlreiche Griechen nieder, die zum Beispiel als Soldaten oder Händler nach Ägypten und Asien gekommen waren. Sie bildeten in den Städten die führende Schicht und brachten von zu Hause die griechische Sprache und ihre gesamte Lebensweise mit.

In den Städten entwickelte sich so eine Kultur mit Bauten, Kulten und Institutionen, wie sie auch in Griechenland existierten. In den Tempeln opferte man für die griechischen Götter, in den Theatern wurden die Stücke der griechischen Autoren aufgeführt, die Jugendlichen übten sich in den Gymnasien und die Bürger kamen in der Volksversammlung zusammen.

Alexandria – Stadt der Wissenschaft

Die wichtigste der neugegründeten Städte wurde Alexandria in Ägypten. Die Ptolemäer bauten sie zur prächtigen Residenzstadt und zu einem Zentrum für Wissenschaft und Kultur aus. Aus der ganzen griechischen Welt strömten Wissenschaftler, Philosophen, Dichter und Künstler nach Alexandria, um dort zu arbeiten und zu forschen.

M 4

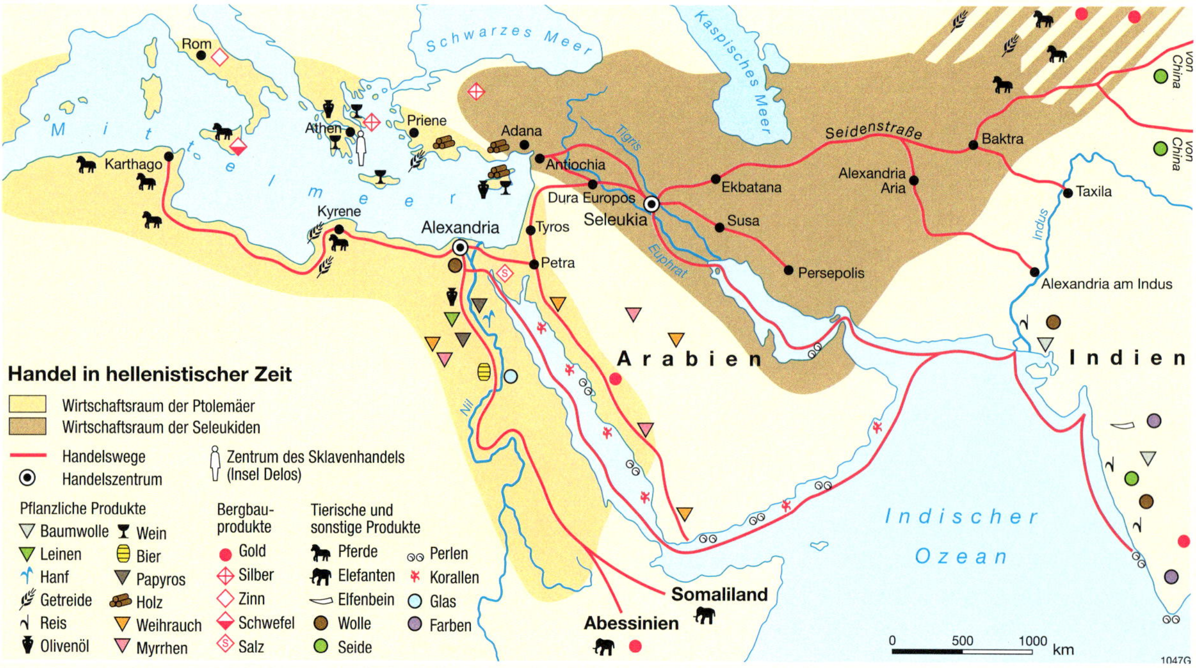

M 5 **Sternwarte im Museion** in Alexandria, Versuch einer Rekonstruktion

Die ptolemäischen Könige unterstützten sie finanziell und schufen mit dem Museion ein in dieser Art in der Antike einzigartiges Forschungsinstitut. Von überall her ließen sie dort Bücher zusammentragen mit dem Ziel, möglichst von allen Büchern in allen Sprachen mindestens ein Exemplar zu besitzen. Auf diese Weise sammelten sie mehrere hunderttausend Papyrusrollen in Alexandria, die größte Bibliothek der damaligen Zeit. Die anderen hellenistischen Könige eiferten diesem Vorbild der Ptolemäer nach, wenn auch in kleinerem Maßstab.

Einen weiteren wichtigen Aspekt der hellenistischen Kultur stellt die griechische Sprache dar. Mit ihr verständigten sich die vielen Völker in dem riesigen Gebiet, das Koiné-Griechisch (Koiné = griech. die Allgemeine) wurde überall benutzt wie heute Englisch.

Kultureller Austausch

Vor allem die einheimischen Oberschichten übernahmen die griechische Kultur und passten sich sprachlich und kulturell den ehemaligen Eroberern an. Aber dieser Prozess verlief nicht einseitig. Auch die Griechen übernahmen viele Aspekte der Kulturen, die sie vorfanden, besonders auf den Gebieten der Sprachen und Religionen.

Viele östliche Kulte und Religionen gewannen rasch auch unter den Griechen viele Anhänger. Neben Zeus, Dionysos und Apollon verehrten sie nun etwa auch die ägyptischen Götter Isis und Serapis, bauten ihnen Tempel und brachten ihnen Opfer dar.

Diese Vermischung zwischen griechischer und einheimischer Kultur konzentrierte sich vor allem auf die Städte. Auf dem Land dagegen hielten sich die alten Vorstellungen und Sprachen. Neben großen Annäherungen zwischen den verschiedenen Kulturen findet sich im Hellenismus auch bewusste Abgrenzung.

M 6 **Göttin Isis**
Die in Alexandria gefundene ägyptische Göttin erscheint in griechischer Gestalt, 3. Jh. v. Chr.

Nachwirken des Hellenismus

Die in den Jahrhunderten nach dem Alexanderzug entstandene hellenistische Kultur endete nicht mit der Eroberung durch die Römer. Sie beeinflusste vielmehr stark Kunst, Literatur und Architektur der Römer.

Pergamon und Athen – Rekonstruktion und Stadtplan vergleichen

M 7 **Der Burgberg der Stadt Pergamon,** Rekonstruktion

① = Königspaläste
② = Bibliothek
③ = Athene-Tempel
④ = Dionysos-Tempel
⑤ = Theater
⑥ = „Pergamon-Altar" des Zeus und der Athene
⑦ = Agora (Oberer Markt)
⑧ = Kaserne
⑨ = Städtische Wohngebiete

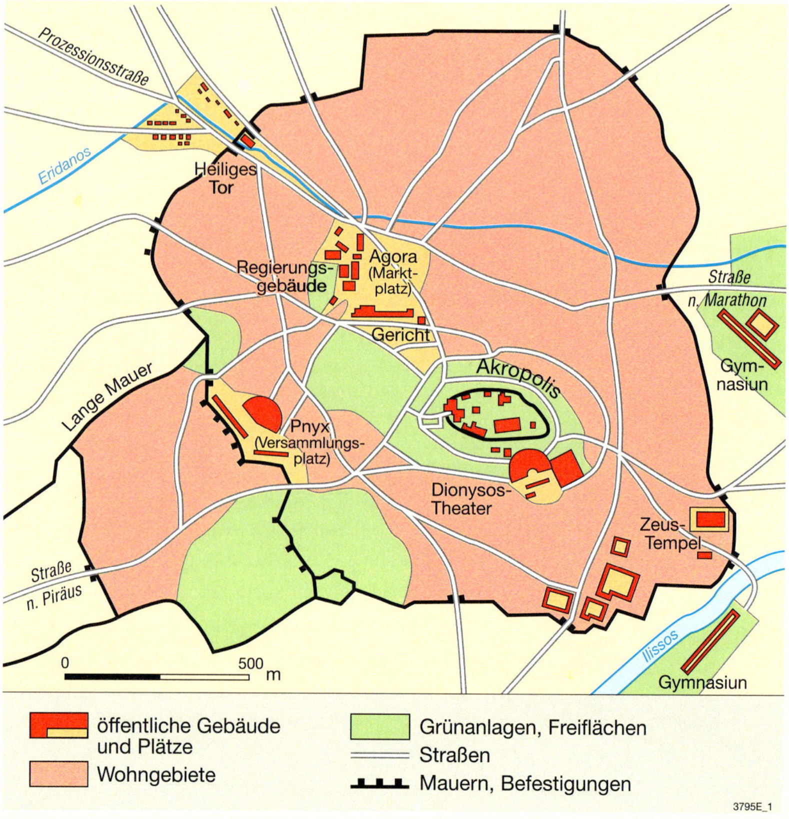

M 8 **Athen in klassischer Zeit (5. bis 4. Jh. v. Chr.)**

Der Fußfall vor dem Großkönig – Eine schriftliche Quelle auswerten

M 9 Kontakte und Einflüsse im Hellenismus

Der griechische Historiker Plutarch (ca. 45 bis 125 n. Chr.) berichtet in seiner Alexanderbiographie von dessen vergeblichem Versuch, den persischen Fußfall (Proskynese) einzuführen:

Indem Kallisthenes aber den Fußfall auf entschiedene, eines Philosophen würdige Weise ablehnte und als einziger öffentlich das aussprach, worüber alle vornehmsten und ältesten Makedonen sich nur im Stillen entrüsteten, hat er die Griechen von einer großen Schande frei gehalten und von einer noch größeren den Alexander, indem er so den Fußfall hintertrieb; sich selbst aber richtete er zugrunde, weil der Eindruck erweckt wurde, dass er den König zwingen, nicht überzeugen wolle. Chares von Mytilene berichtet, Alexander habe bei dem Gastmahl die Schale, nachdem er getrunken hatte, einem der Freunde zugereicht. Der habe sie genommen, habe sich erhoben und sei zum Altar getreten, habe getrunken und als erster den Fußfall vollzogen, und dann habe er Alexander geküsst und sich wieder niedergelegt.

Während nun alle anderen der Reihe nach dasselbe taten, habe Kallisthenes die Schale genommen, habe – während der König nicht darauf achtete, sondern sich mit Hephaistion unterhielt – getrunken und sei gleich zu Alexander getreten, um ihn zu küssen.

Da aber Demetrios mit dem Beinamen Pheidon rief: „Küsse ihn nicht, König! Denn dieser hat als einziger den Fußfall vor dir unterlassen", sei Alexander dem Kuss ausgewichen, und Kallisthenes habe laut gerufen: „So gehe ich also und bin um einen Kuss zu kurz gekommen."

Plutarch, Große Griechen und Römer. Eingeleitet und übersetzt von K. Ziegler. Bd. 5, Zürich 1960, S. 75 f.

Aufgaben

1. Arbeite mit der Karte zum Alexanderzug. Welche modernen Staaten liegen heute ganz oder teilweise auf dem Gebiet des einstigen Alexanderreiches? Verwende auch einen Erdkundeatlas.
   → M2, Erdkundeatlas
2. Vergleiche das Modell von Pergamon mit dem Stadtplan von Athen. Was wurde von dort übernommen? Was ist anders?
   → M7, M8
3. a) Kallisthenes erzählt einem Freund, warum er sich geweigert hat, den Fußfall auszuführen. Formuliere, was er sagen könnte.
   b) Warum wollte Alexander von den Persern den Fußfall übernehmen?
   → M9
4. Im Zeitalter des Hellenismus kam es zu einem regen Kulturaustausch. Suche Bilder in diesem Kapitel, bei denen der Kulturaustausch deutlich sichtbar ist.

Älteste Siegerlisten in Olympia

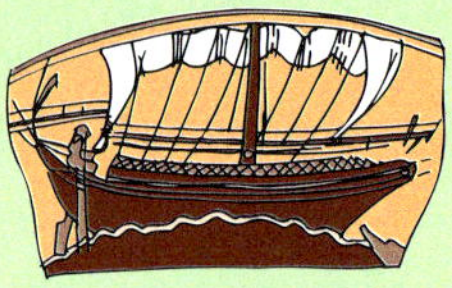

Griechische Kolonisation

1 000 v. Chr. — 800 v. Chr. — 600 v

Zusammenfassung

Die gemeinsamen Traditionen in Religion und Kultur, die gemeinsame Sprache und die Mythen, wie sie etwa im Werk Homers übermittelt wurden, verbanden alle Hellenen. Ein einheitliches Staatswesen entstand jedoch nicht. Vielmehr prägten die Stadtstaaten, die Poleis, die griechische Geschichte.

Aufgrund der geografischen Lage Griechenlands widmeten sich die Griechen früh der Seefahrt. Diese brachte sie in Kontakt mit anderen Kulturen. Landknappheit, Überbevölkerung und Spannungen in den Poleis verursachten wohl in den Jahre von 750 bis 550 v. Chr. die griechische Kolonisation. Sie brachte die Entstehung griechischer Siedlungen im Gebiet des Mittelmeeres und des Schwarzen Meeres.

Im 5. vorchristlichen Jahrhundert stieg Athen zur Führungsmacht in Griechenland auf. Zugleich setzte sich in einem längeren Prozess in Athen die Demokratie durch. Dies war im gesamten Griechenland eine Ausnahmesituation.

Perserkriege

5. Jh.: Blütezeit Athens

400 v. Chr.

200 v. Chr.

Daten

Ca. 800:
Entstehung der ersten Stadtstaaten

Mitte des 5. Jahrhunderts:
Höhepunkt der Macht Athens

Begriffe

Antike
Polis
Kolonisation
Olympische Spiele
Monarchie
Aristokratie
Demokratie
spartanisch

Personen

Sokrates
Perikles

Tipps zum Thema: Das antike Griechenland

Filmtipp

Das Antike Troja.
DVD-ROM, Deutschland
2005/07

Lesetipp

Roland Mueller:
Der Kundschafter des Königs.
Auf den Spuren Alexanders des Großen, München 2005

Museen

Deutsches Sport und Olympia Museum, Köln

Staatliche Museen zu Berlin: Antikensammlung

Museum für Kunst und Gewerbe, Hamburg

Kommentierte Links: www.westermann.de/geschichte-linkliste

Colosseum in Rom

Gaius Julius Caesar (100–44 v. Chr.) Römische Büste.

Heutiger Gully-Deckel in Rom

T-Shirt

Kapitolinische Wölfin

Römisches Kriegsschiff
Relief aus dem 1. Jahrhundert v. Chr.

Schiff im Hafen von Ostia Fresko aus dem 3. Jahrhundert n. Chr.

Die Anfänge Roms

M 1 Flucht aus Troja
Äneas entkommt mit seinem gelähmten Vater und seinem Sohn Julus aus dem brennenden Troja, Statue aus der Stadt Veji, um 500 v. Chr.

Roms Anfänge liegen wie die der griechischen Stadtstaaten im Dunkeln. Verschiedene römische Historiker und Schriftsteller gaben das Jahr 753 v. Chr. als das Gründungsjahr Roms an. Dies wurde manchmal auch für die Zeitrechnung verwendet; man zählte dann „ab urbe condita" – seit Gründung der Stadt.

Die Gründungssage

Von der Entstehung der Stadt Rom erzählt eine Sage: Der trojanische Held Äneas, Sohn des Anchises und der Göttin Aphrodite, flieht aus seiner brennenden Heimatstadt Troja. Dieses haben die Griechen nach zehnjähriger Belagerung nur mit List erobert. Zusammen mit wenigen Gefährten, seinem Vater und seinem Sohn Julus schlägt er sich im letzten Moment zum Hafen durch und sticht in See.

Nach jahrelangen Irrfahrten durchs Mittelmeer erreicht Äneas Italien. Hier haben ihm die Götter die Landschaft Latium als neue Heimat bestimmt. Er heiratet Lavinia, die Tochter des Königs der Latiner.

Nach dem Tod des Äneas folgt ihm sein Sohn Julus als König nach. Generationen später kommt es zwischen zwei Königssöhnen zu einem Streit um den Thron. Der unrechtmäßige Erbe, Amulius, vertreibt den rechtmäßigen Nachfolger. Amulius zwingt die Königstochter Rhea Silvia dazu, Priesterin zu werden, um seine Herrschaft vor unerwünschten Thronerben zu sichern. Trotzdem bringt Rhea Zwillinge zur Welt: Romulus und Remus, als deren Vater der Kriegsgott Mars gilt. Amulius, um seine Macht besorgt, lässt die Neugeborenen in einem Weidenkorb auf dem Tiber aussetzen. Wie durch ein Wunder treibt der Korb nur bis zum Abhang des Palatin, einem der sieben Hügel Roms. Die wimmernden Jungen werden von einer Wölfin gefunden und genährt und später von Hirten großgezogen.

Als junge Männer erfahren sie ihre königliche Abkunft und nehmen Rache an Amulius. Auf dem Palatin, dem Ort ihrer Rettung, gründen die Brüder eine Stadt. Die Frage, wer Herrscher der Stadt sein soll, lassen die Zwillinge durch Vogelflug entscheiden: Derjenige, der die meisten Adler in seinem Bereich des Himmels zählen konnte, soll Sieger sein. Romulus kann den Wettbewerb für sich entscheiden und lässt eine Mauer um seine künftige Stadt erbauen. Remus jedoch miss-

M 2 Die kapitolinische Wölfin
Bronzeplastik von etwa 500 v. Chr., die Zwillinge wurden erst 1471 hinzugefügt.

M 3

achtet seinen Bruder und springt immer wieder über die noch niedrige Mauer. Zur Strafe tötet Romulus seinen Bruder und schreit: „So soll es jedem gehen, der die Mauern übersteigt". Er wird Begründer der Stadt und gibt ihr den Namen „Roma".

Wissenschaftliche Erkenntnisse

Die Archäologen vermuten, dass die erste Ansiedlung auf dem Palatin, einem der sieben Hügel Roms, lag. Hier befand sich der letzte Flussübergang vor der Mündung des Tiber ins Mittelmeer, und bis hierhin war der Fluss auch schiffbar. Auch auf dem Esquilin und dem Quirinal, zwei anderen der sieben Hügel Roms, konnten Bodenfunde aus der frühen Eisenzeit (10.–9. Jahrhundert v. Chr.) ausgegraben werden. Die Siedlungen auf den Hügeln, so die Vermutung, stellten keine getrennten Herrschaftsbezirke dar, sondern hatten den steilen Kapitolshügel als gemeinsamen religiösen Mittelpunkt. Zentrum des gesellschaftlichen Lebens wurde der Markt, das Forum Romanum.

Rom war nur eine kleine Ansiedlung der Latiner. Das waren Hirten und Bauern, die sich im Gebiet der heute als Latium bezeichneten Landschaft auf der italischen Halbinsel niedergelassen hatten.

Die politische Entwicklung Roms

Nach der Verteibung des letzten Königs um 510 v. Chr. lag die Leitung des Staates in den Händen weniger vornehmer Familien. Sie fühlten sich als Väter des Staates. Aus dem lateinischen Wort „patres", das heißt „Väter", leitet sich die Bezeichnung „Patrizier" für diese führenden Familien ab. Die Masse des Volkes, also Bauern, Handwerker und Kaufleute, wurden in Anlehnung an „plebs", das lateinische Wort für „Volk", als „Plebejer" bezeichnet. Die Plebejer hatten zunächst keine Möglichkeit, an der Leitung des Staates mitzuwirken. Erst nach innenpolitischen Kämpfen im 5. und 4. Jahrhundert, den so genannten Ständekämpfen, erkannten die Patrizier das Versammlungsrecht der Plebejer sowie das Amt der Volkstribunen an. Schließlich konnten ab 366 v. Chr. Plebejer auch das höchste Amt, das Konsulat, bekleiden.

Die Ordnung der römischen Republik

Die frühen Jahrhunderte bis zur Zeitenwende werden als Zeit der römischen Republik bezeichnet. Dies leitet sich vom lateinischen Begriff „res publica" ab, der „öffentliche Angelegenheit" bedeutet. Gewählte Beamte, die so genannten Magistrate, der Senat und das Volk spielten in der Republik eine wichtige Rolle:

- An der Spitze des Staates standen zwei Konsuln. Diese hatten die höchste Befehlsgewalt in Krieg und Frieden. Sie wurden jedes Jahr von der Volksversammlung neu gewählt.
- Die Magistrate wurden von einem Rat der „Ältesten", dem Senat, beraten. Dieser bestand aus angesehenen Männern, zum größten Teil ehemaligen Beamten. Obwohl seine Machtbefugnisse begrenzt waren, spielte er eine entscheidende Rolle. Kaum ein Beamter wagte es, gegen seinen Ratschlag zu handeln.
- Die Entscheidung über Krieg und Frieden und über alle wichtigen Gesetze sowie die Wahl der Beamten stand dem Volk zu. Allerdings hatte die Oberschicht bei den Abstimmungen eine Mehrheit.

Die Anfänge Roms – Arbeiten mit Texten

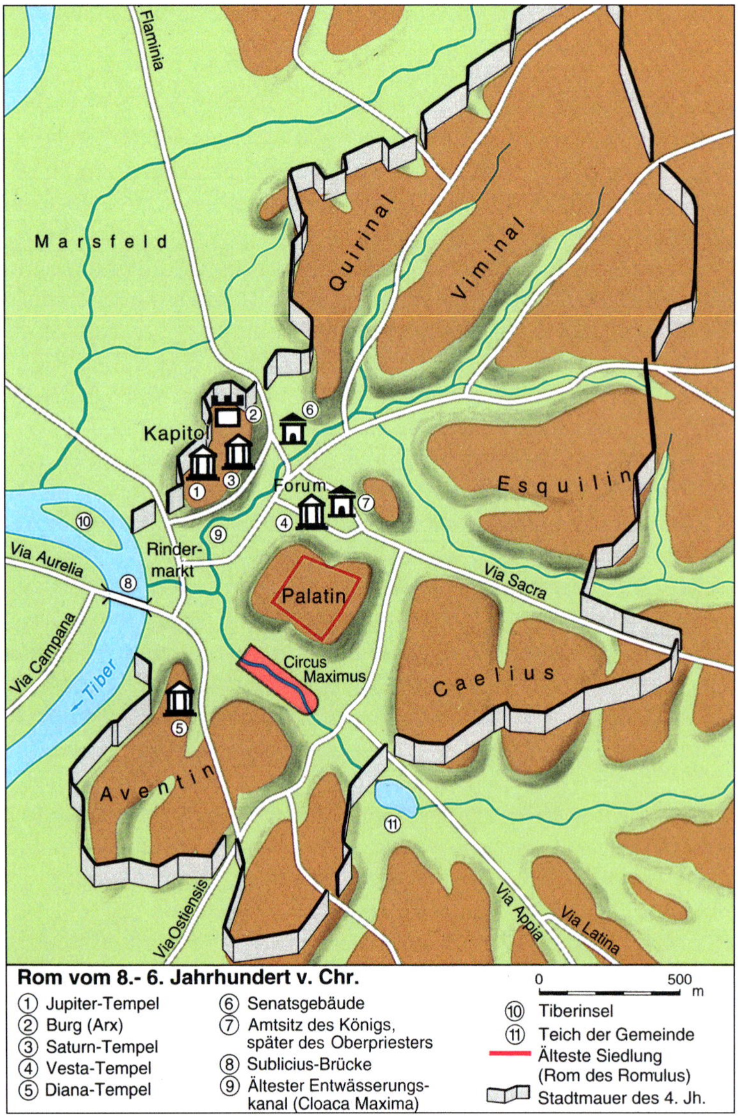

Rom vom 8.- 6. Jahrhundert v. Chr.

① Jupiter-Tempel
② Burg (Arx)
③ Saturn-Tempel
④ Vesta-Tempel
⑤ Diana-Tempel
⑥ Senatsgebäude
⑦ Amtsitz des Königs, später des Oberpriesters
⑧ Sublicius-Brücke
⑨ Ältester Entwässerungskanal (Cloaca Maxima)
⑩ Tiberinsel
⑪ Teich der Gemeinde
Älteste Siedlung (Rom des Romulus)
Stadtmauer des 4. Jh.

M 4

M 5 Die Gründung Roms

a) In einem Reiseführer steht Folgendes (1977):

Die Anfänge Roms sind in Dunkel gehüllt, so auch die Herkunft seines Namens, der wahrscheinlich etruskisch zu erklären ist (vom Geschlechternamen Ruma her oder vom Flussnamen Rumon für den Tiber). Die angebliche Stadtgründung vom Jahre 753 v. Chr. samt der Sage von Romulus und Remus ist legendär. Wahrscheinlich gehen diese Erzählungen auf Vorgänge viel älterer Zeit zurück. Die berühmten sieben Hügel sind, ausgehend von der ursprünglichen latinischen Hirtensiedlung auf dem Palatin (früheste Spuren weisen in das 9. Jh. v. Chr. zurück), nach und nach besiedelt und nach mancherlei Konflikten der verschiedenstämmigen Hügelbewohner (Latiner, Sabiner, Etrusker) zu einer Großgemeinde verbunden worden […]. Politisch und kulturell führende Schicht wurden die Etrusker, die an sich weiter nördlich ansässig waren (Etrurien), ursprünglich aber von Kleinasien über das Meer nach Mittelitalien gekommen sein müssen. Im 6. vorchristlichen Jahrhundert herrschten in Rom etruskische Könige, deren einer – Servius Tullius – bereits eine Mauer um die Stadt gebaut haben soll.

Grieben-Reiseführer, Rom, München 1977, S. 11 ff.

b) Ein anderer Reiseführer berichtet (1984):

Rom entstand als Räuberstaat aus dem Zusammenlauf von allerlei Gesindel und räuberischen Hirten, und die Überlieferung weiß genau, wann diese sich entschlossen, eine Stadt zu gründen, und darum stritten, wer König sein solle: Es war am 21. April 753 vor Christi Geburt. An diesem Tag setzen sich zwei Anführer, die Brüder Romulus und Remus, auf den zwei gegenüberliegenden Hügeln Aventin und Palatin fest. Sie wenden sich an die etruskischen Priester, deren magische Wissenschaft entscheiden soll, wer König wird und wo die Stadt gebaut werden soll. Die Priester lesen in den Eingeweiden der Opfertiere und im Flug der Vögel. Winzige Details geben Aufschluss über die Qualität des Wassers, der Pflanzen, über die Lebensbedingungen der Umwelt. Wie bei Karl May kann ein gebrochener Zweig, eine fallende Feder über Leben und Tod entscheiden. Zwischen den Brüdern, auf dem Gelände des Circus Maximus, liegt ein Sumpf. Remus sieht als erster sechs Vögel, dann Romulus zwölf. Wie auch später bei den Römern siegt die Quantität. Da gibt es nicht viel zu interpretieren, meint Romulus und erschlägt den Remus, der ihn verspottet.

Anders Reisen, Rom, Hamburg, 1984, S. 30 ff.

Die römische Republik – Ein Schaubild verstehen

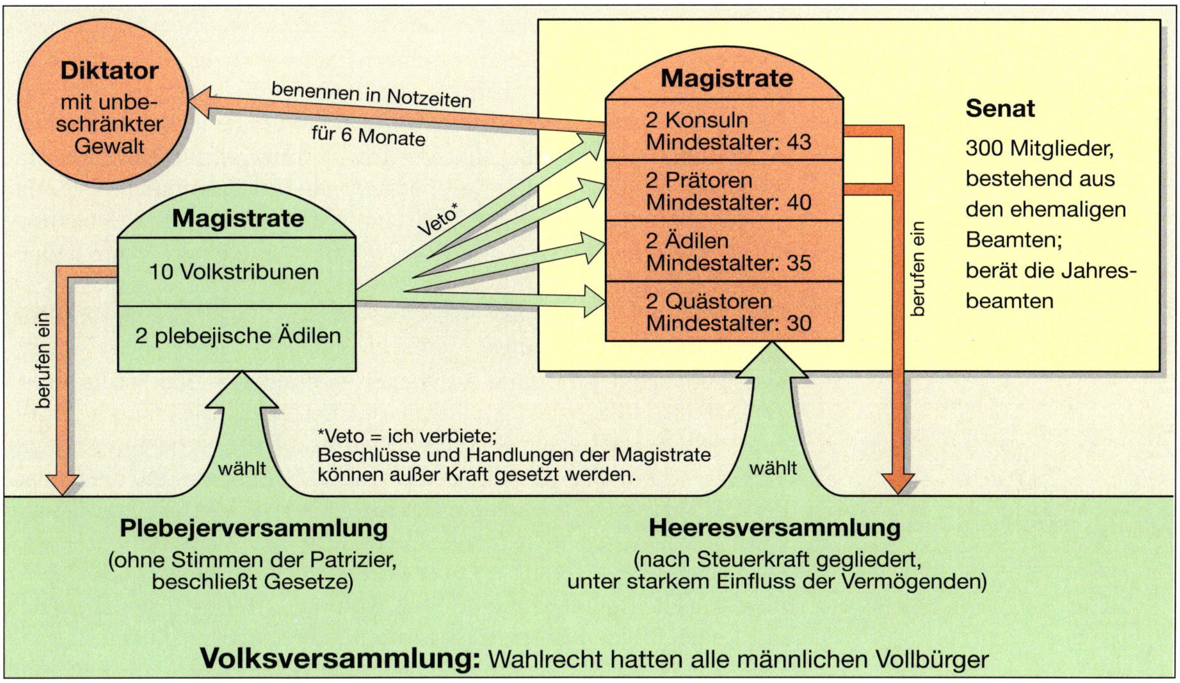

M 6 **Die römische Verfassung**

Acht Quästoren: Finanzverwaltung
Zwei Ädilen: Polizei, Verkehrs- und Marktangelegenheiten
Zwei Prätoren: Rechtsprechung
Zwei Konsuln: oberste Befehlsgewalt
Zwei Zensoren (außerhalb der Ämterlaufbahn, wurden alle fünf Jahre aus dem Kreis der ehemaligen Konsuln gewählt): Festsetzung der Steuern und Kontrolle der Staatsbürger
Ein Diktator: In Notzeiten wurde ein Diktator ernannt, der mit seinem Stellvertreter allerdings nur sechs Monate im Amt blieb. Er hatte mehr Machtbefugnisse als die Konsuln.
Zwei plebejische Ädilen: Polizei, Verkehrs- und Marktangelegenheiten
Zehn Volkstribunen: Vertreter der Plebejer, sollen Plebejer gegen Übergriffe der Patrizier schützen.

M 7 **Die römischen Ämter**

Aufgaben

1. a) Untersuche, in welchen Punkten die beiden Texte aus den Reiseführern in ihren Aussagen über die Entstehung Roms übereinstimmen und worin sie sich unterscheiden.
   b) Überlege, was die Verfasser dieser beiden Texte veranlasst haben könnte, unterschiedliche Schwerpunkte zu setzen.
   c) Wer soll jeweils angesprochen werden?
   d) Welche Darstellung spricht dich mehr an? Begründe deine Entscheidung.
   → M4, M5
2. In der Sage werden Göttliches und Menschliches miteinander verbunden. Versuche dies zu erklären.
   → Text
3. Vergleiche die Karte Roms mit einem modernen Stadtplan. Welche Gebäude existieren noch heute?
   → M4, aktueller Stadtplan
4. Erkläre anhand des Schaubildes die Verfassung der römischen Republik.
   → Text, M6, M7

Vom Dorf zur Weltmacht

Krieg mit den Nachbarn

Im Lauf von Jahrhunderten wuchs das „Provinznest" Rom zur Weltmacht und bestimmte Kultur und Politik der besetzten Gebiete. Zunächst – im 5. Jahrhundert v. Chr. – beschränkte sich der Machtbereich Roms auf seine nächste Umgebung. Rom war mit Abwehrkämpfen gegen seine Nachbarn beschäftigt und erlitt dabei auch Niederlagen; Sagen aus der Frühzeit Roms berichten darüber. Die Eroberung der etruskischen Stadt Veji um 400 v. Chr. stellte einen ersten bedeutenden Erfolg dar.

Rom herrscht über Italien

Die Niederschlagung eines Aufstandes der umliegenden Städte leitete eine weitere Phase der Expansion, das heißt der Ausdehnung, Roms ein. Viele der besiegten Städte wurden in die römische Bürgerschaft aufgenommen. Die Bewohner erhielten das Bürgerrecht, aber meist ohne Wahlrecht. Die ehemaligen Gegner verstärkten die militärische Kraft Roms. Andere Gegner behielten ihre Selbstverwaltung, traten aber Teile ihres Gebietes ab und wurden zu Verbündeten. Zur Sicherung der Herrschaft gründete Rom Kolonien. In ihnen siedelten sich Römer an, die den Bürgern Roms rechtlich gleichgestellt waren.

Im Laufe der Zeit wurden die römischen Bündnissysteme nach und nach auf Süditalien ausgedehnt. Bis etwa 270 v. Chr. traten die dortigen Griechenstädte dem römischen Bündnissystem bei. Rom hatte somit Italien unter seiner Herrschaft geeint und war zu einer Großmacht im Bereich des Mittelmeerraumes geworden.

Rom herrscht über das westliche Mittelmeer

Seine räumliche Ausdehnung brachte Rom in direkten Kontakt mit Karthago, das in Nordafrika lag. Im Jahre 264 v. Chr. begann eine Auseinandersetzung zwischen beiden Mächten, die in drei erbitterten Kriegen, den so genannten Punischen Kriegen, ausgetragen wurde.

- Der Konflikt verlief zunächst unentschieden: Die Karthager beherrschten das Meer, die Römer das Land. Die Römer übernahmen aber die karthagische Technik des Schiffbaues und erfanden eine Enterbrücke. Dies ermöglichte es den römischen Legionären, ihre überlegene Kampfkraft auf dem Land auch in einer Auseinandersetzung auf See anzuwenden. Nach der Niederlage Karthagos im ersten Punischen Krieg (264–241 v. Chr.) wurde das von den Römern eroberte Sizilien im Jahr 227 v. Chr. zur ersten römischen Provinz. Sizilien blieb damit im Zustand eines besetzten Gebietes und die Bevölkerung wurde zu Untertanen. Roms Politik wandelte sich, da es die neu gewonnenen Gebiete ausbeutete.
- Ein Konflikt in Spanien war der Auslöser des zweiten Punischen Krieges (218–201 v. Chr.). Karthago hatte sich hier einen neuen Machtstützpunkt ausgebaut, was von Rom als Bedrohung empfunden wurde. Ein Feldzug des karthagischen Feldherrn Hannibal, der überraschend die Alpen überquert hatte, führte zu schweren Niederlagen Roms, etwa bei Cannae (216 v. Chr.). Daraufhin vermieden die Römer jede weitere Feldschlacht. Sie gewannen Zeit, da Hanni-

M 1 Kriegselefanten
Hannibal verwendete diese den Römern fremde Tiere bei seinem Feldzug, Teller aus dem 3. Jahrhundert v. Chr.

M 2 **Ein militärischer Triumph**
Der Feldherr Lucius Aemilius Paullus mit drei Gefangenen. In der Mitte erbeutete Waffen und Uniformteile als Symbol für den militärischen Triumph, römische Münze aus dem 2. Jahrhundert v. Chr.

bal nicht sofort versuchte, Rom einzunehmen. Auch viele Bundesgenossen blieben an der Seite Roms. Hannibal geriet zunehmend in Versorgungsschwierigkeiten und zog schließlich aus Italien ab. Daraufhin setzten die Römer nach Afrika über und schlugen Hannibal im Jahr 202 v. Chr.

- 146 v. Chr. schließlich eroberten die Römer Karthago und machten es dem Erdboden gleich. Das Gebiet von Karthago wurde römische Provinz und bekam den Namen „Africa“.

Rom herrscht über das gesamte Mittelmeer
Rom war von einer Landmacht zu einer Seemacht im Mittelmeerraum geworden. Im 2. Jahrhundert v. Chr. gelang es den Römern, ihre Macht schrittweise auch über das östliche Mittelmeer auszudehnen. Die Römer bezeichneten das Mittelmeer nun als „mare nostrum“, ihre Herrschaft als „Imperium Romanum“.

Weitere Eroberungen
In der Folgezeit stieß Rom bis an die Grenzen der damals bekannten Welt vor, obwohl es zeitweise Rückschläge in Afrika und durch herumziehende germanische Stämme erlitt. Unter Caesar wurde ganz Gallien im 1. Jahrhundert v. Chr. zur römischen Provinz. Der Rhein bildete nun die Grenze gegen die noch freien Germanen. Seine größte Ausdehnung hatte das Römische Reich schließlich um 100 n. Chr.

M 3

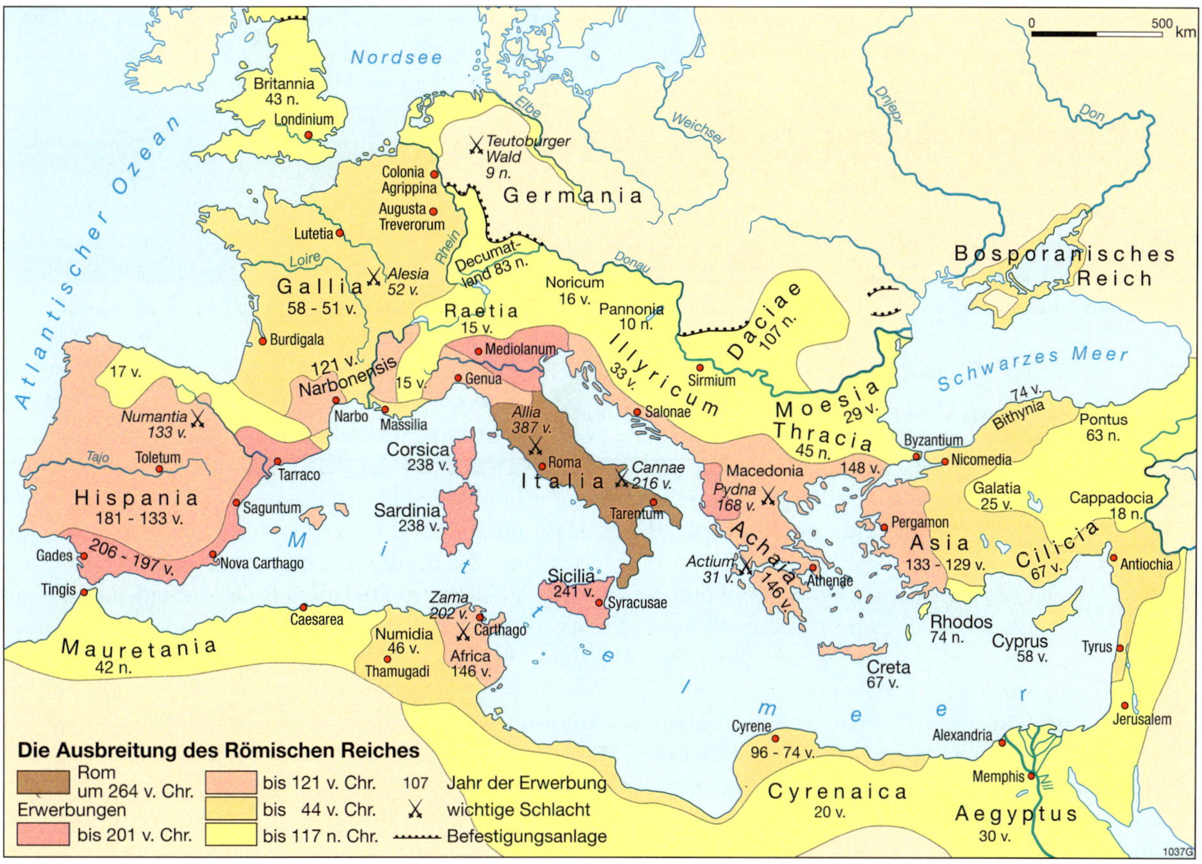

Triumphzug in Rom – Vergleich unterschiedlicher Darstellungen

M 4 **Ein Triumphzug in Rom,** Gemälde von Joseph Bühlmann, 19. Jahrhundert (Ausschnitt)

M 5 **Triumphzug**

In einem Lexikon zur römischen Geschichte findet sich unter Triumph folgender Eintrag:

Eine feierliche Ehrung, die man einem siegreichen Feldherrn zugesteht und die von Volksfesten begleitet wird.

Ein Zug bildet sich auf dem Marsfeld, betritt die Stadt über das forum boarium, zieht weiter, am circus maximus vorbei, umrundet den Palatin, beschreitet die via sacra und steigt hinauf zum Kapitol. An der Spitze des Zuges gehen die Senatoren und Magistrate, Musiker, dahinter werden die von den Feinden erbeuteten Gegenstände, Statuen und Bilder der eroberten Länder und Städte getragen und gehen die Gefangenen. Dann folgt gleich nach den Liktoren der Sieger, auf seinem Wagen stehend und mit Lorbeer bekränzt, trägt er das Zepter und ist mit der Tunika und der goldgesäumten Toga bekleidet. Hinter ihm schließt sich dann das Gefolge seiner Soldaten an. [...]

Die gesamte Wegstrecke umtanzen Schauspieler den Wagen des Siegers, verspotten die Menge, und die Soldaten stimmen witzige Lieder über ihren ruhmreichen Anführer an. Diese Späße [...] hatten einen religiösen und moralischen Hintersinn, der darin lag, den Triumphator vor den Kräften des Bösen zu schützen und ihn vor Übermut zu bewahren.

Jean-Claude Fredouille, Lexikon der römischen Welt, Darmstadt 1999, S. 217 f.

Römische Legionäre – Archäologen experimentieren

M 6 Das Marschgepäck eines Legionärs

Der Historiker Marcus Junkelmann unternahm in den 1980er-Jahren ein Experiment: Er wanderte mit einer kleinen Gruppe in der Ausstattung römischer Legionäre von Verona nach Augsburg, um die überlieferten Informationen praktisch zu überprüfen. Im Hinblick auf das Marschgepäck kam er dabei zu folgendem Ergebnis: :

Dass das gesamte Gewicht der feldmarschmäßigen Ausrüstung ein sehr bedeutendes war, darf als unbestreitbar gelten, nicht umsonst erhielten die Legionäre nach der Heeresreform des Marius den Spitznamen muli Mariani (Die Maultiere des Marius). [...]
Die folgenden Zahlen beziehen sich auf das Gewicht der von uns verwendeten Rekonstruktionen:

Leinentunica	0,55 kg
Tuchtunica	1,1 kg
Caligae	1,3 kg
Kettenhemd	8,3 kg
2 Cingula	1,2 kg
Schwert mit Scheide	2,2 kg
Dolch mit Scheide	1,1 kg
Helm mit Buschen (Montefortino)	2,1 kg
Schild ohne Überzug	9,65 kg
Pilum	1,9 kg
	29,4 kg [...]

Zu den cibaria, den Lebensmitteln, kamen noch eine Reihe weiterer Utensilien (vasa), sowie die Reservekleidung, die zusammen mit der Verpflegung die sarcina, das Gepäckbündel, bildeten.
Da war zunächst die metallene Feldflasche, die mit ihrer Wasser/Weinfüllung von 1,3 l 2,55 kg wog, ferner ein kleiner Bronzeeimer (850–1650 g), eine Bronzekasserolle (650 g), eine Ledertasche mit Kleingerät (Löffel, Messer, Hämmerchen, Riemen, Lampe, Persönliches), zusammen etwa 3 kg, und der Mantelsack mit Kapuzenumhang (paenula). Schal, Gamaschen und Reservetunicen (3,9 kg). Dann ist noch die furca, die Tragestange aus Eschenholz von 1,9 kg Gewicht zu nennen, an der die ganze sarcina befestigt wurde.
Insgesamt wiegt eine wie beschrieben bepackte sarcina wenigstens 16,6 kg. Schließlich dürfen noch der lederne Überzug für den Schild und die Schildfessel mit zusammen 1,85 kg nicht vergessen werden.
Damit wäre das Minimum von dem, was ein miles impeditus trug, zu errechnen:

Kleidung, Waffen, Rüstung	29,4 kg
Marschgepäck	18,4 kg
	47,8 kg

Marcus Junkelmann, Die Legionen des Augustus. Der römische Soldat im archäologischen Experiment, Mainz 1986, S. 197ff.

M 7 Ein Legionär
Rekonstruktion

Aufgaben

1. Roms Weg vom Dorf zur Weltmacht vollzog sich innerhalb mehrerer Jahrhunderte. Fertige einen Zeitstrahl an und trage dort die wichtigsten Daten und Erwerbungen Roms ein.
   → Text
2. Welche Phasen der römischen Expansion werden auf der Karte unterschieden? Vergleiche die Karte mit deinem Zeitstrahl.
   → M3
3. a) Welche Aussage zum Selbstverständnis Roms lässt sich aus dem Münzbild ablesen?
   b) Wo ist der Name des Feldherrn Paullus zu lesen?
   → M2
4. a) Beschreibe das Bild vom Triumphzug in Rom.
   b) Vergleiche das Bild mit dem Textauszug über einen Triumphzug. Welche Aspekte sind enthalten, welche nicht?
   c) Ist das Bild nach deiner Meinung historisch korrekt?
   → M4, M5
5. a) Suche die Teile des Marschgepäcks in der Rekonstruktionszeichnung. Was ist vorhanden, was fehlt?
   b) Mit welchem Ziel werden derartige Experimente von Archäologen durchgeführt?
   → M6, M7

Das Ende der römischen Republik

M 1 **Sklavenarbeit**
Griechische Sklaven bei der Olivenernte

Caesars Ermordung – Der Höhepunkt des Bürgerkriegs

Am 15. März des Jahres 44 v. Chr. wurde während einer Sitzung des Senats Gaius Julius Caesar ermordet. Dieses Ereignis war der Höhepunkt der Krise, die Rom erschütterte und zum Bürgerkrieg, einem Krieg im Inneren, geführt hatte. Wie kam es dazu?

Die Eroberungen hatten das soziale Gefüge verändert. Die Siege Roms waren in erster Linie den Bauern zu verdanken, die im römischen Heer Kriegsdienst leisteten. Von den Zahlungen der besiegten Gegner und aus den Provinzen hatte aber vor allem die Oberschicht Vorteile. Ihre Mitglieder kauften nach und nach die Höfe von Bauern auf. Auf diese Weise entstanden große Landgüter, die von Sklaven bewirtschaftet wurden. Die besitzlos gewordenen Bauern hingegen strömten zunehmend in die Stadt. Es entstand eine neue Schicht, die als „Proletariat“ bezeichnet wurde, weil die Besitzlosen nichts als ihre Nachkommen – auf lateinisch „proles“ – besaßen.

Angesichts der sozialen Spannungen hatten sich innerhalb der Oberschicht zwei Gruppierungen gebildet, sodass im Senat ein erbitterter Machtkampf herrschte: Die „Popularen“ – abgeleitet von „populus“, dem lateinischen Wort für „Volk“ – unterstützten die Anliegen der in Not geratenen. Die „Optimaten“ – abgeleitet von „optimus“, das heißt „zu den Besten gehörig“ – waren für die Erhaltung der bestehenden Ordnung.

M 2 **Gaius Julius Caesar (100–44 v. Chr.)**
Römische Büste.

Die neue Rolle des Heeres

In den folgenden Jahrzehnten verschärften sich die Auseinandersetzungen zwischen den Parteien zu einem Bürgerkrieg. Entscheidend war, dass das römische Heer nun auch bei inneren Machkämpfen eingesetzt wurde. Im 1. Jahrhundert v. Chr. wurde aus dem römischen Heer eine Armee von Berufssoldaten. Da der Heerführer für Bezahlung und Alterssicherung der Soldaten sorgte, waren sie in erster Linie ihm und erst in zweiter Linie der römischen Republik treu. Der Senat befand sich dabei in einer schwierigen Situation. Einerseits brauchte man erfolgreiche Feldherren, andererseits wurden die Feldherren zum entscheidenden politischen Machtfaktor und bestimmten letztendlich über das Schicksal des Staates. Sollte der Senat sich den Absichten des Feldherrn widersetzen, konnte dieser das Heer nach Rom in Marsch setzen und den Senat zur Erfüllung seiner Forderungen zwingen.

Der Aufstieg Caesars

Der künftige starke Mann in Rom wurde Gaius Julius Caesar. Wie andere römische Politiker auch durchlief er die Ämterlaufbahn. Zusätzlich verbündete er sich mit dem erfolgreichen Feldherrn Pompeius und dem schwerreichen Crassus zu einem so genannten ersten Triumvirat, einem „Bündnis der drei Männer“. Gestützt auf die Anhänger des Pompeius und das Geld des Crassus wurde Caesar im Jahre 59 v. Chr. Konsul.

Für die Zeit nach seinem Konsulat sicherte sich Caesar die Statthalterschaft über die beiden gallischen Provinzen. So wollte er sich der Rache des Senats entziehen und sich zugleich in Gallien eine neue

Machtposition aufbauen. In den nächsten zehn Jahren reihte Caesar Feldzug an Feldzug und unterwarf ganz Gallien, das etwa dem heutigen Frankreich und Belgien entspricht. Als erster Römer stieß er nach Britannien und an den Rhein vor. Über seine Kriegszüge berichtete er in seinen Büchern „De bello gallico“, das heißt „Über den gallischen Krieg“. Sie gelten bis heute als Klassiker.

Caesar wird Alleinherrscher - und wird ermordet

Der Senat fürchtete die Macht Caesars und forderte von ihm, sein Heer aufzulösen. Er wollte jedoch die einmal gewonnene Macht nicht mehr aus den Händen geben. So überschritt Caesar im Jahr 49 v. Chr. den Fluss Rubicon, der die Grenze zwischen Caesars Provinz und dem römischen Kernland bildete. Dieser Marsch nach Rom kam einer Kriegserklärung gleich. Caesars Legionen und die Truppen des Senats unter der Führung seines einstigen Verbündeten Pompeius standen sich jetzt als Gegner gegenüber. Ohne auf großen Widerstand zu treffen, eilte Caesar dann von Sieg zu Sieg. Allerdings gewährte Caesar denen, die sich unterwarfen, Gnade und zeichnete sich durch Großzügigkeit aus.

Bereits im Jahre 49 v. Chr. hatte Caesar das für Notzeiten vorgesehene Amt des Diktators angenommen. Den Höhepunkt seiner Macht erreichte Caesar, als ihn der Senat im Jahre 44 v. Chr. zum Diktator auf Lebenszeit ernannte.

Caesars Karriere nahm jedoch im Jahre 44 v. Chr. ein plötzliches Ende. Seine Gegner warfen ihm vor, er wolle wieder eine Königsherrschaft errichten und so die Ordnung der römischen Republik zerstören, und ermordeten ihn während der Senatssitzung am 15. März des Jahres 44 v. Chr.

M 3 **Die Ermordung Caesars,** Gemälde, 19. Jahrhundert

Die Ermordung Caesars – Ein Schaubild zu einer Textquelle erstellen

M 4 Aus einer Biografie

Der Grieche Plutarch (45–125 n. Chr.) ist Verfasser zahlreicher biographischer Schriften. In seiner Caesar-Biographie berichtet er:

Allein den sichtbarsten Hass, der ihm schließlich auch den Tod brachte, erregte gegen ihn sein Streben nach der Königswürde, welches für das Volk die erste Ursache, für diejenigen aber, die ihm schon lange gram waren, der triftigste Vorwand wurde. [...]
Eines Tages nun, als eben Caesar von Alba in die Stadt zurückkehrte, wagten sie es, ihn laut als König zu begrüßen. Weil aber das Volk darüber in Bestürzung geriet, sagte er unwillig, er heiße nicht König, sondern Caesar, und bei der darauffolgenden tiefen Stille ging er mit finsterem verdrießlichem Gesichte fort. [...]
Bald darauf wurden ihm im Senat wieder einige übertriebene Ehrenbezeigungen zuerkannt; er saß eben auf der Rednerbühne, als die Consuln und Praetoren in Begleitung des ganzen Senats vor ihm erschienen. [...] Caesar aber stand nicht vor ihnen auf, sondern fertigte sie ab, als wenn er es mit den gemeinsten Bürgern zu tun hätte. [...]
Caesar saß, um diese Feierlichkeit (gemeint ist das Luperkalienfest, ein römisches Fruchtbarkeitsritual) anzusehen, an der Rednerbühne auf einem goldenen Stuhle mit dem Triumphkleide geschmückt. Auch nahm Antonius als Consul an dem heiligen Lauf durch die Stadt teil. Als er nun auf den Markt kam und das versammelte Volk vor ihm Platz machte, überreichte er Caesar ein mit einem Lorbeerkranz umwundenes Diadem. Darüber entstand ein schwaches dumpfes Händeklatschen von einigen wenigen dazu bestellten Personen, wie aber Caesar das Diadem ausschlug, klatschte ihm das ganze Volk lauten Beifall zu. Antonius hielt ihm das Diadem noch einmal hin, und da klatschten wieder nur wenige, aber als Caesar es zum zweitenmal nicht annahm, erfolgte aufs Neue ein allgemeines Händeklatschen. Nach diesem misslungenen Versuche stand Caesar auf und befahl, den Kranz auf das Capitol zu tragen. [...]
(Trotz verschiedener Warnungen begibt sich Caesar an den Iden des März des Jahres 44 v. Chr. zu einer Sitzung des Senats.)
Als Caesar hineintrat, stand der Senat ehrerbietig vor ihm auf; die Freunde des Brutus aber stellten sich zum Teil hinter seinen Stuhl, die übrigen gingen ihm entgegen, als wenn sie das Gesuch des Tullius Cimber, der für seinen verbannten Bruder bat, unterstützen wollten, und folgten ihm immer bittend, bis an seinen Stuhl. Caesar setzte sich nun nieder und schlug das Gesuch geradezu ab; da [...] fasste endlich Tullius seine Toga mit beiden Händen und zog sie vom Halse herunter. Dies war das verabredete Zeichen zum Angriff. Casca brachte ihm nun mit dem Dolche die erste Wunde am Halse bei, die aber weder tödlich war, noch tief eindrang, weil er, wie leicht zu denken, im ersten Augenblick einer so kühnen Tat vor Angst zitterte. [...] Als der Anfang auf solche Weise gemacht war, gerieten diejenigen, welche von dem Vorhaben nichts wussten, so sehr in Schrecken und Bestürzung, dass sie weder zu fliehen noch Caesar beizustehen, ja nicht einmal einen Laut von sich zu geben wagten. Indes zog jeder der Verschworenen einen Dolch hervor, und Caesar, von allen Seiten umringt, begegnete, wohin er sich auch wenden mochte, den nach dem Gesichte und den Augen gerichteten Dolchstößen und wand sich unter den Händen seiner Mörder wie ein gefangenes wildes Tier. Denn es war ausgemacht worden, dass jeder an dem Morde teilnehmen und das Seinige dazu beitragen solle; weswegen ihm auch Brutus noch einen Stich in den Unterleib beibrachte. [...]
Nach der Ermordung Caesars [...] gingen Brutus und seine Mitverschworenen, so erhitzt wie sie vom Morde noch waren, nicht Fliehenden ähnlich, sondern mit heiterer zuversichtlicher Miene, das bloße Schwert in der Hand, vom Rathause zusammen nach dem Capitol, ermahnten das Volk zur Behauptung der Freiheit. [...] Am nächsten Tag kam Brutus mit seinen Anhängern vom Capitol herab und hielt eine Rede an das Volk. Dieses hörte ihn an, ohne das Geschehene zu missbilligen oder gutzuheißen; es gab vielmehr durch ein tiefes Stillschweigen zu erkennen, dass es Caesar sehr bedauere und vor Brutus großen Respekt hätte. [...]
Als es sich aber nach Eröffnung von Caesars Testament zeigte, dass jedem Römer ein beträchtliches Geschenk ausgesetzt war, und man den durch Wunden ganz zerfetzten Leichnam über den Markt tragen sah, blieb das Volk nicht länger in

seinen Schranken, sondern trug Bänke, Tische und Verschlage vom Markte zusammen, zündete den Haufen an und verbrannte den Leichnam gleich auf der Stelle. Viele ergriffen dann brennende Scheite und liefen damit nach den Häusern der Mörder, um sie anzuzünden; andere zogen durch alle Straßen der Stadt, in der Absicht, sich dieser Männer zu bemächtigen und sie in Stücke zu reißen. Aber sie fanden keinen, denn alle hatten sich in ihren Häusern verbarrikadiert.

Plutach, Griechische und römische Heldenleben: Caesar; 60–68; Frankfurt a.M./Berlin 1965, Bd. IV, S. 399 ff.

	Ursachen und Gründe →	**Tathergang** →	**Folgen**
Welche Antworten geben die Quellen? (Plutarch)	Plutarch: – Caesars Streben nach der Königswürde – Missachtung des Senats von Rom – Zurückweisung des Diadems durch Caesar – … – …	Plutarch: – Caesars Eintreffen im Senat – ehrerbietige Haltung – Caesar von Bittstellern umringt – alle Verschwörer stechen auf ein verabredetes Zeichen hin auf Caesar ein – …	Plutarch: Geschehen nach dem Mord: – Verschwörer gehen ruhig davon – … Geschehen am folgenden Tag: – Rede des Brutus – blutiger Leichnam Caesars und Bekanntwerden seines Testaments führen zu Aufruhr des Volkes gegen die Mörder Caesars – Attentäter halten sich versteckt – …
Welche Antworten geben die heutigen Historiker?		**Caesars Ermordung an den Iden des März 44 v. Chr.**	

M 5 **Ein politischer Mordfall macht Geschichte**

Klaus Meister, Historiker:
„Die Bürgerkriege brachen erneut aus."

Ergebnis:
„Die Republik wurde in den Machtkämpfen einzelner Persönlichkeiten endgültig vernichtet."

Klaus Meister, Historiker:
„Der Tyrann sollte beseitigt, die Republik wiederhergestellt werden."

M 6 **Die Antworten eines Historikers**

Aufgaben

1. Erkläre die Begriffe „Popularen" und „Optimaten". → Text
2. a) Die Beziehungen zwischen einem römischen Feldherrn wie zum Beispiel Julius Caesar und seinen Legionen war sehr eng. Erkläre, warum beide voneinander abhängig waren.
   b) Welche Folgen ergaben sich daraus für die Machtkämpfe in Rom?
   → Text
3. a) Bearbeite den Quellentext über die Ermordung Caesars von Plutarch. Suche die in der Grafik aufgeführten Argumente im Text.
   b) Ordne die vom Historiker Klaus Meister vorgebrachten Argumente an die richtige Stelle der Grafik.
   c) Welche Vorteile bietet die grafische Darstellung über den politischen Mordfall?
   → M4, M5, M6

M 1 **Octavian**
(63 v. Chr.–14 n. Chr.). Das Vorbild für diese Mamorkopie stammt aus den ersten Jahren seines politischen Wirkens um 30 v. Chr.

Das Zeitalter des Augustus

Augustus – Der Imperator
Auf Münzbildern und Bildnissen ist zu erkennen, wie Augustus, der als Begründer des römischen Kaisertums gilt, von seinen Zeitgenossen und der Nachwelt gesehen werden wollte: als verantwortungsbewusster und entschlossener Herrscher. Marmorbüsten und Statuen feiern ihn als Staatsmann und Lenker eines Weltreichs, als Imperator. Wie erreichte Augustus diese Stellung angesichts des Bürgerkrieges?

Der Weg zur Macht
Nach der Ermordung Caesars kam es zu neuen Auseinandersetzungen zwischen den Anhängern der Attentäter und den Anhängern Caesars. Gaius Octavianus, der spätere Augustus, war der Großneffe Caesars und von diesem adoptiert worden. Er nahm daraufhin den Namen Gaius Julius Caesar an, wurde aber auch Octavian genannt.

Im Jahr 43 v. Chr. schlossen er und Marcus Antonius sowie der politisch wenig einflussreiche Lepidus das so genannte zweite Triumvirat und besiegten die Mörder Caesars. Deren Anhänger wurden grausam verfolgt.

Nach dem Sieg teilten die Triumvirn das militärische Kommando in den Provinzen untereinander auf. Marcus Antonius übernahm den Osten und vermählte sich mit der ägyptischen Königin Kleopatra. Aber der Machtkampf ging nun zwischen Octavian und Marc Anton weiter. Antonius wurde in der Seeschlacht bei Actium an der Westküste Griechenlands im Jahr 31 v. Chr. besiegt. Er beging daraufhin zusammen mit Kleopatra Selbstmord. Ägypten wurde zur römischen Provinz.

Augustus beendet den Bürgerkrieg
Octavian zog aber die Lehren aus dem Schicksal seines Adoptivvaters Caesar, der einem Attentat zum Opfer gefallen war. Im Jahr 27 v. Chr. legte er die außerordentlichen Vollmachten, die ihm erteilt worden waren, wieder ab. So stellte er der Form nach die Republik wieder her. Die Zeit der Bürgerkriege war zu Ende. Er wurde dafür mit dem Ehrentitel „Augustus“ ausgezeichnet, der bald seinen Eigennamen ersetzte. Sein voller Titel – „Imperator Caesar divi filius Augustus“, das heißt: „Der Oberbefehlshaber, Caesar, Sohn des Gottes, der Erhabene“ – zeigt, dass er auch nach Niederlegung der diktatorischen Vollmachten weit über allen Bürgern stand. Er selbst bezeichnete sich als „Princeps“, das heißt dem Sinne nach „erster Bürger“.

Die Sicherung der Macht
Augustus versuchte, den Schein der alten Ordnung zu wahren. Die Ämterlaufbahn bestand weiter fort. Auch der Senat blieb als beratendes Organ erhalten. Viele der bedeutenden alten Senatoren waren den Verfolgungen zum Opfer gefallen und Anhänger des Octavian zogen an ihrer Stelle in den Senat ein.

Augustus ließ von Volk und Senat die Befugnisse der wichtigsten Staatsämter – aber nicht die Ämter als solche – auf seine Person übertragen. Schon 27 v. Chr. hatte er die militärische Befehlsgewalt über die meisten Legionen erhalten. Seit 12 v. Chr. kontrollierte er als Ober-

M 2 Augustus
Marmorkopie nach einem Bronzeoriginal, entstanden nach 20 v. Chr. Die zwei Meter hohe Statue des Augustus wurde in der Villa seiner Frau Livia bei Prima Porta gefunden. Sie zeigt Augustus in der Pose des Siegers. Ein besonderes Merkmal sind die nackten Füße, da Nacktheit ein Symbol der Göttlichkeit war.

priester, als Pontifex maximus, auch das religiöse Leben. Militär, Gesetzgebung und Innenpolitik bestimmte letztendlich er alleine. Diese Machtfülle in den Händen eines Einzelnen führte dazu, dass Senat, Magistrate und Volk an politischer Bedeutung verloren.

Frieden im Reich

In der Außenpolitik kam es unter Augustus zur Sicherung und Abrundung der Grenzen des Römischen Reiches. 20 v. Chr. hatte er mit den Parthern, der feindlichen Großmacht im Osten, einen Verständigungsfrieden geschlossen. Der Versuch, die Grenze in Germanien vom Rhein zur Elbe vorzuschieben, endete 9 n. Chr. mit der Niederlage des römischen Feldherrn Varus im Teutoburger Wald. Die geschichtliche Leistung des Augustus liegt darin, den Frieden innerhalb des Römischen Reiches für Jahrhunderte gesichert zu haben.

Er förderte auch die Künste: Der Kaiser schenkte der Stadt Rom die ersten Marmortempel und ein neues Forum. Ein Zeichen der eigenen Leistung ist der noch heute zugängliche Friedensaltar, die Ara Pacis Augustae. Dieses Bauwerk, eine Stiftung des Senats, spiegelt seine Machtposition wider.

Wie sehen wir Augustus heute?

Augustus wurde zum Vorbild für spätere Herrscher und galt als Inbegriff von Gerechtigkeit und Garant staatlicher Ordnung. Aber auch die Härte seines Vorgehens auf seinem Weg zur Macht wurde bewundert. Aus der von ihm gewählten Bezeichnung „princeps“ leitet sich die Bezeichnung „Prinzipat“ für seine Form der Herrschaft ab, die auch seine Nachfolger ausübten. Zwar blieben Einrichtungen der römischen Republik erhalten, aber tatsächlich existierte eine Alleinherrschaft. Dass Augustus den Umfang seiner Macht nicht allzu offen zeigte, war für die Anerkennung seiner Herrschaft durch die Römer wichtig.

M 3 Ein prunkvolles Grab
Das Augustusmausoleum in Rom wurde schon zu Lebzeiten des Augustus fertiggestellt, heutiger Zustand.

Die Augustus-Statue von Prima Porta – Eine gegenständliche Quelle erschließen

M 4 Brustpanzer des Augustus

Auschnitt aus der Statue von Prima Porta, die nach einem Erfolg über die Parther entstand:

1. Römischer Feldherr
2. König der Parther (König über ein asiatisches Volk). Im Jahre 53 v. Chr. kämpften die Römer gegen die Parther, wobei sie ihre Feldabzeichen verloren. Dies wurde als große Schande angesehen. Augustus wertete es als großen Erfolg, dass 20 v. Chr. die Feldzeichen ohne Kampf zurückgegeben wurden.
3. Der Gott Apoll und
4. die Göttin Diana. Augustus bat sie um Hilfe in den Kriegen gegen seine Rivalen.
5. Der Sonnengott Sol mit seinem Viergespann und
6. die Göttin der Morgenröte, Aurora, zeigen an, dass ein neues Zeitalter naht.
7. Der Himmelsgott Saturn

M 5 Augustus-Statue von Prima Porta

Augustus – Selbstdarstellung und Urteil im Vergleich

M 6 Selbstdarstellung des Augustus

Vor seinem Tod verfasste Augustus einen Rechenschaftsbericht, den er auf seinem Mausoleum in Rom anbringen ließ und der in vielen Abschriften über das Reich verteilt wurde. Die vollständigste Abschrift fand man auf der Marmorwand eines Tempels im heutigen Ankara in der Türkei. Nach seinem Fundort wurde dieser Tatenbericht als „Monumentum Ancyranum" bezeichnet:

[27 v. Chr.] habe ich, nachdem ich die Bürgerkriege ausgelöscht hatte, obwohl ich nach dem übereinstimmenden Wunsche aller in den Besitz der höchsten Gewalt gelangt war, den Staat aus meiner Amtsgewalt dem Ermessen des Senats und dem römischen Volk überantwortet. Und für diesen mein Verdienst bin ich durch Senatsbeschluss „Augustus" genannt worden, mit Lorbeer sind die Türpfosten meines Hauses von Staats wegen geschmückt worden, der Bürgerkranz ist über meiner Türe befestigt und ein goldener Schild in der Julischen Kurie [Rathaus] aufgestellt worden, den mir der Senat und das Volk Roms wegen meiner Tapferkeit, Milde, Gerechtigkeit und Frömmigkeit nach dem Zeugnis der Inschrift dieses Schildes gab. Nach dieser Zeit habe ich an persönlichem Einfluss [auctoritas] alle übertroffen, an Amtsgewalt [potestas] aber habe ich um nichts mehr gehabt als die Übrigen, die in dem jeweiligen Amt mir Kollegen gewesen sind.

Res gestae divi Augusti; W. Arend, Geschichte in Quellen, Altertum, 3. Auflage, München 1978, S. 581 ff.

M 7 Ein Urteil über Augustus

Der etwa 55 n. Chr. geborene, aus einer vornehmen Familie stammende Cornelius Tacitus gilt als größter Geschichtsschreiber Roms. Nachdem er hohe Staatsämter bekleidet hatte, wie das Konsulat im Jahre 97 n. Chr., begann er, historische Schriften zu veröffentlichen. In seinen nur lückenhaft erhaltenen „Annales" äußert er sich über die Herrschaft des Augustus:

Nach dem Tod des Brutus und Cassius war keinerlei staatliche Heeresmacht mehr vorhanden. Sextus Pompeius war bei Sicilien vernichtet, Lepidus beiseite geschoben und Antonius getötet. So hatte auch die Partei der Julier [Anhänger Caesars] keinen anderen Führer mehr als Octavian. Dieser legte nun den Titel eines Triumvirn nieder, wollte nur als Konsul gelten und begnügte sich mit der tribunizischen Gewalt zum Schutze des Volkes. Sobald er aber das Heer durch Geldgeschenke, das Volk durch Getreidespenden, alle zusammen durch die Süßigkeit des Friedens an sich gezogen hatte, erhob er allmählich sein Haupt und nahm die Befugnisse des Senats, der Beamten und der Gesetzgebung an sich. Dabei fand er keinerlei Widerstand, da gerade die tapfersten Männer auf den Schlachtfeldern oder durch die Ächtung gefallen waren. Der übrige Adel wurde, je bereitwilliger er zur Knechtschaft war, durch Reichtum und Ehrenstellen ausgezeichnet und zog, durch den Umsturz hochgekommen, die gegenwärtige Sicherheit den früheren Gefahren vor […].
Krieg gab es zu dieser Zeit nirgends mehr, abgesehen von dem Kriege gegen die Germanen […].
Im Innern blieb die Lage ruhig, die Titel der Beamten blieben die gleichen. Die jüngeren Leute waren schon nach der Schlacht von Actium geboren, auch die meisten älteren erst zur Zeit der Bürgerkriege: wie viele lebten überhaupt noch, die noch den Freistaat [Republik] gesehen hatten?

Tacitus, Annalen, hrsg. von C. Hoffmann, München 1954, S. 7 ff.

Aufgaben

1. a) Suche die beschriebenen Figuren auf dem Brustpanzer des Augustus.
   b) Warum wurden die Götter als Rahmen gewählt?
   → M4, M5
2. Wie stellt Augustus selbst Übernahme und Durchführung der Herrschaft dar?
   → M6
3. a) Worin weicht Tacitus von der Darstellung des Augustus ab?
   b) Welche Gründe dafür kann es geben?
   c) Wie wird Augustus im Autorentext gesehen?
   → Text, M6, M7
4. Erarbeite aus den Quellentexten und dem darstellenden Text ein Verfassungsschaubild des Prinzipats. → Text, M6, M7
6. Stelle Argumente für und gegen die Regierungsweise von Augustus zusammen.

M 1 Die Vorderseite
Der Denar zeigt den Kopf des Augustus auf der Vorderseite.
Entstehungszeit: etwa 15–13 v. Chr.,
Gewicht: 3,83 g, Fundort: unbekannt,
Durchmesser: 19 mm

M 2 Die Rückseite
Nach einem Sieg über den Sohn des Pompeius, der im Mittelmeer Seeräuberei betrieb, widmete Augustus seinen Erfolg dem Apollo und dessen Schwester, der Jagdgöttin Diana. Ein Tempel der Diana befand sich in der Nähe des Schlachtortes auf Sizilien.

M 3 Umzeichnung der Münze
Vorderseite:
AUGUSTUS DIVI F(ILIUS)
(Augustus, Sohn des vergöttlichten Caesar).
Rückseite:
(MP)ERATOR X, SICILI
(zum 10. Mal Imperator, Sizilien).

Münzen als gegenständliche Quellen

Münzen stellen so genannte Sachquellen dar. Sie nehmen oft Bezug auf politische Ereignisse oder verdeutlichen das Programm eines Herrschers beziehungsweise einer Regierung.

Römische Münzen zeigen oft auch Denkmäler und Bauten, Herrschaftszeichen und Symbole, von denen heute keine andere bildliche Darstellung oder gar Originale vorhanden sind. Sie geben uns zudem Einblick in die religiösen Vorstellungen der Römer und zeigen uns wirtschaftliche Entwicklungen auf.

Im Regelfall versteht man unter einer Münze ein beidseitig geprägtes rundes Stück Metall. Die gängigsten Materialien bei der Münzprägung waren Kupfer, Silber und Gold oder auch Legierungen (Mischungen) aus verschiedenen Metallen. So sind Mischungen aus Kupfer und Zinn (Bronze) beziehungsweise Kupfer und Zink (Messing) ein von den Römern häufig verwendetes Material für Münzen von geringem Wert.

Ursprünglich verwendeten die Römer Rohkupfer als Zahlungsmittel, von dem bei Bedarf Stücke abgehackt wurden. Der Wert richtete sich nach dem Gewicht. Vorher hatte man Waren im Gegenwert eines Stücks Vieh berechnet. Das lateinische Wort „pecus“ bedeutet „Vieh“, daraus leitete sich „pecunia“ für „Geld“ ab. Erst ab dem 3. Jahrhundert v. Chr. verwendete man „richtiges“ Geld in Rom.

Die erste Prägestätte wurde 289 v. Chr. im Tempel der Juno Moneta eingerichtet. Römische Münzen trugen immer eine Aufschrift (Legende), ein Bild als Hoheitszeichen garantierte den Wert der Münze durch die staatliche Autorität. In der Kaiserzeit war dies das Bild des Herrschers.

Bedeutung der Münzprägung

In der Zeit der Republik wurden jedes Jahr drei junge Aristokraten, die am Anfang ihrer politischen Laufbahn standen, zu Münzmeistern gewählt. Die Darstellungen auf den Münzen dienten den Münzmeistern auch als Mittel zur Erfüllung ihres politischen Ehrgeizes. Ihr Bild wurde künftigen Wählern bekannt, überdies konnten sie das Prestige ihrer Familie steigern. Die römische Standardmünze war der Denar, er blieb Jahrhunderte im Gebrauch. Unter Caesar und Augustus wurden schließlich Goldmünzen (aureus) geprägt.

Die Bildersprache der Münzen

Frühe Münzen nahmen keinen Bezug auf politische Ereignisse. Typisch war etwa ein Bild der Stadtgöttin auf der Vorderseite mit einem Bildnis der Siegesgöttin auf einer Quadriga (Viergespann) auf der Rückseite. Gegen Ende der Republik nahmen die Münzmeister durch die Wahl der Bilder zunehmend Stellung für die Partei, der sie angehörten, oder auch zu aktuellen politischen Problemen. Nach der Errichtung des Kaisertums wurden Münzen fast ausschließlich zum Propagandainstrument des Herrschers.

Das Bild des Kaisers wurde weiten Kreisen der Bevölkerung vertraut, aber es war meist geschönt oder idealisiert. Man kann also nicht davon ausgehen, dass der Herrscher wirklich so aussah, wie er dargestellt ist.

Die Prägung von Münzen

Münzen werden entweder durch Guss oder Prägung des Metalls durch bronzene oder eiserne Stempel hergestellt. Die Vorderseite bildet ein in einem Amboss versenkter Unterstempel, die Rückseite ein beweglicher Oberstempel.

Fragen zu Münzen als gegenständliche Quellen

1. Beschreibung der Münzen

a) Betrachte die verschiedenen Abbildungen der gleichen Münze.
b) Wie groß und wie schwer ist die Münze?
c) Was ist jeweils auf der Vorderseite, was auf der Rückseite zu sehen?
d) Wodurch unterscheiden sich die Abbildungen?
e) Erkläre, wie die Fehlprägung zustande kam.

2. Bedeutung der Münzbilder

a) Woran kann man erkennen, dass es sich bei der Figur auf der Rückseite um Diana handelt?
b) Weshalb wurde die Abbildung der Diana gewählt?

3. Quellenwert der Münze

a) Welche Informationen über die Vergangenheit kann man der Münze entnehmen, welche nicht?
b) Wie stellt sich Augustus auf dieser Münze dar?

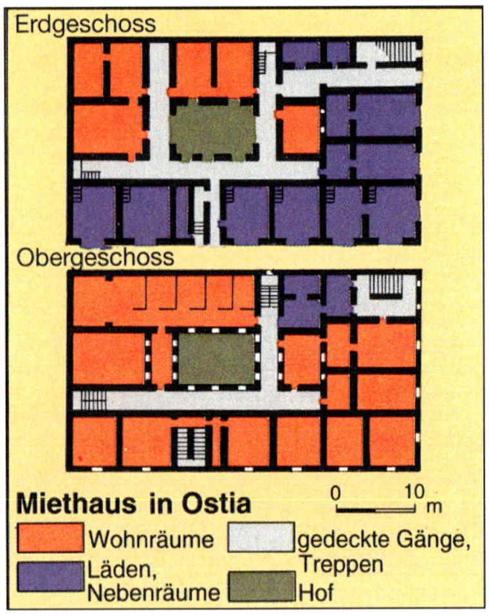

M 1

Das Leben im Römischen Reich

Wie wohnten die Römer?

Wie heute entschied das Vermögen des Einzelnen darüber, ob er in einer luxuriösen Villa oder einer kleinen Mietwohnung lebte. Reiche Römer wohnten in herrschaftlichen Residenzen, die allen nur denkbaren Komfort boten.

Weit weniger bequem lebte die große Masse der Bevölkerung. Sie wohnte in Rom und Ostia in mehrstöckigen Mietskasernen, in Provinzstädten in kleineren Häusern. Oft lebte eine Familie in nur einem einzigen Raum. Das Wasser holte man von Straßenbrunnen und die Bedürfnisse verrichtete man in öffentlichen Gemeinschaftstoiletten. In den Wohnungen dienten Holzkohlebecken oft als einzige Kochstelle und Wärmequelle. Dies führte nicht selten zu verheerenden Bränden, da die Mietshäuser häufig nachlässig und billig gebaut waren. Die Immobilienspekulanten waren auf schnellen Gewinn aus und hielten sich meist nicht an Bauvorschriften.

M 2 Ein Mietshaus in der Hafenstadt Ostia
Im Erdgeschoss befinden sich Läden für kleine Handwerker und Kaufleute. Von den beiden schmalen Hauseingängen in der Mitte führt der rechte ins Treppenhaus zu den drei Wohngeschossen. Das Zwischengeschoss über den Läden war von hier aus über eine Treppe zu erreichen. Es diente als Lager- oder auch als Wohnraum, Modell.

Die Welt der Arbeit

Die wirtschaftliche Grundlage des römischen Reiches war die Landwirtschaft. Daneben waren Handwerk und Handel von Bedeutung. In der ganzen Stadt waren Geschäfte und Werkstätten verteilt, in Pompeji konzentrierten sie sich im Zentrum der Stadt, nahe dem Theater und einer Thermenanlage. Neben Wäschereien, Färbereien und Schmiedewerkstätten gab es auch Bäckereien. Wirtshäuser spielten eine wichtige Rolle. Die „caupona“ war wegen der mangelnden Kochmöglichkeiten im eigenen Haus für die Ernährung vieler einfacher Leute fast unerlässlich. Sie stellte eine Mischung aus Schnellimbiss und Gastwirtschaft dar. Oft waren Werkstätten und Wirtshäuser in kleinen Läden links und rechts des Eingangs von Stadthäusern eingerichtet.

Freizeit und Vergnügungen

Ein wichtiges Freizeitvergnügen war ein Thermenbesuch. Die Thermen dienten nicht nur hygienischen Zwecken, sie waren auch Orte der Entspannung und der Kommunikation. Die Bedeutung dieser Einrichtung zeigt sich auch daran, dass eine Kleinstadt wie Pompeji über drei große Thermen verfügte. Die Eintrittspreise waren niedrig.

Nach einem kurzen Bad im Kaltwasserbecken (Frigidarium) begab sich der Besucher in einen Warmluftraum (Tepidarium). Im Heißraum (Caldarium) reinigte sich der Besucher mit Olivenöl und einem Schaber und kühlte sich dann wieder im kalten Wasser ab. Die Thermen boten auch alle möglichen zusätzlichen Unterhaltungen. Man konnte essen, lesen, spazieren gehen oder sich massieren lassen. Ohne eine Vielzahl von Sklaven, die in den Heizräumen oder in verschiedenen Funktionen innerhalb der Thermen arbeiteten, hätte das System der Thermen allerdings nicht funktionieren können.

Blutige Schauspiele

Fremdartig, ja abstoßend wirken heute die Gladiatorenkämpfe. Gladiatoren, abgeleitet vom lateinischen Wort gladius für Schwert, waren im antiken Rom Berufskämpfer, die öffentlich auf Leben und Tod gegeneinander kämpften. Entwickelt haben sich die Kämpfe vermutlich aus Begräbnisfeiern, wobei durch die Kämpfe die Eigenschaften des Verstorbenen verdeutlicht werden sollten: Mut, Kraft, Tapferkeit und Gleichmütigkeit gegenüber dem Tod.

Gladiatorenkämpfe waren aufwendig, extrem teuer und daher selten. Sie stellten außerordentliche Ereignisse dar, die Zuschauer aus allen Bevölkerungsschichten anzogen. Im Laufe der Jahrhunderte entwickelten sich verschiedene Gladiatorengattungen, die sich in ihrer Ausrüstung deutlich unterschieden. Bestandteile der Ausrüstung waren Schwert, Beinschienen, Helm, Schild und Metallgürtel.

Als Gladiatoren wurden vor allem Gefangene, verurteilte Verbrecher und Sklaven eingesetzt. Es verpflichteten sich aber auch freie Bürger. Gladiatoren wurden in besonderen Schulen unter Leitung eines Gladiatorenmeisters ausgebildet, der auch oft Besitzer der Gladiatorenschule war. Er vermietete seine Kämpfer an denjenigen, der einen Gladiatorenkampf veranstalten wollte. Der Gladiatorenkampf war hoch entwickelt und folgte genauen Regeln. Er endete oft durch den Tod eines Kämpfers. Auf Verlangen des Publikums konnte ein unterlegener Gladiator auch begnadigt werden.

M 3 Kämpfende Gladiatoren
Römisches Mosaik, 4. Jh. n. Chr.

Die römische Familie – Grundlage des Zusammenlebens

Die Familie galt den Römern als Grundzelle der Gesellschaft. Meist handelte es sich um eine Großfamilie, zu deren Hausgemeinschaft nicht nur Eltern und Kinder, sondern auch Sklavinnen und Sklaven gehörten. Auch juristisch freie, aber wirtschaftlich abhängige Bürger gehörten als „clientes“ zur Familie. Die Adelsgeschlechter übernahmen den Schutz und die Hilfe für Schwächere, die dafür ihre Aufwartung leisteten und die politischen Ziele ihres Patrons unterstützten. Es entstanden dauerhafte und persönliche Bindungen. Mächtige Familien – so wird berichtet – konnten bis zu 5 000 Klienten haben.

Nach römischem Familienrecht konnte der Vater jedes Familienmitglied züchtigen, verkaufen und sogar töten. Ob das im Alltagsleben auch wirklich geschah, darf bezweifelt werden.

Besonders die Mädchen blieben unter der Obhut ihrer Mütter, die sie auf ihre Aufgaben bei der Führung eines Haushalts vorbereiteten. Mädchen wurden üblicherweise zwischen dem 12. und 17. Lebensjahr verheiratet. Zwar blieben die römischen Frauen weitgehend an das Haus gebunden, konnten aber meist wesentlich freier leben als etwa Frauen im alten Griechenland.

Die jungen Römer wurden mit 16 Jahren für volljährig erklärt. Im Rahmen einer Feier erfolgte auf dem Forum die Einkleidung mit der Toga und sie erhielten einen Haarschnitt wie die Erwachsenen.

Im römischen Alltagsleben nahm die Verehrung der Vorfahren einen wichtigen Platz ein. Büsten der Ahnen standen auf dem Hausaltar und sollten den Nachkommen Ansporn zu erfolgreichem Handeln im Interesse der Familie sein. Die alten Sitten und bewährten Gebräuche der Vorfahren dienten den nachfolgenden Generationen als Vorbild. Dazu zählte die angeblich bäuerliche Schlichtheit früherer Generationen ebenso wie Frömmigkeit. Dieser „mos maiorum“ lässt sich am besten mit „so, wie es unsere Vorfahren machten“ übersetzen.

Die Tatsache, dass viele Schriftsteller den Sittenverfall beklagten, lässt allerdings darauf schließen, dass die alten Tugenden zunehmend an Bedeutung verloren.

M 4 Römisches Kind
aus vornehmer Familie, das zum Schutz gegen bösen Zauber ein goldenes Amulett um den Hals trägt.

M 5 Vornehme römische Familie
Vater mit Schriftrolle in der Hand, Teilansicht eines Sarkophags, 2. Jh. n. Chr.

Die römische Familie – Vergleich zwischen Schulbüchern und wissenschaftlicher Darstellung

M 6 Die römische Familie im Schulbuch

In Schulbüchern kann man über die römische Familie Folgendes lesen:

a) Die Altrömer lernen wir kennen als ein gesundes, kräftiges Bauernvolk, das in größter Einfachheit und Sittenstrenge lebte. Die Familie, zu der auch das Gesinde gehörte, hielt einträchtig zusammen. Gemeinsam leistete man die schwere Alltagsarbeit, gemeinsam beging man die ländlichen Feste. Dabei gebot der Vater als Familienoberhaupt [pater familias] uneingeschränkt über Frau, Kinder und Gesinde. Selbst die erwachsenen Söhne mussten dem Vater unbedingt gehorchen; alles, was sie erwarben, gehörte ihm.

Geschichtliches Werden. Altertum, Bamberg 1960, S. 85.

b) Die Familie hatte in der frührömischen Gesellschaft eine große Bedeutung. Sie stand unter der unbeschränkten Gewalt des Familienoberhauptes [pater familias]. Er bestimmte über alles Vermögen, über das Haus und den Besitz an Ländereien und Sklaven, aber auch über das Geschick seiner Frau, seiner Kinder und Enkel. Nur der Familienvorstand konnte rechtsgültige Verträge abschließen und seine Angehörigen vor Gericht vertreten; er strafte bei Vergehen – in schweren Fällen selbst mit dem Tode. Solange der Vater lebte, unterstanden die Söhne und Enkel seiner Autorität.

bsv Geschichte 6, München 1992, S. 116.

M 7 Die römische Familie in einer wissenschaftlichen Darstellung

Der Historiker Paul Veyne schreibt über die römische Familie:

Es war eine Eigentümlichkeit des römischen Rechts [...], dass ein Sohn, ob mannbar oder nicht, ob verheiratet oder nicht, der Autorität des Vaters unterworfen war und erst bei dessen Tod ein vollwertiger Römer und „pater familias" wurde. Mehr noch, der Vater war sein natürlicher Richter und konnte ihn im Hausgerichtsverfahren zum Tode verurteilen. Außerdem besaß der Erblasser einen fast unbegrenzten Ermessensspielraum – der Vater konnte seine Söhne enterben. [...] Was die Hinrichtung eines Sohns kraft väterlichen Richterspruchs betrifft, welche die Fantasie der Römer stark beschäftigte, so stammten die letzten Fälle aus der Ära des Augustus und empörten die öffentliche Meinung. Immerhin bleibt es dabei, dass ein Kind kein eigenes Vermögen hat und dass alles, was es verdient oder erbt, dem Vater gehört. Der Vater kann dem Sohn nur einen gewissen Betrag [...] aussetzen, über den dieser nach Gutdünken verfügen darf. Und der Vater kann sich entschließen, den Sohn für mündig zu erklären und aus der väterlichen Gewalt zu entlassen („emancipare").

Paul Veyne (Hg.), Geschichte des privaten Lebens, Bd. 1, Frankfurt/M. 1989, S. 39 f.

M 8 Römisches Ehepaar
Die Büste aus dem 1. Jh. v. Chr. zeigt den Römer Marius Gratidus Libanus und seine Ehefrau.

Die römischen Thermen – Textquelle und Rekonstruktionszeichnung analysieren

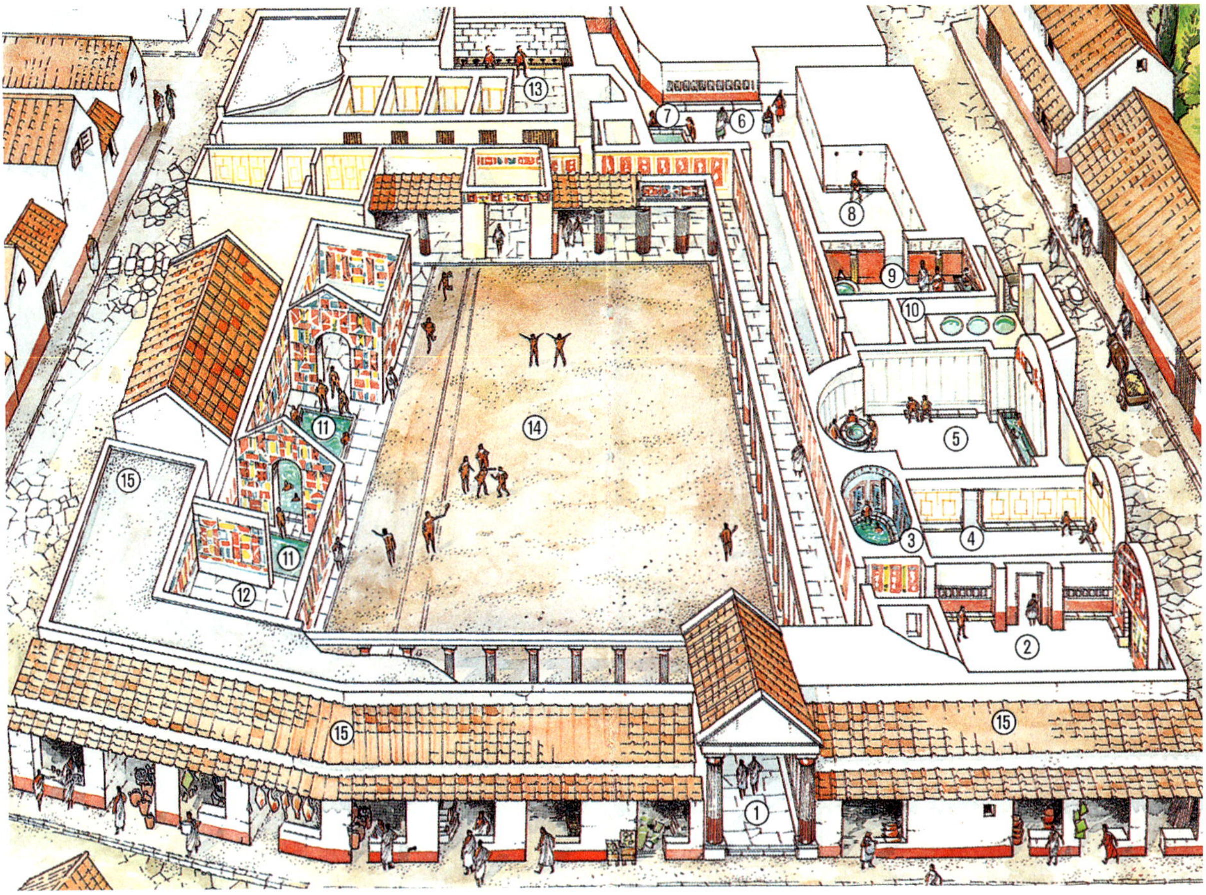

M 9 Die Stabianer Thermen in Pompeji

① Haupteingang, Männerbad, ② Umkleideraum, ③ Kaltwasserbecken, ④ Warmluftraum, ⑤ Heißraum, Frauenbad, ⑥ Umkleideraum, ⑦ Kaltwasserbecken, ⑧ Warmluftraum, ⑨ Heißraum, ⑩ Öfen mit Wassertanks, ⑪ Schwimmbad, ⑫ Umkleideraum, ⑬ Toiletten, ⑭ Hof, ⑮ Läden, Rekonstruktionszeichnung

M 10 Römisches Bad

Seneca (etwa 4 v. Chr.–65 n. Chr.) war Erzieher des Kaisers Nero. Er fiel in Ungnade und musste wegen angeblicher Teilnahme an einer Verschwörung Selbstmord begehen. Seneca gilt als einer der bedeutendsten Philosophen Roms. Er schrieb an seinen Freund Lucilius:

Ich wohne genau über dem Bade. Nun stelle dir alle verschiedenen Töne vor, die einen dazu bringen könnten, seinen eigenen Ohren zu grollen. Wenn Kraftprotze sich üben und ihre mit Blei beschwerten Hände schwingen, wenn sie sich abarbeiten oder so tun, höre ich ein Ächzen und [...] ein Zischen. Wenn sich ein Besucher salben und massieren lässt, so höre ich in verschiedenen Tönen das Klatschen der Hand [...]. Wenn nun noch der Ballspiel-Schiedsrichter anfängt, die Bälle zu zählen, dann ist das Maß voll. Stell Dir dazu noch das Gezeter eines Streitsüchtigen vor, das Geschrei eines ertappten Diebes, das Grölen des Badegastes, dem die eigene Stimme gefällt, dann noch das ungeheure Geplatsche der Leute, die ins Bassin springen. Daneben noch die dünne und schrille Stimme des Haarzupfers, der immerzu schreit, um sich bemerkbar zu machen, und der nicht eher schweigt, als bis er einen Kunden gefunden hat, den er dann an seiner Stelle schreien lässt. Und endlich die verschiedenen Rufe all der Händler, die Getränke, Süßigkeiten und Würstchen anbieten, jeder mit dem ihm eigenen Singsang.

Seneca, Philosophische Schriften III, übers. von O. Apelt, Hamburg 1993, S. 193 f.

Eine römische Villa kennenlernen

① Eingang
② Läden
③ Atrium
④ Regenbecken
⑤ Hausaltar
⑥ Seitenflügel
⑦ Empfangsraum
⑧ Wohn-, Schlaf- und Wirtschaftsräume
⑨ Speiseraum
⑩ Garten mit Säulenhalle (Peristyl)

M 11 Ein vornehmes Haus
Die Räume rechts und links des Eingangs waren oft als Läden vermietet, Rekonstruktionszeichnung.

Aufgaben

1. Stelle Informationen zum römischen Alltagsleben zusammen.
   → Text
2. a) Beschreibe mithilfe des Grundrisses und der Abbildung des Wohnhauses in Ostia die Wohnverhältnisse in einer römischen Mietskaserne.
   b) Beschreibe den Aufbau einer typischen römischen Villa.
   → M1, M2, M11
3. Nenne Besonderheiten des römischen Familienlebens im Vergleich zu heute.
   → Text, M7
4. Vergleiche die Aussagen zur römischen Familie in den Schulbuchtexten mit der wissenschaftlichen Darstellung.
   → Text, M6, M7
5. a) Beschreibe Aktivitäten in einem römischen Bad.
   b) Welche moderne Freizeiteinrichtung kann mit einem römischen Bad verglichen werden?
   → Text, M9, M10
6. Nimm Stellung zur Frage: „Gladiatorenkämpfe – unmenschliche Vergnügungen?“
   → Text, M3

Zwischen Barbarei und Menschlichkeit

Sklaverei – Ein normaler Zustand
Sklaverei gilt heute als menschenverachtend, da der Mensch in der Sklaverei zu einer Sache erniedrigt wird. Deshalb gibt es die Bestrebung, sie vollends abzuschaffen. In der Antike war sie allerdings alltäglich und für viele Menschen selbstverständlich.

Wie wurde man Sklave?
Nach damaliger Vorstellung hatte der Sieger eines Krieges das Recht, den Besiegten zu töten oder ihn und seine Angehörigen in Besitz zu nehmen. Kriegsgefangene wurden so auf den Sklavenmärkten verkauft. Auch Seeräuber und Menschenjäger boten dort ihre Gefangenen zum Kauf an. Sowohl in der griechischen wie in der römischen Antike gerieten auch viele arme Menschen in die Schuldknechtschaft: Da sie ihre Schulden bei reichen Gläubigern nicht zurückzahlen konnten, mussten sie sich diesen bis zur Rückzahlung der Schulden persönlich ausliefern. Kinder von Sklaven waren ebenfalls Sklaven. Erkennen konnte man die Sklaven entweder am Haarschnitt, an Tätowierungen oder an Halsbändern und Plaketten, die sie nicht entfernen konnten.

M 1 **Sklavenmarke**
Die Inschrift lautet in deutscher Übersetzung: „Halte mich, wenn ich fliehe, und bring mich meinem Herrn Viventius auf dem Landsitz des Callistus zurück."

Große Unterschiede
Der Marktwert von Sklaven bestimmte sich nach Alter, Schönheit, Körperkraft oder fachlichen Qualifikationen. Die Situation von Sklaven konnte sehr unterschiedlich sein. Manche hatten ein vertrauensvolles Verhältnis zu ihrem Herrn und wurden gar mit verantwortungsvollen Aufgaben betreut, etwa mit der Verwaltung der Güter. Andere wiederum wurden auf den riesigen Ländereien der Senatoren oder Ritter rücksichtslos ausgebeutet. Am schlimmsten war die Arbeit in Bergwerken, in denen bisweilen Tausende von Sklaven arbeiteten. Die Menschen, die zu dieser Arbeit gezwungen wurden, lebten unter diesen unmenschlichen Bedingungen nur kurz.

In der römischen Gesellschaft wurden Sklaven nicht selten freigelassen, die Freilassung von verdienten Sklaven galt als Geste der Menschlichkeit. Allerdings schuldeten die Freigelassenen ihrem ehemaligen Herrn Gehorsam und Ehrerbietung. Nicht selten sah der Freilassungsvertrag vor, dass der Herr von dem Freigelassenen noch bestimmte Dienste fordern konnte.

Widerstand von Sklaven
Wiederholt schlossen sich Sklaven zu Aufständen zusammen. Zu einem großen Aufstand kam es in den Jahren 73 bis 71 v. Chr., als Sklaven in Capua sich unter der Führung des Spartacus zusammenfanden. Spartacus war mit Gleichgesinnten aus der Gladiatorenschule ausgebrochen und viele Sklaven schlossen sich an. Spartacus befehligte zeitweise ein Heer von über 60 000 Mann. Dieser Aufstand richtete sich nicht grundsätzlich gegen die Sklaverei, den Menschen ging es vielmehr um die eigene Befreiung. Sie wurden nach langwierigen Kämpfen militärisch besiegt und zur Abschreckung an der Via Appia gekreuzigt. Der Name Spartacus wurde in der Folgezeit zum Sinnbild für die Befreiung aus der Unfreiheit.

Sklaven in Rom – Arbeiten mit einer Textquelle

M 2 Sklaven sind Menschen

Der berühmte römische Philosoph Seneca (4 v. Chr. bis 65 n. Chr.) schrieb in einem Brief an seinen Freund Lucilius:

Zu meiner Freude erfuhr ich von Leuten, die dich besucht haben, dass du freundlich mit deinen Sklaven umgehst. Das entspricht deiner Einsicht und deiner Bildung. „Es sind nur Sklaven." Nein, vielmehr Menschen. „Es sind nur Sklaven." Nein, vielmehr Hausgenossen. „Es sind nur Sklaven." Nein, vielmehr Freunde geringeren Ranges. „Es sind nur Sklaven." Nein, vielmehr Mitsklaven, wenn du bedenkst, dass das Schicksal über euch beide die gleiche Macht hat. Daher lache ich nur über die Leute, die es für eine Schande halten, zusammen mit ihrem Sklaven zu speisen [...].
Jener [der Herr] isst mehr, als sein Bauch fassen kann, und belädt mit ungeheurer Gier seinen aufgetriebenen Bauch, der seiner eigentlichen Arbeit schon entwöhnt ist, [...] aber die unglücklichen Sklaven dürfen [währenddessen] nicht einmal zum Sprechen die Lippen bewegen. Mit dem Stock wird auch das leiseste Gemurmel erstickt, und nicht einmal rein zufälliges Husten, Niesen oder Schlucken bleiben ungestraft. [...] Die ganze Nacht müssen sie mit leerem Magen stumm dabeistehen [...]. Aber jene Sklaven, die nicht nur in Gegenwart ihrer Herren, sondern mit ihren Herren persönlich sprechen durften, denen der Mund nicht zugenäht war, waren bereit, für ihren Herren den Nacken hinzuhalten, drohende Gefahr auf sich selbst abzulenken. Bei Gastmählern redeten sie, unter der Folter schwiegen sie.
Ebenso anmaßend ist das Sprichwort, das immer wieder vorgebracht wird: „Soviel Sklaven, soviel Feinde!" Nein, wir haben an ihnen keine Feinde, wir machen sie erst dazu. Ich will gar nicht reden von anderen unmenschlichen Grausamkeiten, dass wir sie nicht wie Menschen, sondern wie Lasttiere behandeln. Haben wir uns zum Speisen hingelegt, so wischt der eine den Auswurf vom Fußboden, der andere kehrt, unter das Speisesofa gebückt, die Speisereste der Trunkenen auf. [...]
Willst du nicht einmal bedenken, dass der Mensch, den du deinen Sklaven nennst, den gleichen Ursprung hat wie du, dass sich über ihm derselbe Himmel wölbt, dass er die gleiche Luft atmet, dass ihm das gleiche Leben, der gleiche Tod beschieden ist?

Seneca, Moralische Briefe, zit. nach: Geschichte in Quellen, hrsg. von Wolfgang Lautemann und Manfred Schlenke, Bd. 1, München 1978, S. 629.

Aufgaben

1. a) Stelle die Bedingungen zusammen, unter denen Menschen in der Antike versklavt werden konnten.
   b) Erläutere die großen Unterschiede zwischen den verschiedenen Sklaven in Rom.
   → Text
2. a) Fasse zusammen, wie – nach Seneca – die in Rom vorherrschende Beziehung zwischen Herren und Sklaven war.
   b) Welche Meinung hat Seneca zur Sklaverei?
   c) Verfasse folgendes Streitgespräch: Ein reicher Sklavenbesitzer aus Rom diskutiert mit Seneca über die Sklaverei.
   → M2
3. Informiere dich, ob es heute noch Beispiele für Sklaverei gibt.
   → Lexikon oder Internet

Das Leben in den Provinzen

Das Römische Reich erreichte seine größte Ausdehnung unter Kaiser Trajan. Zu diesem Zeitpunkt kontrollierte Rom etwa 40 Provinzen, in denen schätzungsweise 60 Millionen Menschen lebten.

Insgesamt gab es im Römischen Reich nur eine sehr kleine Verwaltung. An der Spitze einer Provinz stand der Statthalter. Daneben gab es Steuerpächter, die im Auftrag Roms die Abgaben eintrieben. Zur Zeit der Kaiser erhielten die Statthalter der vom Senat verwalteten Provinzen ein hohes Gehalt (bis zu einer Million Sesterzen), das eine Ausbeutung der Provinzen überflüssig machen sollte. Die kaiserlichen Provinzen wurden von Beauftragten des Herrschers verwaltet. Auch die Steuern wurden von fest bezahlten kaiserlichen Amtsträgern erhoben. Diese blieben meist mehrere Jahre in ihrer Provinz.

Die große Bedeutung der Verkehrswege

Angesichts der riesigen Fläche des Reiches waren gute Verkehrsverbindungen nötig. Der Bau von Straßen war dabei von entscheidender Bedeutung. Einige dieser Straßen existieren noch heute, auch Brücken und Tunnel vermitteln noch einen Eindruck von der Baukunst der Römer. Antike Quellen wie Gesetzestexte, bildliche Darstellungen oder Meilensteine informieren uns über die römischen Verkehrswege. Daneben hilft uns heute auch die Luftbildarchäologie bei der Rekonstruktion eines Straßenverlaufes.

Lastentransporte wurden meistens auf dem Wasserweg durchgeführt, da diese Form des Transports nicht nur billiger, sondern auch leistungsfähiger und bequemer war. Binnenschifffahrt war den Römern bereits aus ihrer Heimat vertraut. Hafenbauten, Funde von Wracks und bildliche Darstellungen informieren uns über die Schiffsbaukunst der Römer.

Einerseits benötigte Rom riesige Mengen an Grundnahrungsmitteln, aber auch Luxusgüter aus den Provinzen und aus dem Ausland (so kamen etwa Bernstein von der Ostsee und Seide aus China), ande-

M 1 Schiff im Hafen von Ostia

Kapitän Farnaces belädt die „Isis Giminiana" mit Getreide, Fresko vom Grabmal eines Schiffeigentümers in Ostia, 3. Jh. n. Chr.

rerseits konnten Güter, die dort unbekannt waren, in die Provinzen transportiert werden.

Die römische Armee und kaiserliche Beamte versuchten, auf den Verkehrswegen und im umliegenden Land für Sicherheit zu sorgen, was aber nur teilweise gelang. So gab es viele Räuberbanden und die Gefahr, überfallen zu werden, war nicht gering. Die Verkehrserschließung ermöglichte aber nicht nur den schnelleren Austausch von Personen, Waren und Nachrichten, sondern erleichterte auch den Austausch zivilisatorischer Errungenschaften und letztendlich die Verbreitung der römischen Kultur in den Provinzen. Die Ansiedlung von Veteranen in diesen Gebieten beschleunigte diesen Prozess. Das römische Recht schuf eine Grundlage für das geregelte Zusammenleben. Aber die Rechtssicherheit der Bevölkerung war bei weitem nicht so groß wie heute.

M 2 Fußboden- und Wandheizung
Rekonstruktionszeichnung

Rom als Vorbild

Das ungewohnte Klima der nördlichen Provinzen führte zum Einsatz eines Heizungssystems, das auch in den Thermen Roms verwendet wurde. Eine Fußboden- und Wandheizung sorgte für eine angenehme Temperatur. Reste der so genannten Hypokaustenheizungen in zahllosen ehemaligen römischen Siedlungen zeugen von der Bedeutung dieses Systems sowohl für öffentliche Bauten als auch für Privathäuser.

Jede Garnison oder größere Ansiedlung verfügte mindestens über ein öffentliches Thermengebäude. Wo natürliche Thermalquellen existierten, bauten die Römer diese zu Bädern aus. Beispiele dafür sind Orte, die den Namen „Aquae“ (Wässer) führten, wie zum Beispiel Aachen oder – übersetzt – Baden-Baden. Diese Annehmlichkeiten übernahm die Bevölkerung in den Provinzen ebenso gerne wie die durch Aquädukte sichergestellte Versorgung mit Wasser in den Städten.

Gut erhaltene Überreste römischer Bauten beweisen, dass neben der Architektur auch die römische Kunst den Provinzbewohnern als Vorbild diente. Malereien und Mosaiken zeigen, dass man – wenn auch mit gewisser zeitlicher Verzögerung – die römischen Vorbilder übernahm und sich an den künstlerischen Moden der Hauptstadt orientierte. Auch Kleidung, Namen, Schulbildung und sogar die Religion wurden durch die Hauptstadt geprägt. Die Ausbreitung der römischen Kultur wird als Romanisierung bezeichnet und vollzog sich auf verschiedenen Wegen. Ob dies ein erzwungener Prozess war oder ob die Übernahme aus freien Stücken erfolgte, ist umstritten.

M 3 Jäger mit römischer Tunika und Jagdwaffen
Ausschnitt aus einem Mosaik in Westerhofen (Landkreis Eichstätt), das 1856 in einer Villa freigelegt wurde.

Rom lebt auch in Sprachen weiter

Eine ganze Sprachfamilie, die so genannten romanischen Sprachen, bewahren Wörter und teilweise auch die Grammatik des Lateinischen. Nicht nur Italienisch und Französisch, sondern Spanisch und Portugiesisch, sogar das Rumänische basieren auf der Sprache der Römer. Die Provinzbewohner übernahmen viele Begriffe für Dinge aus dem Lateinischen, die ihnen vor Ankunft der Römer unbekannt waren, um sich überhaupt noch verständigen zu können. So wären auch Sprachen wie Deutsch oder Englisch, die andere Ursprünge als Latein haben, ohne Wörter, die von den Römern übernommen wurden, nicht mehr vorstellbar.

Römerstraßen – Analyse und Vergleich verschiedener Materialien

M 4 Römische Straße bei Mittenwald
Heutiger Zustand

M 5 Bau einer römischen Straße
Rekonstruktionszeichnung

M 6 Luftbild einer römischen Straße in Hessen
Deutlich ist auf diesem Bild die ehemalige Verbindungsstraße zwischen den Kastellen Butzbach und Friedberg zu erkennen.

M 7 Römischer Reisewagen
Zeitgenössische Reliefdarstellung (oben) und Modell (rechts)

Rom als Vorbild – Arbeiten mit Texten

M 8 Amphitheater in Trier

Der älteste noch erhaltene Bau der Römer in Trier wurde um 100 n. Chr. vermutlich anstelle eines Vorgängerbaus aus Holz errichtet, heutiger Zustand.

M 9 Lehnwörter in der deutschen Sprache

Der Historiker S. Lauffer schreibt zur Bedeutung römischer Lehnwörter in der deutschen Sprache:

Der starke Einfluss der römischen Kultur auf allen Gebieten lässt sich an der großen Zahl der so genannten Lehnwörter in der deutschen Sprache am besten nachweisen, zum Beispiel ‚Wein' von lateinisch vinum. Wort und Sache wurden als Kulturgut übernommen.
Man könnte lange Listen davon aufstellen, was die Germanen damals von den Römern gelernt und übernommen haben. So auf dem Gebiet der Landwirtschaft, des Gartenbaus und der Tierzucht, planta ‚Pflanze', Fructus ‚Frucht', pirum ‚Birne', cerasus ‚Kirsche', persicum ‚Pfirsich', mustum ‚Most', caulis ‚Kohl', rosa ‚Rose', lilium ‚Lilie', pavo ‚Pfau' usw. Ebenso auf dem Gebiet der Bautechnik und des Hauswesens; murus ergab ‚Mauer', tegula ‚Ziegel', fenestra ‚Fenster', postis ‚Pfosten', calx ‚Kalk', cellarium ‚Keller', coquina ‚Küche', discus ‚Tisch', speculum ‚Spiegel', scutella ‚Schüssel', patina ‚Pfanne', simila ‚Semmel' usw. Ferner die Wörter des Handels und Verkehrswesens, caupo ‚Kaufmann', mercatus ‚Markt', moneta ‚Münze', pondo ‚Pfund', census ‚Zins', scribere ‚schreiben', tincta ‚Tinte', strata ‚Straße', milia ‚Meile', paraveredus ‚Pferd' usw. Die Römer waren die Lehrmeister der Organisation und der Zivilisation.

S. Lauffer, Kurze Geschichte der antiken Welt, München 1971, S. 210.

M 10 Lehnwörter in der englischen Sprache

Zur Bedeutung römischer Lehnwörter im Englischen schreibt der Anglist E. Leisi:

Die Geschichte des englischen Wortschatzes ist gekennzeichnet durch einen unablässigen Zustrom von fremden Wörtern aus den verschiedensten Quellen. Der ursprüngliche Grundstock der einheimischen, (west-)germanischen Wörter erfuhr schon sehr früh einen Zuwachs durch ein lateinisch-griechisches Element, zuerst durch die kulturelle Berührung mit den Römern, dann durch die christliche Kirche: Diese Wörter gehören heute zu den täglich gebrauchten und lassen ihre fremde Herkunft kaum mehr erkennen; sie sind zum großen Teil vor der Zerstreuung der germanischen Stämme ins Germanische eingegangen und deshalb auch in den meisten anderen germanischen Sprachen vertreten. Hierzu gehören: dish aus discus, cheese aus caseus, mill aus molina, mint aus moneta, pound aus pondo, inch aus uncia, cook aus coquus [...].

Leisi, Das heutige Englisch, Heidelberg 1965, S. 46

Aufgaben

1. Erkläre das römische Heizungssystem. → M2
2. a) Beschreibe den Aufbau einer Römerstraße.
   b) Erkläre anhand der Rekonstruktionszeichnung, wie eine Römerstraße vermutlich gebaut wurde. → M4, M5, M6
3. Vergleiche die Reliefdarstellung des römischen Reisewagens mit dem Modell. → M7
4. a) Welche Bereiche des Lebens betreffen die lateinischen Lehnwörter im Deutschen und Englischen?
   b) Informiere dich mithilfe eines etymologischen Wörterbuchs über weitere lateinische Lehnwörter.
   → M9, M10

M 1 Mann von Tollund
Moorleiche aus Dänemark

M 2 Opfergaben für die Götter
Funde aus Niedersachsen, aus der Zeit um 350 n. Chr.

Römer und Germanen

Unser heutiges Bild von den Germanen

Da die germanischen Stämme selbst keine schriftlichen Aufzeichnungen hinterließen, sind es römische Quellen, die das Germanenbild bis auf den heutigen Tag prägen. Die Vorstellungen der Römer in der damaligen Zeit fasste Publius Cornelius Tacitus (um 55 bis etwa 115 n. Chr.) in seinem Werk „Germania" zusammen. Vielfältige Ausgrabungsarbeiten haben unser Bild aber zum Teil verändert.

Wichtige Informationen über das Aussehen unserer Vorfahren lieferten auch Funde so genannter Moorleichen. Vermutlich wurden diese Menschen den Göttern geopfert und dann im Moor versenkt. Der Sinn solcher Opfer ist jedoch unklar. Vielleicht ging es um die Beseitigung von Missetätern; vielleicht wollte man auch die Götter versöhnen.

Über die Religion der Germanen wissen wir insgesamt wenig. Sie verehrten ihre Götter unter freiem Himmel an heiligen Plätzen, meist an Seen, Mooren oder Flüssen. Priester und Priesterinnen baten mithilfe von Feuer und Zaubergegenständen um Schutz und Heilung. Sie sagten auch die Zukunft voraus, indem sie den Vogelflug oder das Verhalten der heiligen Pferde deuteten.

Die Germanen waren Ackerbauern und Viehzüchter. Sie lebten abgeschieden auf ihren Höfen und in kleinen Dörfern. Die gesamte Familie bewirtschaftete den Hof. Die germanischen Frauen versorgten das Vieh und legten Vorräte für den Winter an. Pilze, Beeren und andere Früchte mussten getrocknet werden. Auf einem Mahlstein zerrieben sie das geerntete Getreide zu Mehl und backten Brot daraus. Die Frauen kümmerten sich auch um die Kleidung der Familie. Sie

M 3 Tracht der Germanen
Rekonstruktionszeichnung nach Funden im Moor

sponnen Wolle und webten daraus Stoffe. Aus Leder fertigten sie Schuhe an. Sie formten aus weichem Lehm Töpfe und Schüsseln.

Die Gesellschaft der Germanen gründete auf der Vorherrschaft des Mannes. Der Vater war das Oberhaupt seiner Familie und konnte über alle Familienmitglieder entscheiden. Die Meinung der Frauen wurde aber gehört und war oft wichtig für Entscheidungen, da sie über medizinische und religiöse Kenntnisse verfügten.

Die Römer begegnen den Germanen

Lange Zeit waren die Römer nicht an ihren nördlichen Nachbarn interessiert. Sie unterwarfen zunächst andere Mächte und Regionen im Mittelmeerraum und sicherten dort ihre Herrschaft.

Der Antrieb zu weiteren Eroberungen entstand neben wirtschaftlichen und militärischen Gründen für die römischen Herrscher auch aus der jeweiligen innenpolitischen Situation heraus. Sie brauchten viel Geld, um als öffentliche Wohltäter zu gelten und so ihre Herrschaft zu sichern. Auch Caesar festigte seine Macht nach seiner Wahl zum Konsul durch mehrere Feldzüge in Gallien. In der Zeit zwischen 58 und 51 v. Chr. dehnte er die römische Herrschaft bis an den Rhein aus. Das römische Heer kämpfte dabei auch gegen germanischen Krieger unter dem Sueben-Fürsten Ariovist, der kurz zuvor nach Gallien eingedrungen war und den Caesar 58 v. Chr. bei Mühlhausen besiegte.

Der Stamm der Sueben war, wie viele andere germanische Stämme, ursprünglich in Nordeuropa beheimatet. Wahrscheinlich aufgrund von Versorgungsschwierigkeiten drangen sie im 1. Jahrhundert v. Chr. nach Süden vor und kämpften auf der Suche nach Siedlungsgebieten mit den ortsansässigen Slawen und Kelten, aber auch untereinander. Die keltischen Gallier gaben den Sueben den Namen „Germanen“, den die Römer übernahmen und für alle Völker rechts des Rheins verwendeten. Die Germanen selbst sahen sich nicht als gemeinsame Volksgruppe, obwohl sie eine ähnliche Sprache hatten, sondern als Angehörige ihres jeweiligen Stammes. Erst im Kampf gegen die Römer fanden sie sich zeitweilig in Bündnissen zusammen.

M 4 **Germanisches Schwert**
Originalfund

Kämpfe zwischen Römern und Germanen

Unter der Herrschaft des Kaisers Augustus besiegte der Feldherr Drusus mehrere Germanenstämme und überschritt mit seinen Soldaten 9 v. Chr. erstmals die Weser. Weder ihm noch seinem Nachfolger gelang es aber, die germanischen Stämme im Nordwesten endgültig zu unterwerfen.

Unter dem Kommando des Tiberius besiegten römische Soldaten in zwei Feldzügen (8–6 v. Chr., 4–6 n. Chr.) die Langobarden. Sie bauten Straßen, sicherten die eroberten Gebiete mit Legionslagern und begannen, eine Provinzverwaltung einzurichten.

Teile des Stammes der Cherusker, unter ihnen auch der Fürstensohn Arminius, kämpften auf der Seite der Römer gegen andere Germanenstämme. Im Jahre 9 n. Chr. wendete er sich aber plötzlich gegen die Römer. Über die Gründe kann man nur Vermutungen anstellen: Wahrscheinlich hatte Arminius zunächst nur eine Revolte der germanischen Hilfstruppen geplant, um höheren Sold durchzusetzen. Seinem Kommando schlossen sich viele verschiedene Germanenstämme an.

M 5

M 6 Wachturm am Limes
Leitern, die sich bei einem Angriff einholen ließen, führten im Innern zur Turmplattform, Rekonstruktion bei Rheinbrohl am Limes.

In der Nähe des heutigen Kalkriese kam es 9 n. Chr. zur Schlacht gegen etwa 30 000 römischen Legionäre unter dem Feldherrn Varus. Die Römer wurden vernichtend geschlagen. Sowohl der genaue Ort der Schlacht als auch ihr Verlauf und ihre Bedeutung gab jahrhundertlang Stoff für geschichtswissenschaftliche Debatten. Arminius wurde oft „Hermann der Cherusker“ genannt und zum Ahnherren einer germanischen Einigung gemacht.

Nach der Niederlage verzichteten die Römer zunächst auf weitere Eroberungszüge. Es kam aber noch zu etlichen Auseinandersetzungen. Letztlich setzte sich aber der Rhein als Grenze zwischen dem römischen und dem freien Germanien durch. Zur Sicherung dieser Grenze erbauten römische Soldaten den Limes, einen bewaffneten Grenzzaun, und errichteten zahlreiche Militärlager.

Handel am Limes

Am Limes entwickelte sich ein lebhafter Tauschhandel zwischen Römern und Germanen. Die Römer schätzten Honig, Wachs, Felle und blonde Frauenhaare, aus denen sie Perücken herstellten. Die Germanen tauschten römischen Schmuck, Töpfe, Glasbecher und Silbergeschirr ein. Friedliche Germanen durften ohne Waffen in das Römische Reich einreisen.

Seit dem 3. Jahrhundert drangen germanische Stämme immer wieder auf römisches Gebiet vor. Es begann die so genannte Völkerwanderung, die zum Untergang des Römischen Reiches führte.

Die Germanen – Analyse und Vergleich verschiedener Materialien

M 7 Die Lebensweise der Germanen

Der römische Geschichtsschreiber Tacitus (55 bis 115 n. Chr.) schreibt in seinem berühmten Werk über die Germanen:

Dass von den Völkern der Germanen keine Städte bewohnt werden, ist zur Genüge bekannt, auch dass sie nicht untereinander verbundene Wohnsitze ertragen. Sie wohnen getrennt und in verschiedenen Richtungen auseinander, wie ein Quell, wie ein Feld, wie ein Wäldchen Gefallen erregte. Dörfer bauten sie nicht nach unserer Art mit verbundenen und zusammenhängenden Gebäuden: Jeder umgibt sein Haus mit einem freiem Raum. […] Auch Bruchsteine oder Ziegel sind bei ihnen nicht im Gebrauch: Holz verwenden sie zu allem […].
Manche Stellen bestreichen sie sorgfältiger mit einer so reinen und glänzenden Erde, dass sie ein Gemälde und Linienwerk von Farben nachahmt.

Tacitus, Germania, 16, in: Tacitus, Agricola, Germania, Dialogus de Oratoribus, übers. und erl. von Karl Büchner, Wiesbaden 2000, S. 159.

M 8 Der Thing

Über die Versammlung der Germanen, das so genannte Thing, schreibt Tacitus:

Über kleinere Dinge gehen die Fürsten zu Rat, über größere alle, so jedoch, dass auch das, worüber die Entscheidung beim Volke liegt, bei den Fürsten vorausbehandelt wird. Sie kommen zusammen, wenn nicht etwas Unvorhergesehenes und Plötzliches eintritt, an bestimmten Tagen, wenn der Mond beginnt oder voll wird; denn zum Handeln halten sie dies für den verheißungsvollsten Beginn. […]
Wie es der Masse gefällt, so setzen sie sich hin, in Waffen. Schweigen wird durch Priester geboten, die dann auch das Recht haben, zur Ordnung anzuhalten. Darauf wird der König oder der Fürst je nach dem Alter, dem Adel, dem Kriegsruhm und der Beredsamkeit angehört, mehr aufgrund der erprobten Fähigkeit zu raten als der Macht, zu befehlen. Wenn die Meinung Missfallen erregt hat, lehnen sie sie mit Gebrüll ab; hat sie aber gefallen, schlagen sie die Framen zusammen: mit den Waffen zu loben ist die ehrenvollste Art der Zustimmung.
Man kann beim Thing auch Klage führen […]. Die Strafen sind unterschieden nach dem Vergehen. Verräter und Überläufer hängen sie an den Bäumen auf, Feiglinge, im Krieg Versagende und körperlich Geschändete versenken sie, indem sie ein Geflecht darüber werfen, in Morast und Sumpf […]. Aber auch für kleinere Vergehen gibt es nach ihrem Maß Strafe: mit einer Anzahl Rosse oder Vieh müssen die Überführten büßen. Ein Teil der Buße wird an den König oder Stamm, ein Teil dem, der gerächt wird, selber oder seinen Verwandten gezahlt.

Tacitus, Germania, 11, 12, in: Tacitus, Agricola, Germania, Dialogus de Oratoribus, Wiesbaden 2000, S. 155–156.

M 9 Germanisches Dorf, Rekonstruktionszeichnung

M 10 **„Römertage" in Kalkriese**
Foto, August 2003.

M 11 **Schlacht bei Kalkriese**

a) Der Historiker Joachim Harnecker fasst die Ergebnisse der archäologischen Forschungen und des Quellenstudiums zusammen:

Die Germanen lockten Varus in ein unwegsames Gebiet, das in den Schriftquellen „saltus teutoburgiensis" [Teutoburger Wald] genannt wird und das den Römern offenbar unbekannt war. [...] In einer für das römische Militär ungünstigen topografischen Situation mussten die Soldaten nicht nur gegen die germanischen Krieger, sondern auch gegen abtrünnige germanische Hilfstruppen im eigenen Heer kämpfen. Zudem soll das Wetter sehr schlecht gewesen sein. Im Verlauf einer sich über mehrere Tage hinziehenden Schlacht verschanzten sich die Römer in der ersten Nacht noch in einem Lager, in der zweiten Nacht gelang dies nur noch ansatzweise. Endlich wurde das römische Heer weitgehend aufgerieben, nur wenigen gelang die Flucht, einige gerieten in Gefangenschaft. Varus stürzte sich angesichts der ausweglosen Situation in sein Schwert. Die Germanen töteten auf – aus römischer Sicht – äußerst barbarische Weise die gefangenen Offiziere, dem Varus schnitten sie den Kopf ab. Diesen schickte Arminius an den Markomannenkönig Marbod, um ihn in die antirömische Koalition zu ziehen. Da die Markomannen nach längeren Auseinandersetzungen mit den Römern mittlerweile um einen Ausgleich bemüht waren, schickten sie das Haupt weiter nach Rom, wo es bestattet wurde. Kaiser Augustus soll äußerst verzweifelt über die Niederlage gewesen sein. Die Nummern der untergegangenen Legionen, 17-18-19, wurden nie wieder vergeben.

Joachim Harnecker, Arminius, Varus und das Schlachtfeld von Kalkriese, Osnabrück 2002, S. 20 f.

b) Die Varusschlacht wurde von mehreren römischen Autoren beschrieben, die allerdings keine Augenzeugen waren. Velleius Paterculus, der Germanien als Offizier von jahrelangen Feldzügen kannte, berichtete um 30 n. Chr. in seiner „Römischen Geschichte":

Die tapferste Armee von allen, führend unter den römischen Truppen, was Disziplin, Tapferkeit und Kriegserfahrung angeht, wurde durch die Indolenz [hier: Gleichgültigkeit] des Führers [Varus], die betrügerische List des Feindes und die Ungunst des Schicksals in einer Falle gefangen. Weder zum Kämpfen noch zum Ausbrechen bot sich ihnen, so sehnlich sie es auch wünschten, ungehindert Gelegenheit [...]. Eingeschlossen in Wälder und Sümpfe, in einen feindlichen Hinterhalt, wurden sie Mann für Mann abgeschlachtet [...]. Der Führer hatte mehr Mut zum Sterben als zum Kämpfen. Nach dem Beispiel seines Vaters und Großvaters durchbohrte Varus sich selbst mit dem Schwert [...]. Den [...] Leichnam des Varus rissen die Feinde in ihrer Rohheit in Stücke. Sie trennten sein Haupt ab und sandten es zu Marbod [Herrscher des germanischen Stammes der Markomannen]. Dieser wieder schickte es zu Caesar Augustus, der ihm trotz allem die Ehre eines Familienbegräbnisses gewährte.

Velleius Paterculus, Historia Romana, übers. u. hrsg. von Marion Giebel, Stuttgart 1989, S. 251 ff.

M 12 Auf den Trümmern der Legionen

Zur Bedeutung der Schlacht schreibt der Historiker Rainer Wieges Folgendes:

Ohne die Varusschlacht, so malte sich mancher aus, wären die germanischen Siedlungsgebiete mindestens bis zur Elbe unterworfen worden und unsere Vorfahren romanisiert worden, wir würden heute nicht Deutsch, sondern eine Art Französisch sprechen, etc. Moderne Altertumswissenschaftler korrigieren das Bild: „Man neigte früher dazu, Zäsuren [Einschnitte] an knalligen Ereignissen festzumachen", sagt R. Wiegels von der Universität Osnabrück. „Doch die Varusschlacht war nur der Beginn einer Zäsur. In den frühen römischen Quellen wird die Schlacht nicht so dramatisch beurteilt. Die Zeitgenossen erregte wohl vor allem der Verlust der Legionsadler, also der wichtigsten römischen Feldzeichen." In den Jahren 14 bis 16 überzog der Feldherr Germanicus die Gebiete der Arminius-Koalition mit einem Rachefeldzug. Dabei suchte er nach dem Bericht des Tacitus auch den Schauplatz der Schlacht auf und bestattete die Gebeine der Gefallenen. Außerdem gelang es ihm, zwei der drei verlorenen Legionsadler wiederzuholen. Doch die Expedition kostete noch einmal so vielen Legionären das Leben, wie unter Varus umgekommen waren und hatte Arminius nicht ausgeschaltet. So ist nach dem Triumphzug des Germanicus Schluss.

Auf den Trümmern der Legionen, in: Frankfurter Allgemeine Sonntagszeitung v. 1.2.2004, S. 60.

M 13 Hermannsdenkmal

Das Hermannsdenkmal bei Detmold am Ort der damals vermuteten Schlacht wurde nach 56 Jahren Bauzeit 1875 im Beisein von Kaiser Wilhelm I. eingeweiht. Über ein Jahrhundert lang besichtigten Schulklassen dieses Denkmal als Ort der Schlacht, bis 1998 nachgwiesen wurde, dass sie in der Nähe des heutigen Kalkriese stattgefunden hat.

Aufgaben

1. a) Welche Regionen der heutigen Bundesrepublik lagen auf römischen, welche auf germanischen Gebiet?
   b) Welche Handelswaren hatten die Germanen?
   → Text, M5
2. a) Vergleiche die Religion der Germanen mit der der Römer.
   b) Welche Elemente der germanischen Religion kommen dir fremd vor? → Text, M1, M2
3. a) Fasse zusammen, was Tacitus über die Lebensweise der Germanen geschrieben hat.
   b) Vergleiche die Darstellung von Tacitus mit der Rekonstruktionszeichnung des germanischen Dorfes. Nenne Gemeinsamkeiten und Unterschiede. → M7, M9
4. a) Erkläre, wie bei den Germanen Entscheidungen getroffen wurden?
   b) Vergleiche das mit der Entscheidungsfindung- bei den Römern.
   → M8, Kapitel: Imperium Romanum
5. a) Vergleiche die beiden Texte über die Schlacht bei Kalkriese. Benenne Gemeinsamkeiten und Unterschiede.
   b) Zeige anhand von Textstellen, dass der römische Bericht einseitig ist. → M11
6. a) Welche Bedeutung wurde der Varus-Schlacht früher zugesprochen?
   b) Erkläre, weshalb ein so großes Denkmal für „Hermann den Cherusker" errichtet wurde.
   → M12, M13

Köln - Colonia Claudia Ara Aggrippinensium

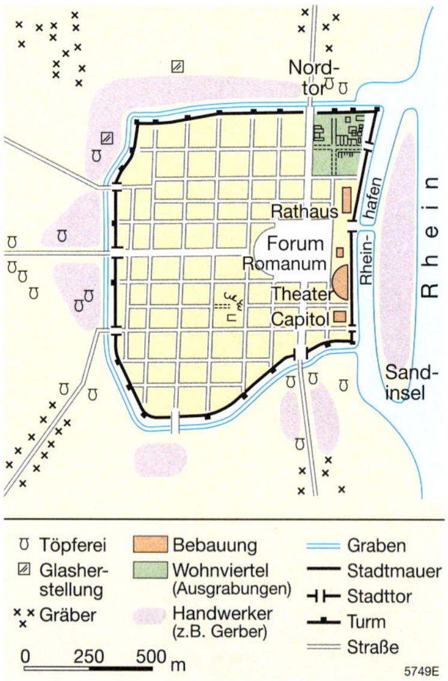

M 1

Die Ursprünge Kölns gehen auf das Jahr 38 v. Chr. zurück. Agrippa, der Freund des Augustus, bot damals dem unterworfenen Stamm der Ubier an, eine Siedlung am linken Rheinufer zu bauen. Er wollte das eroberte Land militärisch sichern und wirtschaftlich erschließen. Eine vorgelagerte Insel bot einem Hafen Platz, die Rheintalstraße sorgte zudem für guten Anschluss an das Reich.

Bevor kaiserliche Landvermesser das Siedlungsgelände abstecken durften, prüften Priester einem alten Brauch entsprechend die Leber eines Hasen und Fasans. Waren die Organe der Tiere gesund, dann konnten auch Menschen ohne Gefahr für ihre Gesundheit an diesem Ort leben.

50 n. Chr. erhielt die „Colonia Claudia Ara Aggrippinensium" das Stadtrecht. Die Römer legten Köln nach dem Vorbild römischer Städte an: mit rechtwinkligen, breiten Straßen, einer Stadtmauer, unterirdischer Wasserversorgung und mehrstöckigen Steinhäusern. Etwa 15 000 Menschen, Römer und Germanen aus dem Stamm der Ubier, lebten hier friedlich zusammen. Die germanischen Handwerker übernahmen die Methoden der römischen Handwerkskunst und passten sich dem römischen Geschmack an. Dabei entwickelten sie ihren eigenen Stil. Kölner Gebrauchswaren und Luxusgüter aus Ton, Glas, Metall und Leder waren berühmt.

Viele Zeugnisse aus der Römerzeit sind noch heute in Köln erhalten. Die heutige Haupteinkaufsstraße folgt zum Beispiel dem Lauf der römischen Hauptstraße.

Außerhalb der Stadt gab es eine Stadt für die Toten. Je nach Reichtum ließen sich die Hinterbliebenen bei einem Steinmetz mehr oder weniger aufwändig verzierte Grabsteine anfertigen. Aus den Darstellungen lassen sich Schlüsse auf das Alltagsleben im römischen Germanien ziehen. Auch in anderen ehemals römischen Städten in Deutschland gibt es heute noch viele Überreste zu besichtigen.

M 2

① Tempelberg
② Forum Romanum (Marktplatz)
③ Thermen (Badehäuser)
④ Rathaus und Gericht
⑤ Getreidespeicher
⑥ Nordtor
⑦ Lagerhallen
⑧ Aqädukt (Wasserleitung aus der Eifel)
⑨ Stadtmauer
⑩ Ausfallstraßen
⑪ Werkstätten

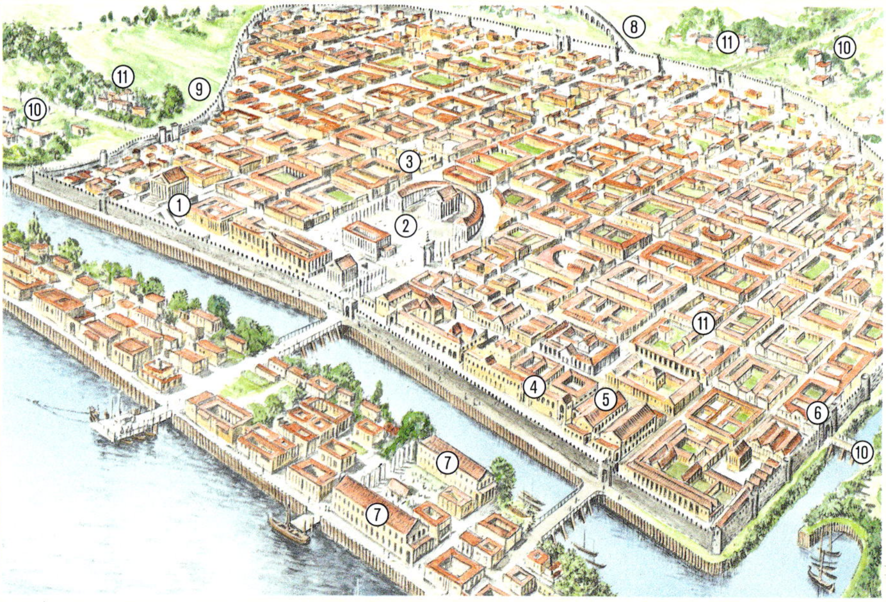

M 3 **Grabstein des Maternus**

Dargestellt sind die Wünsche des Maternus für das Leben nach dem Tode, 2. Jahrhundert n. Chr.
Die Inschrift lautet (ergänzt):
Dis Manibus Caius IVLius MATERNUS VETeranus EX LEGione I Minervia VIVuS SIBI ET MARIE MARCELLINAE COIIVGI DULCISSIME et CASTISSIME OBITAE Fecit

Übersetzung:
Den Totengöttern. Gaius Julius Maternus, Veteran der 1. Legion Minervia, stellte [diesen Stein auf] für sich zu Lebzeiten und für Maria Marcellina, seine liebe und treue Gattin.

M 4 **Torbogen**

Das Nordtor der ältesten römischen Stadtmauer besaß drei Durchgangsbögen und war etwa 30 m breit. Reste des mittleren Bogens sind heute im Römisch-Germanischen Museum in Köln ausgestellt.

Aufgaben

1. a) Beschreibe den Aufbau der römischen Stadt Köln.
   b) Vergleiche mit dem Aufbau einer heutigen Stadt.
   → M1, M 2
2. a) Beschreibe, was auf dem Grabstein im Einzelnen zu erkennen ist.
   b) Was erfährst du aus dem Grabstein über das römisch-germanische Alltagsleben?
   → M3
3. a) Erkläre die Buchstabenabfolge CCAA auf dem Steinbogen.
   b) Warum war diese Inschrift auf dem Bogen des Nordtores angebracht?
4. a) Begründe, welcher der beiden Funde interessanter ist.
   b) Ist es deiner Meinung nach sinnvoll, solche Funde im Museum auszustellen?
   → M3, M4

Das Christentum wird Staatsreligion

Eine Weltreligion entsteht

Die in weiten Teilen der Welt übliche Jahreszählung geht aus von der Geburt Jesu Christi. Dementsprechend ergeben sich die Zeitangaben „vor Christus“ beziehungsweise „nach Christus“. Daran ist zu sehen, welch weitreichende Folgen die Ausbreitung des Christentums bis heute hat.

Als Jesus, während der Herrschaft des römischen Kaisers Augustus geboren, in Palästina predigte und Anhänger um sich scharte, wurde er im Römischen Reich nur wenig wahrgenommen. Auch seine Hinrichtung war in der damaligen Zeit kein außergewöhnliches Ereignis. In den folgenden dreihundert Jahren verbreitete sich das Christentum allerdings überall im Römischen Reich und verdrängte die Religion der Römer.

M 1 Eingeweideschau
Relief vom Trajansforum in Rom, Anfang 2. Jahrhundert n. Chr.

Die Religion der Römer

Die Römer vermuteten in den Naturerscheinungen das Wirken von Göttern. Ihnen wurde geopfert, um sie gnädig zu stimmen. Ihre Entschlüsse glaubte man im Vogelflug und in der Eingeweideschau entschlüsseln zu können. Dabei verbanden sich die Vorstellungen der Römer mit denen der Griechen, sodass römische und griechische Götterwelt viele Übereinstimmungen aufweisen: Jupiter ist mit Zeus vergleichbar, Juno mit Hera. Daneben gab es aber eine Vielzahl anderer Kulte, die die Römer von benachbarten Völkern oder aus den von ihnen eroberten Gebieten übernommen hatten. So verehrten viele Römer zeitweise die ägyptische Gottheit Isis. Besonders wichtig waren auch die Laren und Penaten. Diese Hausgötter, die in eigenen kleinen Altären zu Hause verehrt wurden, sollten die Familie beschützen. Schließlich wurde auch der Kaiser als gottähnliche Gestalt wahrgenommen.

Der christliche Glauben

Demgegenüber ist das Christentum eine monotheistische Religion. Die Glaubenslehre beruht auf der Bibel, der „Heiligen Schrift“ der Christen, die aus zwei Teilen besteht. Das Alte Testament beginnt mit der Erschaffung der Welt durch Gott, der so genannten Schöpfungsgeschichte. Adam und Eva, die ersten Menschen, lebten zuerst im Paradies. Als Eva, verführt vom Bösen in Gestalt einer Schlange, sich über das Verbot Gottes hinwegsetzte und Adam eine Frucht von einem bestimmten Baum zu essen gab, wurden sie aus dem Paradies vertrieben. Wegen dieses ersten „Sündenfalls“ gelten alle Menschen als Sünder und bedürfen der Erlösung durch Gott.

Das Neue Testament berichtet über das Leben von Jesus Christus. Der Weltuntergang wird in der Apokalypse des Johannes als Vision geschildert. Die Menschen erwartet das Jüngste Gericht, das darüber entscheidet, ob jemand in die Hölle kommt oder ins Paradies zurückkehrt. Entscheidend ist, ob der Gläubige gottgefällig gelebt und sich an die Zehn Gebote gehalten hat.

Für die Christen ist Jesus der Sohn Gottes, der stellvertretend die Sünden der Menschen auf sich nahm und sich kreuzigen ließ. Dadurch, dass er an Ostern wiederauferstanden ist, eröffnet sich auch den Menschen die Aussicht auf Erlösung und ein Leben nach dem Tod.

M 2 **Ein unterirdischer Friedhof**
Die Calixtus-Katakombe in Rom, heutiges Foto

Die Christen werden verfolgt

Paulus und andere Apostel reisten durch das Römische Reich und predigten den neuen christlichen Glauben. Enttäuschung über die alten Kulte, Faszination durch das Versprechen ewigen Lebens, Bekenntnis zu den Geboten der Nächstenliebe, kurz: vielfältige Motive konnten für den Übertritt zum Christentum entscheidend sein.

Zur Auseinandersetzung zwischen dem römischen Staat und den Christen kam es, weil diese die Verehrung des Kaisers als gottähnliches Wesen ablehnten. Viele Römer sahen darin eine Kampfansage an den Staat. So wurden Christen wegen ihres Glaubens verfolgt. Es kam zu Gerichtsverfahren, gewalttätigen Auseinandersetzungen und auch zu Hinrichtungen in der Arena.

Das Christentum wird Staatsreligion

Langfristig blieben die Unterdrückungsversuche jedoch wirkungslos. Die Zahl der Christen wurde immer größer und die Gemeinden verbreiteten sich im ganzen Römischen Reich. Zu Beginn des 4. Jahrhunderts n. Chr. wurde die Einstellung gegenüber den Christen großzügiger. In diesem Zusammenhang wird berichtet, dass Kaiser Konstantin im Jahre 312 n. Chr. vor einer Schlacht mit einem Rivalen an der Milvischen Brücke in Rom das Bild eines Kreuzes erschien. Ob dies ein Hinweis auf sein Bekenntnis zum Christentum ist, ist allerdings umstritten.

Danach – im Jahre 313 n. Chr. – sicherte Konstantin den Christen freie Religionsausübung zu. Diese so genannte Konstantinische Wende war für die weitere Entwicklung des Christentums von großer Bedeutung. Im Jahre 391 n. Chr. verbot Kaiser Theodosius I. alle heidnischen Kulte und machte damit das lang verfolgte Christentum zur Staatsreligion. Allerdings übernahm das Christentum auch Gebräuche aus den bisherigen Kulten, sodass vielen die Übernahme des neuen Glaubens erleichtert wurde. Das Weihnachtsfest, das an die Geburt von Christus erinnert, wurde zum Beispiel auf den Festtag des römischen Sonnengottes Sol gelegt.

M 3 **Ein Triumphbogen in Rom**
Der Konstantinsbogen aus dem Jahr 315 n. Chr. erinnert an den Sieg Konstantins über Maxentius an der Milvischen Brücke, heutiges Foto.

Die Christen im Römischen Reich – Eine historische Entwicklung nachvollziehen

M 4 Verfolgung der Christen

In einem Briefwechsel zwischen Plinius und Kaiser Trajan wird zu Beginn des 2. Jahrhunderts n. Chr. das richtige Vorgehen gegen die Christen erörtert:

a) Plinius an Kaiser Trajan:

Ich habe es mir zur Regel gemacht, Herr, alles, worüber ich im Zweifel bin, Dir vorzutragen. Wer könnte denn besser mein Zaudern lenken oder meine Unwissenheit belehren? [...] Vorerst habe ich bei denen, die bei mir als Christen angezeigt wurden, folgendes Verfahren angewandt. Ich habe sie gefragt, ob sie Christen seien. Wer gestand, den habe ich unter Androhung der Todesstrafe ein zweites und drittes Mal gefragt; blieb er dabei, ließ ich ihn abführen. Denn mochten sie vorbringen, was sie wollten – Eigensinn und unbeugsame Halsstarrigkeit glaubte ich auf jeden Fall bestrafen zu müssen. [...]

b) Trajan an Plinius

Mein Secundus! Bei der Untersuchung der Fälle derer, die bei Dir als Christen angezeigt worden sind, hast Du den rechten Weg eingeschlagen. [...] Nachspionieren soll man ihnen nicht; werden sie angezeigt oder überführt, sind sie zu bestrafen, so jedoch, dass, wer leugnet, Christ zu sein und das durch die Tat, das heißt: durch Anrufung unserer Götter beweist, wenn er auch für die Vergangenheit verdächtig bleibt, aufgrund seiner Reue Verzeihung erhält.

Anonym eingereichte Klageschriften dürfen bei keiner Straftat Berücksichtigung finden, denn das wäre ein schlimmes Beispiel und passt nicht in unsere Zeit.

Zit. nach: Horst Callies: Rom von der klassischen Republik bis zum Beginn der Völkerwanderung, Stuttgart 1981, S. 175f.

M 5 Eine kaiserliche Meinungsänderung

Im Jahr 311 n. Chr. erließ Kaiser Galerius folgende Bestimmungen im Umgang mit den Christen:

[...] Als schließlich ein Befehl von uns erging mit der Maßgabe, zu den Gesinnungen der Alten zurückzukehren, wurden viele einem Gerichtsverfahren unterworfen, viele auch verjagt. Und weil die meisten in ihrem Vorhaben starr blieben und wir sahen, dass sie weder den Göttern Verehrung und geschuldete Anbetung erwiesen noch den Gott der Christen verehrten, haben wir – indem wir den Blick auf unsere mildeste Güte richteten und auf unsere immerwährende Praxis, mit der wir gewöhnlich allen Menschen Verzeihung gewährten –, geglaubt, dass unsere willfähigste Güte auch auf diese auszudehnen sei, sodass sie wieder Christen sein und ihre Versammlungsstätten aufbauen können, freilich so, dass sie nichts gegen die öffentliche Ordnung tun.

Zit. nach: H. Brandt: Geschichte der römischen Kaiserzeit von Diokletian und Konstantin bis zum Ende der Konstantinischen Dynastie (284–363), Berlin 1998, S. 141.

M 6 Die Ereignisse an der Milvischen Brücke

Der christliche Schriftsteller Laktanz stellte in dem um 315 n. Chr. entstandenen Bericht die Schlacht zwischen Konstantin und seinem Rivalen Maxentius so dar:

Im Schlaf wurde Konstantin ermahnt, das himmlische Zeichen Gottes an den Schilden anzubringen und so die Schlacht zu beginnen. Er verhält sich weisungsgemäß und bezeichnet Christus auf den Schilden, indem er den Buchstaben X umlegte und die oberste Spitze umbog.

Mit diesem Zeichen gerüstet greift das Heer zu den Waffen. Der Feind rückt ohne den Befehlshaber entgegen und überschreitet die Brücke. Die Schlachtreihen treffen in gleicher Front aufeinander, mit höchstem Einsatz wird auf beiden Seiten gekämpft: „Nicht Flucht gilt hüben und drüben". In der Stadt kommt es zu einem Aufruhr, der Befehlshaber [Maxentius] wird als Schädiger des öffentlichen Wohls beschimpft. Als man seiner ansichtig wurde – er veranstaltete gerade Zirkusspiele wegen seines Geburtstages –, ruft plötzlich das Volk einmütig, Konstantin könne nicht besiegt werden. Durch diesen Ausruf erschreckt, stürzt Maxentius aus dem Zirkus und befiehlt einigen zusammengerufenen Senatoren, die Sibyllinischen [geheimen] Bücher zu befragen: Denen ist zu entnehmen, dass an jenem Tage ein Feind der Römer zugrunde gehen würde.

Durch diese Auskunft mit Siegeszuversicht erfüllt, rückt Maxentius vor und zieht in die Schlacht. In seinem Rücken wird die Brücke zerstört. Bei seinem Anblick wird die Schlacht heftiger, und Got-

tes Hand war über dem Schlachtfeld. Sein Heer wurde vom Schrecken ergriffen, er selbst flieht in Richtung der Brücke, die zerstört war, und wird unter dem Druck der fliehenden Massen in den Tiber gestürzt.
So war endlich der schreckliche Krieg beendet, als Konstantin unter großem Jubel des Senats und des römischen Volkes als Kaiser empfangen wurde.

Zit. nach: H. Brandt: Geschichte der römischen Kaiserzeit von Diokletian und Konstantin bis zum Ende der Konstantinischen Dynastie (284–363), Berlin 1998, S. 105 f.

M 8 Silbermedaillon Konstantins
aus dem Jahr 315 zeigt Konstantin.
Die Inschrift enthält folgende Elemente:
P für pius [fromm], CONSTANTINUS,
AUG für Augustus, F für Felix [glücklich],
IMP für Imperator [Kaiser]
Bildelemente sind:
Schild mit Romulus und Remus, ein kreuzförmiges Zepter, Helm mit dem griechischen Anfangsbuchstaben für Christus (☧).

M 7 Die Zweifel eines Historikers

Die Darstellung von Laktanz deutet der Historiker Hartwin Brandt so:

Das konstantinische Heer wird kaum mit dem (seinerzeit völlig ungebräuchlichen) Christogramm auf den Waffen und wohl auch noch nicht mit dem Labarum gegen Maxentius gezogen sein – die gewiss nicht mehrheitlich christlichen Soldaten hätten dies kaum akzeptiert und noch viel weniger verstanden. […] Vielmehr ist anzunehmen, dass der nachweislich dem Sonnengott Sol besonders nahestehende Konstantin – vielleicht „unter dem Eindruck einer Himmelserscheinung" – auf seinen Schilden ein mehrstrahliges Sonnensymbol als Feldzeichen eingeführt hat, das noch auf späteren Denkmälern abgebildet ist. […] Dieses Sonnenzeichen dürfte von Laktanz christlich umgedeutet worden sein.

Zit. nach: H. Brandt: Geschichte der römischen Kaiserzeit von Diokletian und Konstantin bis zum Ende der Konstantinischen Dynastie (284–363), Berlin 1998, S. 107 f.

M 9 Bronzemünze Konstantins
aus dem Jahr 319 zeigt oberhalb eines kreuzförmigen Musters den Sonnengott Sol.

Aufgaben

1. a) Fasse mit eigenen Worten die Entscheidung Trajans zusammen.
   b) Überlege, ob Kaiser Trajan ein Befürworter oder ein Gegner der Christenverfolgung war.
   → M4
2. a) Welche Einstellung hatte Galerius gegenüber den Christen?
   b) Erläutere, warum Galerius auf eine Verfolgung der Christen verzichtet hat.
   c) Informiere dich, was „Toleranz" bedeutet. Kann man diesen Begriff auf Galerius beziehungsweise Konstantin anwenden?
   → Text, M4, M5
3. a) Aus welchen Gründen zweifelt der Historiker Hartwin Brandt den Bericht von Laktanz an?
   b) Überzeugt dich die Argumentation von Hartwin Brandt? Beziehe dabei auch die Münzen mit ein.
   → M6, M7, M8, M9
4. Welche Elemente auf den Münzen deuten darauf hin, dass Konstantin sich zum Christentum bekannte? Achte auf die Entstehungszeit.
   → M8, M9

An der Stelle des späteren Rom steht ein Bauerndorf, in dem die Etrusker leben

Nach der Sage Gründung Roms

In Rom regiert ein König ———>>>

In Rom regieren die von den Bürgern gewählten Beamten und der Senat (Republik) ———>>>

1 000 | 900 | 800 | 700 | 600 | 500 | 400 | 30

Zusammenfassung

Der Aufstieg der Stadt Rom begann vor über zweitausend Jahren. Zuerst brachten die Römer die übrigen Stämme und Städte Italiens teils friedlich, aber öfter durch Gewalt dazu, ihre Vormachtstellung anzuerkennen. In vielen Kriegen unterwarfen sie bis etwa 100 n. Chr. Süd- und Westeuropa, Nordafrika und die westlichen Teile Asiens.

Rom erlebte viele Krisen, überstand diese aber erfolgreich. In der Zeit der späten Republik führten äußere Bedrohungen und wachsende soziale Ungleichheit im Staat zu großen Problemen. Der Einfluss von Einzelpersonen, die sich oft auf ein Heer stützen konnten, wuchs. Caesar ist dafür ein Beispiel.

Unter Augustus ging die Macht im Staat in die Hände des Kaisers über, wenn auch äußerlich die alten Institutionen der Republik weiter existierten. Bis zum Ende des Reiches wurde das Römische Imperium von Kaisern regiert, die den Göttern gleichgesetzt und denen Tempel errichtet wurden. Rom konnte seine Vormachtstellung unter den Nachfolgern des Augustus etwa zwei Jahrhunderte lang behaupten.

Mit dem Christentum entstand ein neuer Glaube, der die römischen Götter verdrängte. Ende des 4. Jahrhunderts n. Chr. wurde das Christentum zur Staatsreligion und setzte sich allmählich in ganz Europa durch.

Während der Zeit ihrer Herrschaft verbreiteten die Römer ihre Kultur und Zivilisation vom Norden Englands bis nach Nordafrika, vom Schwarzen Meer bis nach Portugal. Die von ihnen begründeten kulturellen Traditionen bilden die Grundlage der Kultur großer Teile des heutigen Europa.

nische Kriege

Zeitalter des Augustus

Übergang von der Republik zur Monarchie

Die Römer errichten eine Grenzmauer zum freien Germanien

391 Christentum wird Staatsreligion

200 | 100 | Chr. Geburt | 100 | 200 | 300 | 400 | 500

Daten

753 v. Chr.:
sagenhafte Gründung Roms

44 v. Chr.: Ermordung Caesars

31 v. Chr. bis 14 n. Chr.:
Herrschaft des Octavian/Augustus

Begriffe

Imperium, Provinz, familia, Patriarchat, Klientel, Ständekämpfe, Patrizier, Plebejer, Proletariat, Republik, Konsul, Senat, Prinzipat, Romanisierung, Limes, Christianisierung, Reichsteilung

Personen

Caesar
Augustus

Tipps zum Thema: Die römische Antike

Filmtipp

Pompeji. Der letzte Tag, 60 min, Großbritannien 2005

Spätantike: Konstantin der Große, DVD-Video, 30 min, Deutschland 2007

Römer und Germanen – Konfrontation und Integration, Deutschland 2005

Lesetipp

Hans Baumann und Ulrik Schramm: Ich zog mit Hannibal, München 2004

Hans Dieter Stöver: Quintus geht nach Rom, München 2004

Eilis Dillon: Im Schatten des Vesuvs, München 2004

Museen

Römisch-Germanisches Museum, Köln

Museum und Park Kalkriese

Staatliche Museen zu Berlin: Antikensammlung

Archäologischer Park Xanten

Kommentierte Links: www.westermann.de/geschichte-linkliste

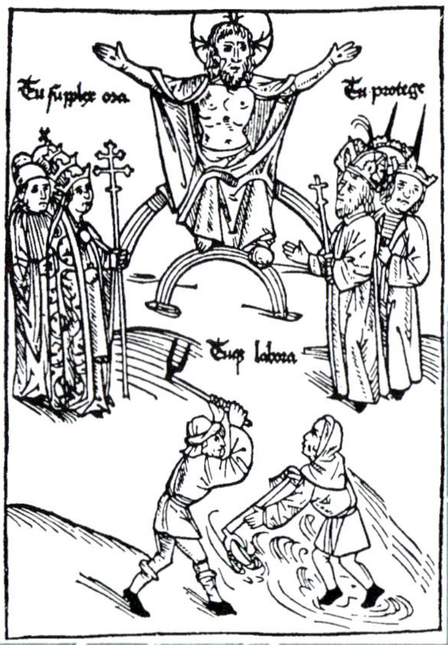

Ständebild, 1492

Bilder von Bauern, 818 n. Chr.

Aus dem Sachsenspiegel, 13. Jh.

Tod des Bonifatius, Buchmalerei um 1000 n. Chr.

Jubiläumsbriefmarke „Dom zu Aachen 1200 Jahre“

Französisches Jugendbuch

Das Frankenreich entsteht

Die Dreiteilung der Mittelmeerwelt

Weit über tausend Jahre existierte das Römische Reich. Aus einer kleinen unbedeutenden Ansiedlung in Italien war ein riesiges Reich entstanden. Dieses zerfiel um 500 n. Chr. und es entwickelten sich nach und nach drei neue große Herrschaftsbereiche auf dem Gebiet des ehemaligen Imperium Romanum:

- Der östliche Teil des Römischen Reiches mit der Hauptstadt Konstantinopel blieb als Byzantinisches Reich bestehen. An der Spitze stand der oströmische Kaiser, der sich zum Christentum bekannte.
- Im südlichen Teil entstanden große Herrschaften, die von muslimischen Herrschern regiert wurden.
- Im westlichen Teil bildete sich nach und nach das Frankenreich als entscheidende Macht heraus, dessen Herrscher Christen wurden. Sie beanspruchten, das Erbe des Römischen Reiches fortzuführen.

Die Völkerwanderung

Im Jahr 476 n. Chr. wurde der letzte weströmische Kaiser Romulus Augustulus durch den germanischen Heerführer Odoaker abgesetzt. Dies war der Endpunkt einer längeren Entwicklung. In den vergangenen Jahrhunderten waren nämlich immer wieder germanische Stämme ins Römerreich eingedrungen. Diese Wanderungsbewegungen, die vor allem zwischen 380 und 570 nachweisbar sind, werden als Völkerwanderung bezeichnet. Sie bestand aus einer Vielzahl einzelner Wanderungen. Die Heerhaufen, gefolgt von Frauen und Kindern mit Pferd und Wagen, schlossen sich manchmal zusammen oder trennten sich wieder. Bei den Germanen handelte es sich um unterschiedlich große Volksgruppen von vielleicht einigen Tausend Personen, an deren Spitzen Könige standen.

Als Auslöser für diese Wanderungsbewegung gilt das Vordringen der Hunnen. Dieses Reitervolk kam aus Asien, drang seit 375 n. Chr. aus dem Osten bis nach Europa vor und vertrieb viele germanische Stämme aus ihren Gebieten. Aber auch Veränderungen des Klimas, Bevölkerungszunahme, Vertreibung durch andere Stämme sowie Abenteuerlust waren wichtige Gründe.

M 1 „Chlodwig oder die Entstehung Frankreichs"
Das Titelblatt eines französischen Jugendbuches von 1995

Das Frankenreich

Auf dem Gebiet des römischen Gallien entstand im 5. und 6. Jahrhundert n. Chr. ein neues großes Reich: das Frankenreich. Die Grundlagen dafür legte Chlodwig, der von 482 bis 511 n. Chr. herrschte. Er stammte aus dem Geschlecht der Merowinger, die sich nach ihrem Stammvater Merowech benannten. Innerhalb von etwa 50 Jahren konnten Chlodwig und seine Söhne durch Feldzüge und durch Verhandlungen ihr bisheriges Gebiet um ein Vielfaches vergrößern.

Chlodwigs Macht beruhte auf seinem Grundbesitz, den er sich im Zuge der Eroberungen erwarb und den seine Untergebenen bewirtschafteten. Diese unterstanden seiner Schutzherrschaft. Da er das inzwischen angewachsene Frankenreich nicht mehr allein regieren konnte, war er auf Berater und Gefolgsleute angewiesen, die seine Herrschaft anerkannten und ihn unterstützten.

M 2 Ein merowingischer König
Das Siegel zeigt einen Herrscher mit langen Haaren – dem Zeichen für das Königsheil. An der Verwendung von Siegeln kann man zugleich erkennen, dass die Schriftlichkeit bei der Verwaltung des Reiches immer wichtiger wurde.

Die Ausbildung einer solchen Adelsschicht geschah im Frankenreich vor allem dadurch, dass die fränkische Oberschicht und die ehemalige römische Oberschicht sich miteinander vermischten. Chlodwigs Vater Childerich etwa stand sogar in römischen Militärdiensten. Die neuen Herrscher wurden immer weniger als Fremde angesehen. Dieser enge Kontakt mit den Römern führte auch dazu, dass die Franken sich an der römischen Verwaltung orientierten und die Schriftlichkeit beim Regieren eine größere Bedeutung bekam. Chlodwig befahl nach römischem Vorbild, das Recht der Franken auf Latein in einem Rechtsbuch niederzuschreiben.

Eine gemeinsame Religion

Wichtig für die Reichsbildung der Franken war, dass sich Chlodwig unter dem Einfluss seiner Frau taufen ließ. Seinem Beispiel folgten viele seiner Gefolgsleute und Schutzbefohlenen. So konnte sich das Christentum im Frankenreich immer stärker verbreiten. Die römischen Bewohner der ehemaligen Provinz Gallien und die Mitglieder der fränkischen Stämme glichen sich auf diese Weise immer mehr an. Die Menschen, die im Frankenreich lebten, scheinen sich nach und nach auch wegen der gemeinsamen Religion als ein Volk gefühlt zu haben. Der König, der an der Spitze stand, wurde auch nicht König des Frankenreiches, sondern „König der Franken“ – „rex francorum“ – genannt. Das heutige Frankreich sieht sich in der Tradition der damaligen Reichsgründung durch Chlodwig.

M 3

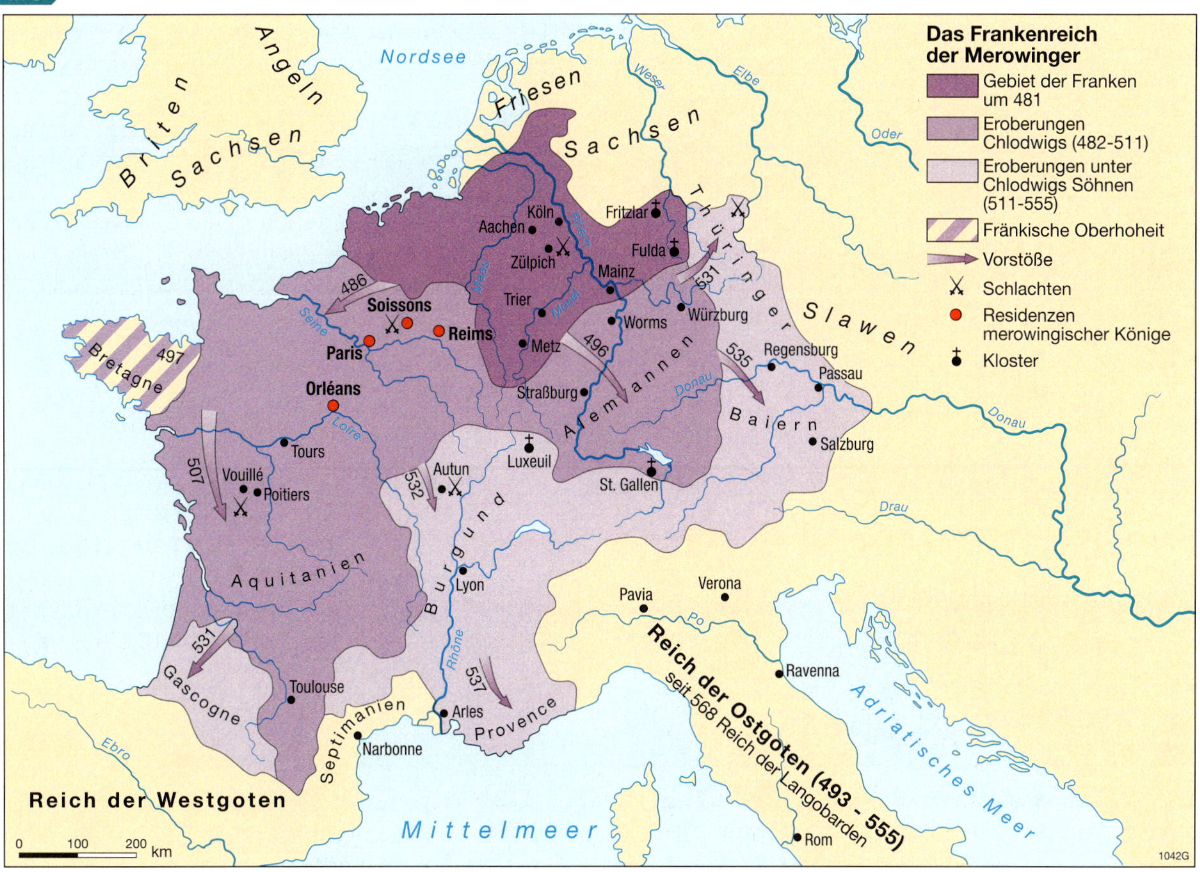

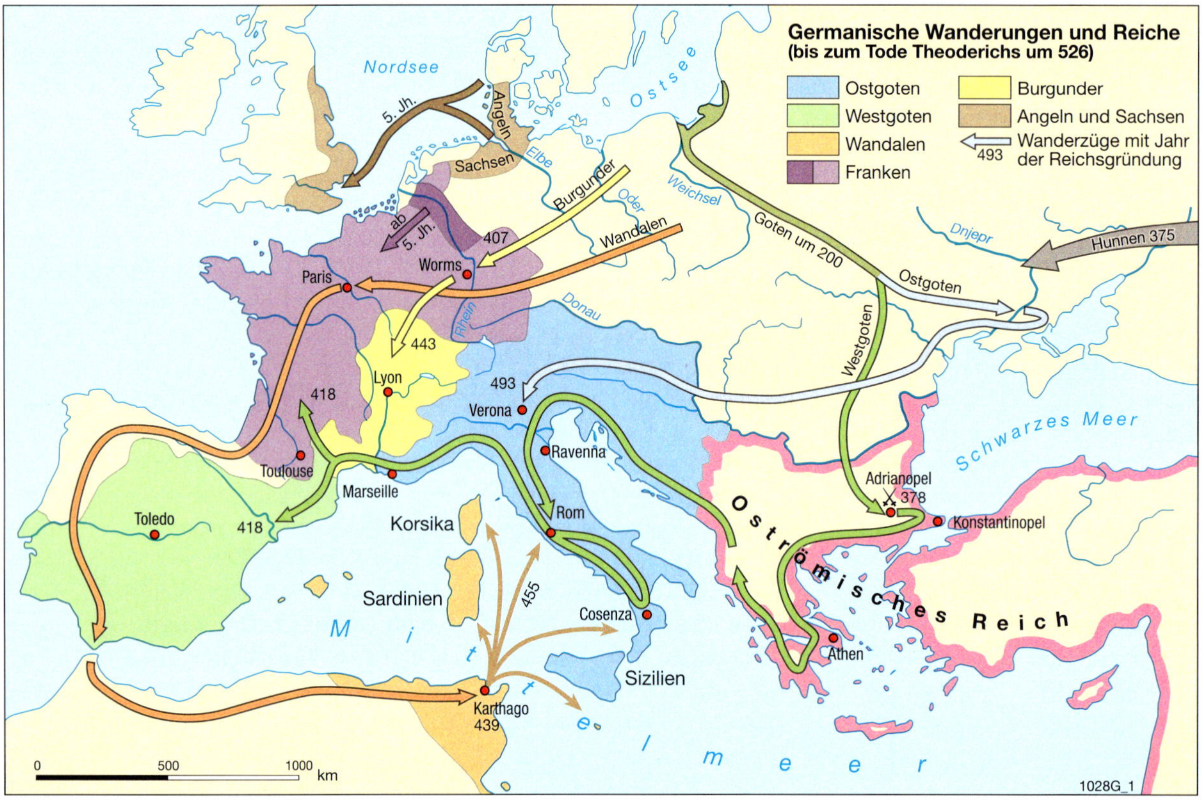
Germanische Wanderungen und Reiche
(bis zum Tode Theoderichs um 526)
Ostgoten
Westgoten
Wandalen
Franken
Burgunder
Angeln und Sachsen
493 Wanderzüge mit Jahr der Reichsgründung
Nordsee
Ostsee
Angeln
Sachsen
5. Jh.
ab 5. Jh.
407
Elbe
Oder
Weichsel
Burgunder
Wandalen
Goten um 200
Dnjepr
Hunnen 375
Ostgoten
Westgoten
Paris
Worms
Rhein
Donau
443
Lyon
493
Verona
418
Ravenna
Toulouse
Marseille
Toledo
418
Korsika
Rom
Adrianopel
378
Konstantinopel
Schwarzes Meer
Oströmisches Reich
Sardinien
455
Cosenza
Athen
Sizilien
Karthago
439
Mittelmeer
0
500
1000
km
1028G_1

M 4

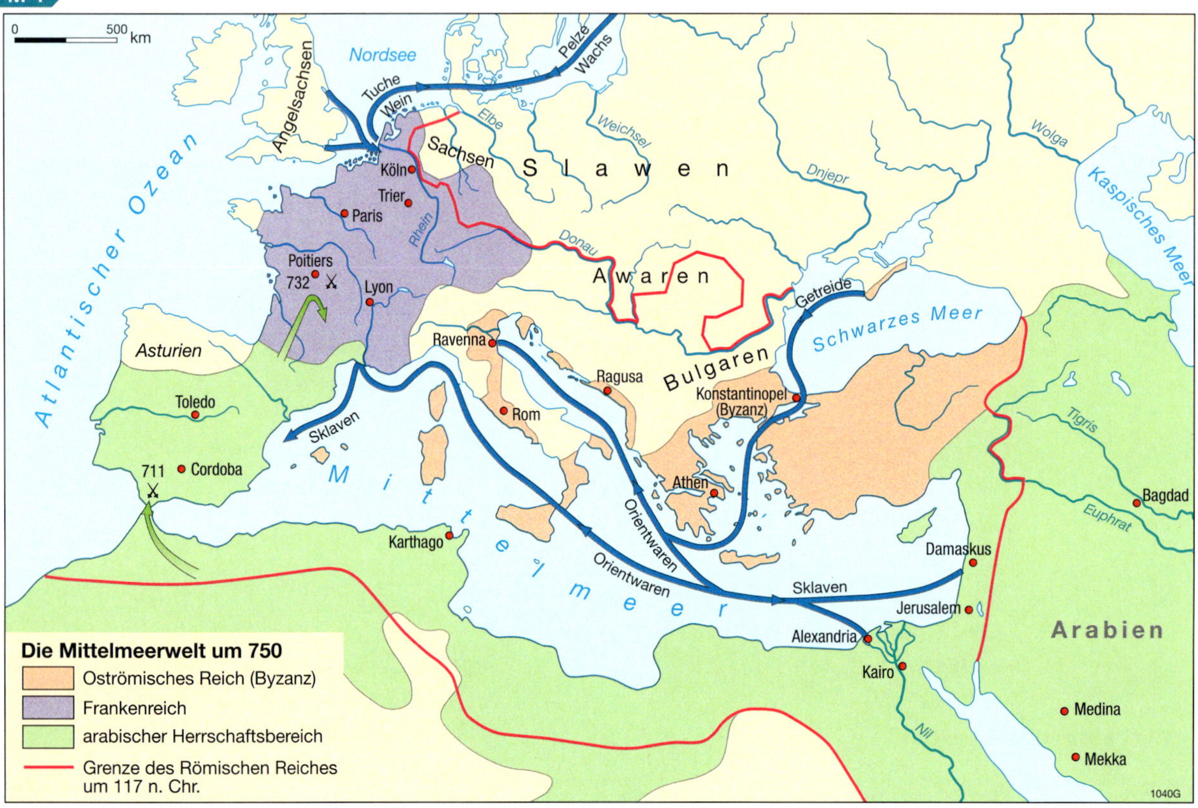
0
500
km
Nordsee
Angelsachsen
Tuche
Wein
Pelze
Wachs
Elbe
Weichsel
Sachsen
Slawen
Dnjepr
Wolga
Kaspisches Meer
Atlantischer Ozean
Köln
Trier
Paris
Rhein
Donau
Awaren
Poitiers
732
Lyon
Getreide
Schwarzes Meer
Asturien
Ravenna
Ragusa
Bulgaren
Toledo
Konstantinopel (Byzanz)
Rom
Sklaven
711
Cordoba
Athen
Tigris
Bagdad
Euphrat
Orientwaren
Karthago
Damaskus
Mittelmeer
Sklaven
Jerusalem
Alexandria
Arabien
Kairo
Nil
Medina
Mekka
Die Mittelmeerwelt um 750
Oströmisches Reich (Byzanz)
Frankenreich
arabischer Herrschaftsbereich
Grenze des Römischen Reiches um 117 n. Chr.
1040G

M 5

Chlodwig im Spiegel einer Quelle

M 6 Ein folgenreiches Erlebnis

a) Gregor von Tours berichtet über die Schlacht des merowingischen Königs Chlodwig gegen den Stamm der Alemannen, die 496/97 stattfand:

Als die beiden Heere zusammenstießen, kam es zu einem gewaltigen Blutbad, und Chlodwigs Heer war nahe daran, völlig vernichtet zu werden. Als er das sah, erhob er seine Augen zum Himmel, sein Herz wurde gerührt, seine Augen füllten sich mit Tränen und er sprach: „Jesus Christus, Chrodechilde [Chlodwigs Frau] verkündet, du seiest der Sohn des lebendigen Gottes. Man sagt, du gebest Hilfe den Bedrängten und Sieg den auf dich Hoffenden. Dich flehe ich demütig an um deinen mächtigen Beistand. Gewährst du mir jetzt den Sieg über diese meine Feinde und erfahre ich so jene Macht, die das Volk, das deinem Namen sich weiht, an dir erprobt zu haben rühmt, so will ich an dich glauben und mich taufen lassen auf deinen Namen [...]." Und da er solches gesprochen hatte, wandten die Alemannen sich und fingen an zu fliehen.

b) Über die Taufe Chlodwigs berichtet Gregor:

Mit bunten Decken wurden nun die Straßen behängt, mit weißen Vorhängen die Kirchen geschmückt, die Taufkirche in Ordnung gebracht, [...], es schimmerten hell die duftenden Kerzen, und das ganze Heiligtum der Taufkirche wurde von himmlischem Wohlgeruch erfüllt.

[...]

Zuerst verlangte der König, vom Bischof getauft zu werden. Er ging, ein neuer Konstantin, zum Taufbade hin, sich rein zu waschen von dem alten Aussatz und sich von den schmutzigen Flecken, die er von alters her gehabt, in frischem Wasser zu reinigen. Als er aber zur Taufe hintrat, redete ihn der Heilige Geist mit beredtem Munde so an: „Beuge still deinen Nacken, Sicamber [Franke], verehre, was du verfolgtest, verfolge, was du verehrtest."

[...]

Also bekannte der König den allmächtigen Gott als den dreieinigen, und ließ sich taufen im Namen des Vaters, des Sohnes und des Heiligen Geistes, und wurde gesalbt mit dem heiligen Öl unter dem Zeichen des Kreuzes Christi. Von seinem Heer aber wurden mehr als dreitausend getauft.

In: Lutz E. v. Padberg: Die Christianisierung Europas im Mittelalter, Stuttgart 1998, S. 230, 231.

Aufgaben

1. Notiere stichpunktartig die Gründe, warum sich Chlodwig durchsetzen konnte.
   → Text
2. a) Gregor von Tours schrieb über Ereignisse, die sich vor seiner Geburt ereignet hatten. Wie kann man erklären, dass er die einzelnen Szenen so genau beschreiben konnte?
   b) Billigt der Verfasser die Handlungsweise Chlodwigs? Suche Hinweise im Text.
   c) Wie kam es zur Bekehrung Chlodwigs?
   d) Wie beurteilst du Chlodwigs Verhalten?
   → M6

Europa wird christlich

Das Mittelalter – Eine neue Epoche

Der Untergang des Römischen Reiches um 500 n. Chr. gilt als wichtiger Einschnitt: Auf die Antike folgt das Mittelalter. „Mittelalter“ ist ein Begriff, der erst im 16. Jahrhundert aufgekommen ist. Heute bezeichnet man damit, grob gesagt, die Zeit zwischen 500 und 1500, weil sich zu diesen Zeiten wichtige Ereignisse häuften.

„Christliches Mittelalter“

Gewaltige, zur Ehre Gottes erbaute Kirchen und große Frömmigkeit, aber auch Verfolgung Andersgläubiger – das sind Vorstellungen, die oft mit „Mittelalter“ verbunden werden. Doch: Das Mittelalter war nicht von Anfang an christlich.

Das Christentum löste in weiten Teilen Mittel- und Nordeuropas die Religion der Germanen ab. Der germanische Götterglaube lässt sich in mancher Hinsicht mit der Religion der Griechen und Römer vergleichen. Die Menschen stellten sich eine Familie von Göttern vor. Diese waren für bestimmte Lebensbereiche von Bedeutung und ihre Hilfe wurde mit Opfern erbeten. Wotan und Donar galten bei den Germanen als große Krieger und zählten zu den wichtigsten Gottheiten.

Dieser Glaube verschwand im Zuge der Christianisierung, hat jedoch Spuren in den Bezeichnungen der Wochentage hinterlassen. Im englischen Wednesday lebt zum Beispiel Wotan fort, Donnerstag leitet sich von Donar ab und Freitag verweist auf die Liebesgöttin Frigg.

M 1 Bonifatius als Heiliger
Der Bischofshut und das von einem Schwert durchbohrte Buch sind die Kennzeichen vieler Darstellungen von Bonifatius, Schwarzweißfoto einer Holzplastik in der Kirche von Raskob (Hessen).

Missionare verbreiten das Christentum

Die Verbreitung des Christentums zog sich über Jahrhunderte hin. Es dauerte mindestens bis zum 11. Jahrhundert, bis große Teile auch des nördlichen Europas christlich waren. Seit der Zeit Jesu vergingen also über 1000 Jahre! Eine wichtige Phase in dieser Entwicklung war die Zeit um 700. In dieser Zeit wirkte unter anderen Bonifatius als Missionar. Sein Wirken ist ein Beispiel für die Verbreitung des Christentums in Mitteleuropa.

Bonifatius hieß ursprünglich Winfried und kam aus England. Er wurde um 675 n. Chr. geboren und wurde schon als Kind in ein Kloster gegeben. Als Erwachsener verließ er es und wollte das Christentum im heutigen Nord- und Mitteldeutschland verbreiten, scheiterte aber zunächst. Die nächsten Versuche waren erfolgreicher: Er missionierte nun im Auftrag des Papstes, und der weltliche Herrscher schützte ihn. Diese Unterstützung war ein wichtiger Grund für seinen Erfolg.

Es ist bekannt, dass er eine kleine Bibliothek mit sich führte und dass er regelmäßig Briefe schrieb, wenn er umherzog, um die verstreut lebenden Menschen vom Christentum zu überzeugen.

Die Donareiche

Ein besonders wichtiges Ereignis war die Fällung einer Eiche bei Geismar in der Nähe von Fulda. Diese galt für die dort lebenden Menschen als Heiligtum des germanischen Gottes Donar. Weil auch ihm die Macht über Blitz und Donner zugesprochen wurde, ist er mit dem griechischen Gott Zeus und dem römischen Gott Jupiter vergleichbar.

M 2 Tod des Bonifatius
Buchmalerei um 1000 n. Chr., Ausschnitt

Nach der Zerstörung des Baumes errichtete Bonifatius an dieser Stelle eine Kirche. Die Umwandlung solcher heiliger Stätten zu christlichen Andachtsorten war ein wichtiges Mittel bei der Verbreitung des Christentums.

Bonifatius gründete aber auch Klöster und sorgte dafür, dass die Kirche eine dauerhafte und wirkungsvolle Bistumsorganisation erhielt. Schließlich versuchte Bonifatius noch einmal, in Friesland das Christentum zu verbreiten, wurde aber dabei im Jahre 754 n. Chr. getötet und schließlich – so wie er es sich 751 ausdrücklich vom Papst gewünscht hatte – in Fulda begraben.

Christianisierung – Ein langer und schwieriger Prozess

Weshalb dauerte es so lange, bis sich das Christentum durchsetzte? Ein Grund dafür war, dass Missionare die verstreut lebenden Menschen erst nach und nach erreichten. Auch gab es nur wenige Kirchen, Klöster und Geistliche, sodass für viele Menschen der Besuch eines Gottesdienstes eine Seltenheit war.

Die Taufe bedeutete noch nicht, dass die Getauften wirklich Christen geworden waren. Denn manche ließen sich taufen, weil ihr Anführer sich taufen ließ oder bekannten sich deswegen zu Christus, weil sie ihn für einen stärkeren Gott als Donar hielten. Andere behielten „heidnische“ Bräuche bei und übten diese neben Gottesdienstbesuch und Gebeten aus.

Die Unterstützung durch den jeweiligen Herrscher und durch den Papst, die gute Organisation der Kirche, die Überzeugungskraft der Missionare und die Anknüpfung an bestehende heilige Stätten waren wichtige Gründe für den Erfolg des Christentums. Aber auch die Vorstellung eines allmächtigen Gottes und die Aussicht auf das Paradies wirkten vermutlich sehr anziehend auf die Menschen.

Heute ist das Christentum in Europa nach wie vor die wichtigste Religion. Es gibt allerdings inzwischen verschiedene christliche Konfessionen, und viele Gläubige anderer Weltreligionen leben in Deutschland.

Christianisierung – Schriftliche Quellen untersuchen

M 3 Die Lebensbeschreibung eines Heiligen

Der Mönch Willibald verfasste in den Jahren nach dem Tod des Bonifatius dessen Lebensbeschreibung. Er widmete das Werk zwei Bischöfen, denen er über seine Absichten am Anfang des Buches Folgendes mitteilte:

Aber obschon ich, [...] ein allzu geringer und unbedeutender Schriftsteller bin, so werde ich doch [...] mit Eurer Beihilfe an das von Euch mir übertragene Werk herangehen, [...] um durch die Erzählung eines so hohen Lebens den Lesern ein nützliches Beispiel der Nacheiferung vorzuführen, da durch diese Vorbilder jeder belehrt und zur höchsten Vollendung durch die Vervollkommnung seiner selbst geführt wird.

Willibalds Leben des Bonifatius, Vorrede, in: Briefe des Bonifatius. Willibalds Leben des Bonifatius, bearb. v. R. Rau, Darmstadt 1968, S. 455.

M 4 Die Fällung der Donareiche

Über die Fällung der Donareiche berichtet Willibald Folgendes:

Damals aber empfingen viele Hessen, die den katholischen Glauben angenommen und durch die siebenfältige Gnade des Geistes gestärkt waren, die Handauflegung; andere aber, deren Geist noch nicht erstarkt, verweigerten des reinen Glaubens unverletzbare Wahrheiten zu empfangen; einige auch opferten heimlich Bäumen und Quellen, andere taten dies ganz offen; einige wiederum betrieben teils offen, teils im Geheimen Seherei und Wahrsagerei, Losdeuten und Zauberwahn; andere dagegen befassten sich mit Amuletten und Zeichendeuterei und pflegten die verschiedensten Opferbräuche. [...]
Mit deren Rat und Hilfe unternahm er [Bonifatius] es, eine ungeheure Eiche, die mit ihrem alten heidnischen Namen die Jupitereiche genannt wurde, in einem Orte, der Geismar hieß, im Beisein der ihn umgebenden Knechte Gottes zu fällen. Als er nun in der Zuversicht seines standhaften Geistes den Baum zu fällen begonnen hatte, verwünschte ihn die große Menge der anwesenden Heiden als einen Feind ihrer Götter lebhaft in ihrem Inneren. Als er jedoch nur ein wenig den Baum angehauen hatte, wurde sofort die gewaltige Masse der Eiche von höherem göttlichen Wehen geschüttelt und stürzte mit gebrochener Krone zur Erde, und wie durch höheren Winkes Kraft barst sie sofort in vier Teile, und vier ungeheuer große Strünke von gleicher Länge stellten sich, ohne dass die umstehenden Brüder etwas durch ihre Mitarbeit getan, dem Auge dar. Als dies die vorher fluchenden Heiden gesehen, wurden sie umgewandelt, ließen von ihrem früheren Lästern ab, priesen Gott und glaubten an ihn. Darauf aber erbaute der hochheilige Bischof, nachdem er sich mit den Brüdern beraten, aus dem Holzwerk dieses Baumes ein Bethaus und weihte es zu Ehren des heiligen Apostels Petrus.

Willibalds Leben des Bonifatius, Vorrede, in: L. E. v. Padberg: Die Christianisierung Europas im Mittelalter, Stuttgart 1998, S. 244 f.

M 5 Eine missglückte Taufe

In der Lebensbeschreibung eines Bischofs aus dem 9. Jahrhundert findet sich folgende Geschichte über einen Friesenherzog:

Der Herzog Radbod war schließlich geneigt, die Taufe zu empfangen. Er zögerte aber immer noch und verlangte von dem Bischof, er solle ihm unter seinem Eide sagen, wo die verstorbenen Könige und Häuptlinge des Friesenstammes weilten, in jenem himmlischen Reiche, das er selbst erlangen solle, wenn er glaube und getauft werde, oder in der höllischen Verdammnis, von welcher der Bischof spreche.
Darauf erwiderte der Mann Gottes: „Täusche dich nicht, edler Fürst. Bei Gott ist die Schar seiner Erwählten. Aber deine Vorgänger, die Friesenfürsten, die, ohne das Sakrament der Taufe empfangen zu haben, gestorben sind, haben unbedingt das Urteil der Verdammnis empfangen. Nur wer glaubt und getauft wird, genießt mit Christus die unvergänglichen Freuden."
Als dies der ungläubige Herzog hörte, der schon zum Taufbecken geschritten war, zog er den Fuß von dem gnadenbringenden Quell zurück und sagte, er könne nicht die Gemeinschaft mit allen missen, die vor ihm über die Friesen geherrscht hatten, und wolle nicht mit einer kleinen Zahl von Armen im Himmelreich sitzen. Deshalb könne er der neuen Lehre keinen Glauben schenken und wolle lieber bei dem bleiben, was er so lange mit dem Stamm der Friesen festgehalten habe.

Leben des Wulfram, Kap 9, in: Die christliche Frühzeit Deutschlands in den Berichten über die Bekehrer, hrsg. v. H. Timerding, Jena 1929, S. 18.

Christianisierung – Gegenständliche Quellen deuten

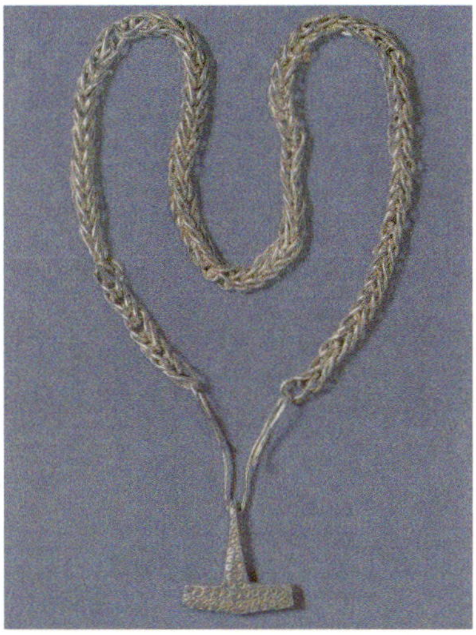

M 6 Donar-Hammer mit Kette
Der Hammer war die Waffe und das Kennzeichen des Gottes Donar, Anhänger mit Kette aus Dänemark, 10./11. Jahrhundert.

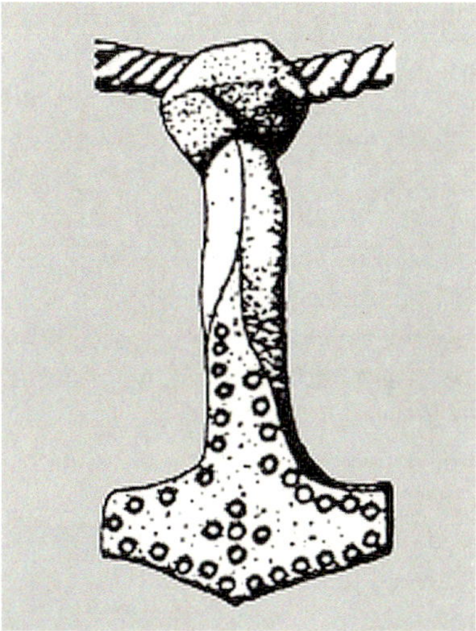

M 7 Donar-Hammer
Auf solchen Anhängern finden sich manchmal Kreuzzeichen, Anhänger aus Schweden, ca. 4 cm, 10. /11. Jahrhundert, Nachzeichnung.

M 8 Gussform aus Stein
Damit wurden Kreuze und Donar-Hämmer hergestellt, Speckstein aus Dänemark, Länge: 9,2 cm, 2. Hälfte des 10. Jahrhunderts.

Aufgaben

1. a) Weshalb will Willibald das Leben des Bonifatius beschreiben?
   b) Fasse die Erzählung Willibalds über die Fällung der Donareiche knapp zusammen.
   c) Was ist in dieser Darstellung entscheidend für die Bekehrung der Nicht-Christen?
   d) Welche Teile der Erzählung hältst du für glaubwürdig, welche nicht? Suche dafür Belege.
   → Text, M3, M4
2. a) Stelle zusammen, wer die einzelnen Berichte verfasst hat.
   b) Aus welcher Sichtweise beschreiben sie die Ereignisse?
   c) Welche Sichtweise fehlt in den Berichten?
   → Text, M3–M5
3. Vergleiche die einzelnen Berichte über die Bekehrungen. Was wird jeweils als entscheidend für den Übertritt beziehungsweise den Nicht-Übertritt zum Christentum dargestellt?
   → Text, M4, M5
4. a) War ein Germane, der einen Donar-Hammer trug, deiner Meinung nach ein religiöser Mensch?
   b) Würdest du den Träger eines Donar-Hammers mit Kreuzzeichen als Christ bezeichnen?
   c) Welche Vermutungen kann man im Hinblick auf die Verbreitung des Christentums anstellen, wenn man die Gussform betrachtet?

→ Text, M6–M8

M 1 Ein altes Schulbuch

In einem Geschichtsbuch aus den frühen 1950er-Jahren wurde die Ausbreitung des Christentums so dargestellt:

Bonifatius ordnet das kirchliche Leben in unserer Heimat

Seit der Völkerwanderung wohnten zwei germanische Stämme, die Angeln und Sachsen, auf der großen englischen Insel. Sie wurden Christen, zahlreiche Klöster entstanden in ihrem Land. Unter den Knaben, die bei den Mönchen zur Schule gingen, war auch Winfried, der Sohn eines Edelings. Eifrig lernte er die lateinische Sprache und las in frommen Büchern. Am liebsten aber hörte er von Germanien erzählen, wo noch viele Bewohner Wodan und Donar verehrten. Heimlich gelobte er, später in dieses Land zu fahren, um dort, in der Heimat seiner Ahnen, das Evangelium zu verkünden. Als er zum Jüngling erwachsen war, entsagte er dem väterlichen Erbe und wurde Mönch und Priester.

Winfried blieb seinem Vorsatz treu. Er bat den Klosterabt, als Bote des Heilandes zu den Friesen ziehen zu dürfen. Ein Schifflein führte ihn über das Meer zum Festland. In den Gauen an der Nordseeküste begann er sein Werk. Er wanderte durch die friesischen Dörfer, achtete nicht auf die Drohungen der Männer und predigte die frohe Botschaft. Die Zeit war nicht günstig. Denn die Friesen rüsteten zum Krieg gegen die Franken und hörten nicht auf den Mönch, der Worte der Liebe sprach. Winfried musste das Land verlassen. Nicht eine einzige Seele, so klagte er, konnte er für Christus gewinnen.

Winfrieds Mut war ungebrochen. Er reiste nach Rom und betete am Grab der Apostel um den Segen zu seinem Werk. Der Papst gab ihm den Namen Bonifatius, das heißt „Mann des Heils", und sandte ihn zurück in das germanische Land. Der mutige Bischof wanderte nun zum Gau der Hessen am Fuldafluss. Hier lagen auf den Berghöhen die Haine germanischer Gottheiten. Zur Sommersonnenwende brannten die Opferfeuer und leuchteten bis in die Täler des Maines und der Weser hinaus. Wieder predigte Bonifatius die Lehre des Heilandes. Neugierig folgten Männer und Frauen seinem Rufe. Doch sie fürchteten Wodans und Donars Strafe und wagten nicht, sich taufen zu lassen.

Bonifatius zeigte ihnen durch eine kühne Tat die Ohnmacht der Götter. Bei dem Dorfe Geismar im Tal der Eder stand eine uralte, Donar geweihte Eiche. Bleiche Pferdeschädel schmückten sie. Ihre breite Krone beschattete den Steinblock, auf dem seit Jahrhunderten dem Gewittergott geopfert wurde. Bonifatius bewog eine Schar tapferer Männer, mit ihm die Eiche zu fällen. Hieb auf Hieb führte er gegen den Stamm. Angstvoll warteten die Hessen, dass der Blitz ihres Gottes den Frevler treffe. Krachend stürzte der riesige Baum. Bonifatius blieb unversehrt. Da zweifelten die Heiden an Donars Macht und bekehrten sich zu Christus. Gerne halfen sie dem Bischof, aus dem Holz der Eiche ein Kirchlein zu bauen.

Unermüdlich durchzog Bonifatius die Gaue der Hessen, Thüringer, Franken und Bayern. Vielen Tausenden brachte er die Kunde von Christus. An allen Orten, an denen er wirkte, entstanden Kirchen und Kapellen. Im Herzen des germanischen Landes gründete er das Kloster Fulda […].

Bonifatius war schon ein achtzigjähriger Greis, da gedachte er des Planes seiner Jugend. Noch einmal wollte er den Friesen vom Herrn Jesus predigen. Ein Schiff trug ihn von Mainz aus rheinabwärts. Er durchzog das Küstenland an der Nordsee und lehrte und taufte in den Dörfern. Am Pfingstfest des Jahres 754 aber überfiel ihn eine heidnische Schar. Bonifatius wehrte seinen Begleitern, ihn mit Waffen zu schützen. Unerschrocken erduldete er den Tod für seinen Glauben. Christliche Friesen bargen den Leichnam des heiligen Mannes. Im Kloster Fulda, seinem Lieblingsaufenthalt, wurde er begraben.

Josef Scherl, Geschichte unseres Volkes, 1. Teil, München 1950, S. 77–79.

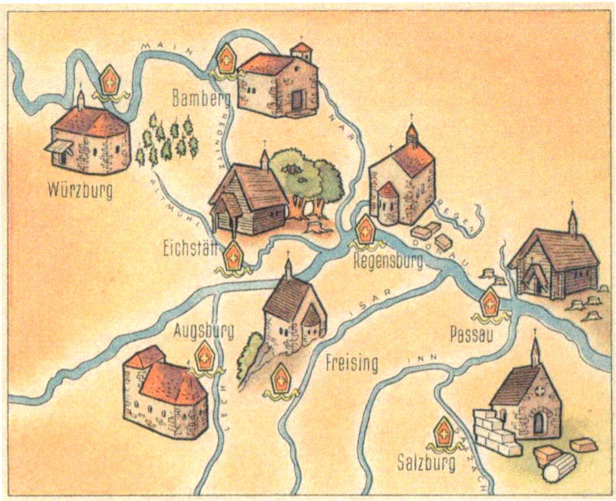

M 2 Bistumsgründungen Abbildung aus dem Schulbuch

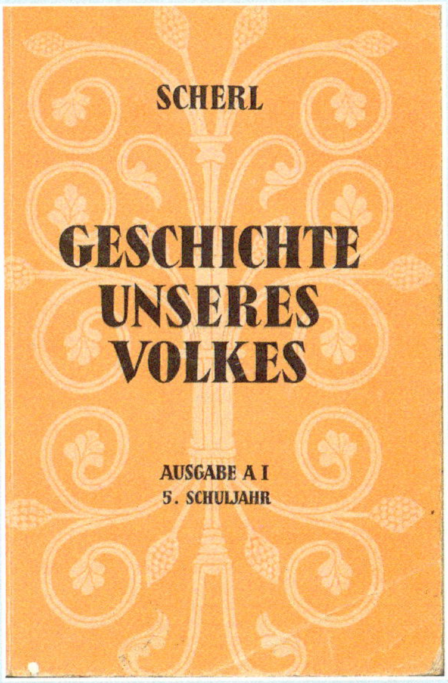

M 3 Titelbild des Schulbuches

Bonifatius im Schulbuch

Alles Wissen über die Vergangenheit beruht auf Quellen. Historiker sammeln Quellen, werten diese aus und fassen das Ergebnis in Darstellungen zusammen. Das können kurze Aufsätze oder dicke Bücher sein. Manche sind nur für Fachleute gedacht, manche für diejenigen, die an Geschichte überhaupt interessiert sind. Schulbücher sind so geschrieben, dass Schülerinnen und Schüler damit im Unterricht und zu Hause Geschichte lernen können.

Die Geschichte ist so umfassend, dass sie nie vollständig dargestellt werden kann. Deshalb wählt jede Darstellung – auch das Schulbuch – aus, lässt etwas weg und schildert dafür anderes ausführlicher. Hinzu kommt: Vieles von dem, was in der Vergangenheit geschehen ist, muss gedeutet und beurteilt werden. Historiker und Historikerinnen sind sich über Vieles einig; über manches gehen aber die Meinungen auch bei den Fachleuten auseinander. Außerdem ändert sich das Wissen über die Vergangenheit mit der Zeit. Es kommen neue Erkenntnisse hinzu; bestimmte Sachverhalte werden aufgrund neuer Erfahrungen anders gesehen.

Um eine geschichtliche Darstellung richtig zu verstehen und dann daraus lernen zu können, muss man auf einige Gesichtspunkte achten.

Fragen an geschichtliche Darstellungen in Schulbüchern

1. Thema der Darstellung

a) Worum geht es in dem Schulbuchkapitel „Bonifatius ordnet das kirchliche Leben in unserer Heimat"?
b) Begründe, ob die Überschrift deiner Meinung nach passend ist.
c) Das entsprechende Kapitel in deinem Geschichtsbuch lautet„Europa wird christlich". Welcher Unterschied zwischen beiden Kapiteln wird in den Überschriften deutlich?

2. Gliederung der Darstellung

a) Suche für jeden Abschnitt der beiden Schulbuchkapitel ein passendes Stichwort.
b) Vergleiche die beiden Stichwortreihen: Womit beginnt der Text und wie endet er? Welche Aspekte des Themas nehmen den meisten Raum ein?

3. Inhalt der Darstellung

a) Nenne die Gründe, die für die Ausbreitung des Christentums jeweils angeführt werden.
b) Die ersten Bekehrungsversuche von Bonifatius waren erfolglos. Welche Gründe werden jeweils dafür angegeben, dass Bonifatius weitermachte?

4. Sichtweise der Darstellung

a) Das Kapitel des älteren Schulbuches konzentriert sich auf Bonifatius. Suche Gründe dafür.
b) Welche Eigenschaften werden Bonifatius im älteren Schulbuch zugesprochen?
c) Begründe anhand von Beispielen, in welchem Buch Bonifatius positiver dargestellt wird.

5. Sprache der Darstellung

a) Vergleiche die beiden Abschnitte, in denen die Fällung der Donareiche geschildert wird.
b) Begründe anhand von Beispielen, welche der beiden Darstellungen anschaulicher und lebendiger ist. Suche Gründe dafür.

M 1 **Außenansicht der Pfalzkapelle in Aachen**
Der achteckige Grundriss der Pfalzkapelle ist trotz der späteren Anbauten noch deutlich erkennbar, heutiger Zustand.

Das Reich Karls des Großen

Karl der Große und Aachen

In Aachen kann heute noch als Teil des Doms die so genannte Pfalzkapelle besichtigt werden. Sie war Teil einer ausgedehnten Anlage. Diese Pfalz, deren Bezeichnung sich von „palatium", dem lateinischen Wort für Palast, ableitet, wurde von Karl dem Großen besonders prachtvoll ausgebaut. Sie gilt als Symbol für die herausragende Bedeutung des Frankenreichs unter seiner Herrschaft. In seiner Regierungszeit von 768 bis 814 n. Chr. erreichte das Frankenreich seine größte Ausdehnung. Seine politische Macht wurde schließlich so groß, dass er zum Kaiser gekrönt wurde.

Der Sturz der Merowinger und der Aufstieg der Karolinger

Karl der Große gehörte zur Familie der Karolinger. Diese waren die „Hausmeier" der Merowinger, das heißt die Leiter der königlichen Verwaltung, und so die wichtigsten Berater der fränkischen Könige. „Hausmeier" leitet sich ab vom lateinischen „maior domus" (Vorsteher des Hauses). Mit der Zeit wurden die Karolinger immer einflussreicher. Im Jahr 751 n. Chr. setzte der Karolinger Pippin schließlich den letzten Merowingerkönig ab und wurde selbst zum König der Franken.

Wie regierte Karl?

Als Karl in der Nachfolge Pippins König wurde, war das Frankenreich von seinen Vorgängern bereits erweitert worden. Karl setzte diese Eroberungen fort und schuf ein Reich, das große Teile Europas umfasste. Um dieses Reich nach außen zu schützen, richtete Karl Grenzmarken ein, die besonders befestigt waren und in denen so genannte Markgrafen in seinem Namen regierten.

Grafen waren aber auch im Inneren eine wichtige Hilfe für Karl. Sie handelten im Auftrag des Königs, sprachen Recht und sorgten für militärischen Schutz. Daneben gab es Königsboten, die im ganzen Reich unterwegs waren. Sie waren immer zu zweit – ein hoher Geistlicher und ein Adliger – und sorgten dafür, dass die königlichen Beschlüsse auch ausgeführt wurden. Aber auch Karl selbst war in seinem Reich unterwegs. Als so genannter Reisekönig zog er von Pfalz zu Pfalz, auch wenn Aachen sein bevorzugter Aufenthaltsort war.

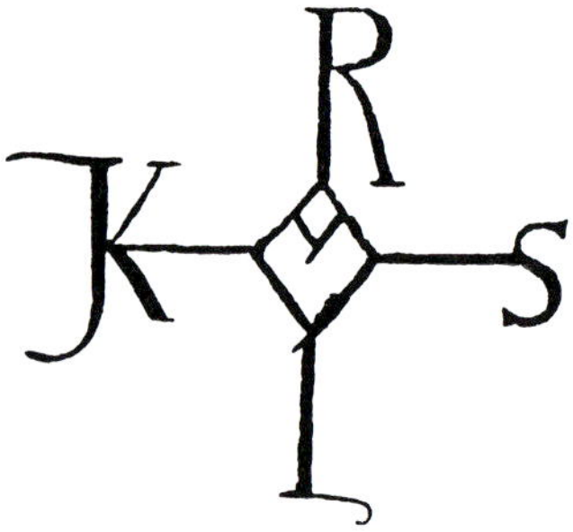

M 2 **Königliche Unterschrift**
Das kunstvolle Namenszeichen KAROLUS findet sich auf Urkunden Karls des Großen. Die beiden Striche in der mittleren Raute waren die von Karl als so genannter Vollziehungsstrich geleistete Unterschrift, Nachzeichnung.

Die Bedeutung der Kultur

Bei Karls Regierung spielten schriftliche Dokumente eine wichtige Rolle. Dafür gab es eine eigene Kanzlei, die Hofkapelle. „Cappa" bedeutet Umhang und verweist auf den Mantel des heiligen Martin, der von den Hofgeistlichen aufbewahrt wurde. Die Hofkapläne waren nicht nur Schreiber, sondern auch Berater des Königs.

Zur Zeit Karls des Großen konnten fast nur Geistliche lesen und schreiben. Die lateinische Sprache gewann an Bedeutung und eine neue Schrift – die karolingische Minuskel – entstand. Bücher in Klosterbibliotheken wurden abgeschrieben und weitergegeben. Einerseits verbreitete sich so das Christentum im Frankenreich weiter. Andererseits gewann das Erbe der Antike wieder an Bedeutung.

M 3 Jubiläumsbriefmarke
„Dom zu Aachen 1200 Jahre"

Karl wird Kaiser

Seit der Absetzung des letzten weströmischen Kaisers gab es – außer im Oströmischen Reich – keinen Kaiser mehr. Über dreihundert Jahre später, im Jahr 800 n. Chr., wurde mit Karl dem Großen in Rom wieder ein Kaiser gekrönt.

Als die Karolinger die Merowinger als Könige absetzten, hatten sie die Unterstützung des Papstes gesucht. Dies führte dazu, dass sich auch das Selbstverständnis des Königtums änderte. Es bezog seine Rechtfertigung nun aus der Einsetzung durch Gott. Die Könige herrschten nun „von Gottes Gnaden".

In der Folgezeit wurden die Kontakte zwischen den fränkischen Königen und dem Papst immer enger, sodass dieser Unterstützung bei den Franken gegen die Langobarden suchte, die ihn in Italien bedrohten. Als Karl große Teile Italiens erobert hatte, war er aufgrund seiner Stellung würdig, die Nachfolge der römischen Kaiser anzutreten. So kam es am Weihnachtstag des Jahres 800 n. Chr. in Rom zur Krönung Karls.

Dieses Kaisertum stand einerseits in der Tradition des Römischen Reiches. Andererseits galt der Herrscher als von Gott eingesetzt. Daraus erklärt sich die Bezeichnung „Heiliges Römische Reich". Neben den Papst als geistliches Oberhaupt der Christenheit trat nun der Kaiser als weltliches Oberhaupt. In welchem Verhältnis beide zueinander stehen, war in der Folgezeit immer umstritten.

M 4

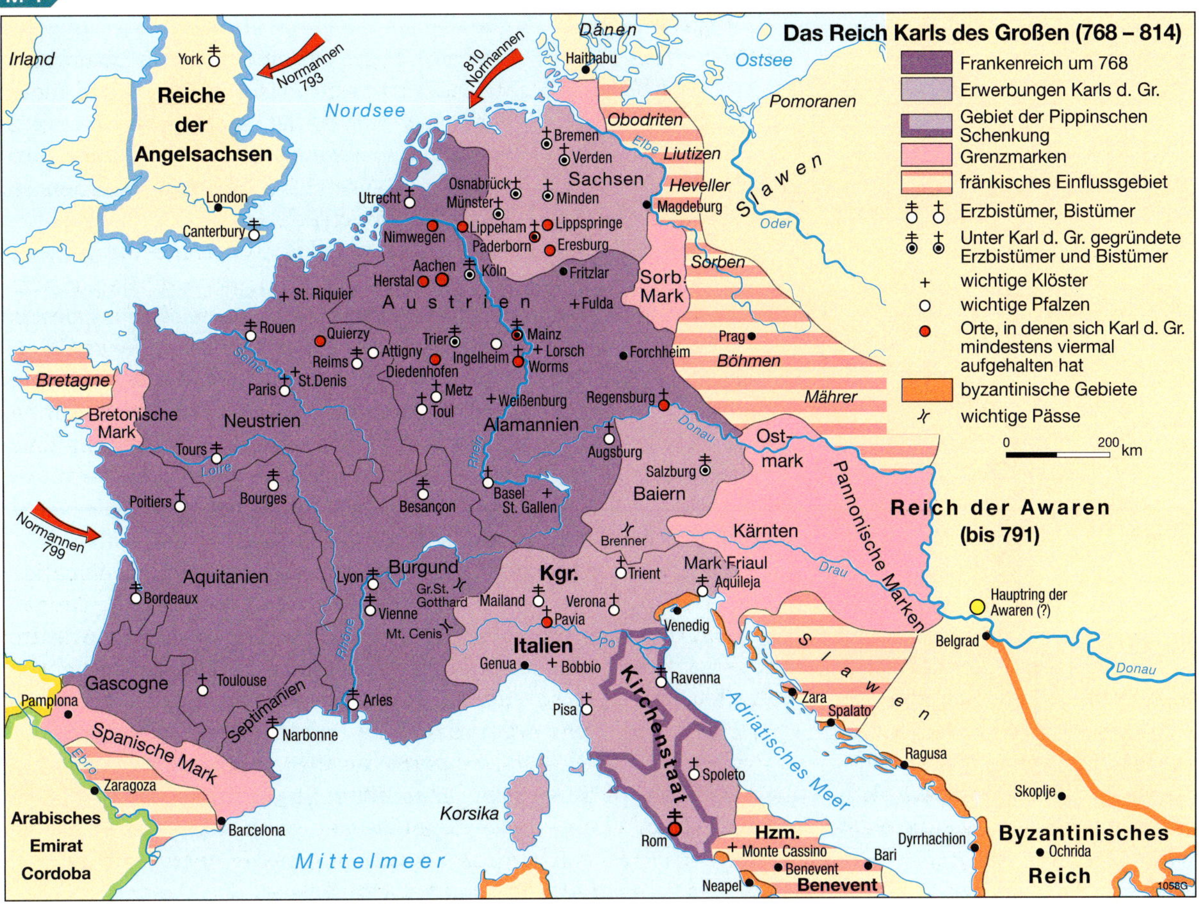

Wie sah Karl der Große aus? – Bildliche und schriftliche Zeugnisse

M 5 Statue Karls des Großen
Sie entstand um 870 n. Chr.

M 6 Karl der Große
Das Bild wurde von Albrecht Dürer 1512/13 angefertigt, Ausschnitt.

M 7 Auskünfte über einen König

Einhard, tätig an der Hofschule, verfasste im frühen 9. Jahrhundert eine Lebensbeschreibung Karls des Großen, die eine Fülle von Informationen auch über seine Lebensgewohnheiten enthält. Über seine Motive schrieb er:

Ich habe mir vorgenommen, so kurz wie möglich über das private Leben und vor allem auch über die Taten meines Herrn und Gönners, des trefflichen und hoch berühmten Königs Karl, zu berichten. […]
Man könnte mich also mit Recht undankbar nennen, wenn ich die großartigen Taten dieses Mannes, der sich um mich so sehr verdient gemacht hat, stillschweigend überginge und es zuließe, dass sein Leben keine schriftliche Würdigung oder gebührende Anerkennung erhielte – ganz so, als hätte er nie existiert!

Über Karls Aussehen schrieb er:

Er war kräftig und stark, dabei von hoher Gestalt, die aber das rechte Maß nicht überstieg. Es ist allgemein bekannt, dass er sieben Fuß [ca. 1,90m] groß war. Er hatte einen runden Kopf, seine Augen waren sehr groß und lebhaft, die Nase etwas lang; er hatte schöne graue Haare und ein heiteres und fröhliches Gesicht. Seine Erscheinung war immer imposant und würdevoll, ganz gleich ob er stand oder saß. Sein Nacken war zwar etwas dick und kurz, und sein Bauch trat ein wenig hervor, doch fielen diese Fehler beim Ebenmaß seiner Glieder nicht sehr auf. Sein Gang war selbstbewusst, seine ganze Körperhaltung männlich und seine Stimme klar, obwohl sie nicht so stark war, wie man bei seiner Größe hätte erwarten können. […]
Er kleidete sich nach der nationalen Tracht der Franken: auf dem Körper trug er ein Leinenhemd, die Oberschenkel bedeckten leinene Hosen; darüber trug er eine Tunika, die mit Seide eingefasst war; die Unterschenkel waren mit Schenkelbändern umhüllt. Sodann umschnürte er seine Waden mit Bändern und seine Füße mit Stiefeln. Im Winter schützte er seine Schultern und Brust durch ein Wams aus Otter- oder Marderfell. Darüber trug er einen blauen Umhang. Auch gürtete er sich stets ein Schwert um, dessen Griff und Gehenk aus Gold oder Silber waren.

Einhard: Vita Caroli Magni. Das Leben Karls des Großen, übers. v. E. Scherabon Richow, Stuttgart 1981, S. 5, 7, 45 ff.

Die Kaiserkrönung – Zwei Sichtweisen

M 8 Berichte von der Kaiserkrönung in Rom

a) Die Sicht des Papstes findet sich in einer Sammlung von Lebensbeschreibungen der Päpste:

Am Tag der Geburt unseres Herrn Jesu Christi waren alle in der schon genannten Basilika des heiligen Apostels Petrus wiederum versammelt. Und da krönte ihn der ehrwürdige und segenspendende Vorsteher [Papst] eigenhändig mit der kostbaren Krone. Darauf riefen alle gläubigen und getreuen Römer, die den Schutz und die Liebe sahen, die er der römischen Kirche und ihrem Vertreter gewährte, einmütig mit lauter Stimme auf Gottes Geheiß und des heiligen Petrus, des Himmelreiches Schlüsselträger, Eingebung aus: Dem heiligsten Augustus Karl, dem großen, von Gott gekrönten und Frieden bringenden Kaiser Leben und Sieg! Vor der heiligen Confessio des seligen Petrus ist das, unter Anrufung vieler Heiliger, dreimal ausgerufen worden, und von allen ist er als Kaiser eingesetzt worden. Auf der Stelle salbte der heilige Vorsteher und Oberpriester mit heiligem Öl Karl, seinen hervorragendsten Sohn, an demselben Tage der Geburt unseres Herrn Jesu Christi zum König.

b) Die Lebensbeschreibung Einhards liefert folgende Version:

Seine letzte Reise nach Rom hatte mehrere Gründe. Die Römer hatten Papst Leo schwer misshandelt, ihm die Augen ausgestochen und die Zunge ausgerissen, sodass er sich gezwungen sah, den König um Schutz zu bitten. Daher begab sich Karl nach Rom, um die verworrenen Zustände der Kirche zu ordnen, das dauerte den ganzen Winter. Bei dieser Gelegenheit erhielt er den Kaiser- und Augustustitel, der ihm anfangs so zuwider war, dass er erklärte, er würde die Kirche selbst an jenem hohen Feiertage nicht freiwillig betreten haben, wenn er die Absicht des Papstes geahnt hätte. Die Eifersucht der oströmischen Kaiser, die ihm die Annahme der Titel schwer verübelten, ertrug er dann allerdings mit erstaunlicher Gelassenheit.

Deutsche Geschichte in Quellen und Darstellung, Bd. 1: Frühes und hohes Mittelalter 750–1250, hg. v. W. Hartmann, Stuttgart 1995, S. 53f., 56f.

Aufgaben

1. a) Welche Einstellung hat Einhard gegenüber Karl?
   b) Suche Formulierungen in der Beschreibung von Karls Aussehen, in denen Einhards Einstellung deutlich wird.
   → M7
2. a) Vergleiche die bildlichen Darstellungen Karls miteinander. Überwiegen die Ähnlichkeiten oder die Unterschiede?
   b) Welche Darstellung ist am ehesten mit der Beschreibung Einhards vereinbar?
   c) Wie könnte man entscheiden, welche Darstellung am ehesten lebensecht ist?
   → M5, M6, M7
3. Vergleiche die beiden Krönungsberichte.
   a) Welcher berichtet ausführlicher von der Krönung selbst?
   b) Welche Rolle spielen bei der Krönung der Papst, die Römer und Karl?
   c) Welche Einstellung hat Karl jeweils zur Kaiserkrönung?
   → M8
4. Beurteile, ob Karl den Beinamen „der Große" verdient hat.
   → Text

M 1 Die Kaiserkrönung in einem Jugendbuch

Die Hauptfigur Brun erlebt die Kaiserkrönung in Rom und bespricht danach die Ereignisse mit Bischof Theodulf:

Die Erwartung, die über der Menge lag, spürte man in der Kirche noch deutlicher als draußen. Dennoch erstarrten nicht nur die Franken vor Überraschung, als der Papst beim Zelebrieren der Messe plötzlich auf den König zutrat, bedeutungsvoll vor ihm verharrte und dann mit erhobenen Händen ihm, der sich gerade von dem Gebet vor dem Hauptaltar erheben wollte, ein Diadem aufs Haupt drückte, das offenbar auf dem Altar bereitgelegen hatte. Die Stadtrömer brachen auf dieses Zeichen hin in den Ruf aus: „Leben und Sieg für Karl, den Augustus, den von Gott gekrönten großen und friedensreichen Kaiser der Römer!" Und ehe der König und seine Franken es sich versahen, kniete der Papst zur Huldigung vor ihm nieder.
Trotz der ungeheuren Erregung, die durch die Basilika ging, nahm der Gottesdienst seinen Fortgang. Der junge König wurde nun gesalbt; sein Vater bewahrte äußerste Gelassenheit. Die Messe ging wie vorgesehen zu Ende.
Danach war es freilich bei den Franken mit der Gelassenheit vorbei, und als Brun am nächsten Tag zur verabredeten Zeit in dem kleinen römischen Kloster eintraf, in dem Theodulf Quartier genommen hatte, fand er den Bischof [...] in kaum verhohlener Erregung um eine schlüssige Meinung zu den Ereignissen des Vortages bemüht.
„Der König soll gesagt haben, er hätte die Kirche nicht betreten, wenn er von dem Vorhaben des Papstes gewusst hätte", berichtete er Brun zur Begrüßung, ohne sich groß mit einer Einladung zum Sitzen aufzuhalten. Brun war genauso aufgeregt; in seinem Kopf drängten sich die Fragen. „Der Hergang der Krönung hat doch gar nicht gestimmt!", erklärte er statt einer Antwort. „Der Papst hat den König ja nur gekrönt und nicht gesalbt!"
Doch dies wies der Bischof ungeduldig ab. „Der Papst hat sich streng an die Zeremonie gehalten, mit der im alten Rom einst die Kaiser ausgerufen wurden", erläuterte er. „Zu einer römischen Kaiserproklamation gehören drei Dinge: die Ausrufung, die Krönung und die Huldigung, und zwar in dieser Reihenfolge; die Salbung ist kein ursprünglicher Bestandteil der Zeremonie. Der Papst hat allerdings gestern die Reihenfolge geändert und die Krönung vor die Ausrufung und die Huldigung gesetzt. Vermutlich war sie das mit den Stadtrömern verabredete Zeichen, die Ausrufung, die laudes, anzustimmen."
„[...] Und deshalb also waren so viele von ihnen geladen! Jetzt wissen wir es!", fiel Brun ihm ungestüm ins Wort. „Richtig. Denn diese laudes, die Ausrufung durch das Reichsvolk, sind der entscheidende Teil der Zeremonie." „Und sie hat vorzüglich geklappt!", sagte Brun lachend. Theodulf stimmte ihm zu. „Die Römer müssen die Ausrufung wirklich gut geübt haben, denn es ist hier ja seit mehr als dreihundert Jahren kein Kaiser mehr ausgerufen worden! Nein, Brun, es hat schon seine Richtigkeit: Der König ist in aller Form zum weströmischen Kaiser, zum Kaiser der Römer, erhoben worden!"
„Und warum ist er dann so verärgert?", fragte Brun und sah sich nun doch nach einer Bank um. Auch Theodulfs Erregung begann abzuebben [...].
„Zunächst einmal", erklärte Theodulf, „hätte der König die Form der Krönung wohl gerne selbst bestimmt. Denn wer so bewusst Neues schafft, der lässt sich nicht gerne mit überkommenen Formen überrumpeln. Vielleicht hat sich in seinen Augen dieser von ihm abhängige Papst zu viel herausgenommen; vielleicht hätte er vorher auch lieber mit Byzanz verhandelt, wo es ja einen oströmischen Kaiser gibt. Und ganz sicher hat es ihn geärgert, dass nun nicht die Franken, sondern die Römer als Reichsvolk aufgetreten sind. Und damit sind wir bei den ernsteren Fragen; alles andere ist Formsache."

Wiebke von Thadden: Brun, Geisel des Königs, Weinheim/Basel 1999, S. 249 ff.

M 2 Die Absicht der Autorin

Wiebke von Thadden erläutert ihr Vorgehen:

In diesem Buch werden historische Ereignisse und Prozesse anhand eines biografischen Romans dargestellt. Diese Erzählform, die bewusst eine auf die damalige Zeit anspielende Sprachfärbung vermeidet, soll deutlich machen, dass Geschichte sich stets durch Menschen vollzieht, durch ihr Handeln oder Erleiden in ihrer jeweiligen Situation mit allen ihren Sachzwängen und Chancen. Die Handlung dieses Romans ist jedoch erfunden; freilich so, dass jede Person in ihrem historischen Kontext, das heißt in ihrer politischen, sozialen und kulturellen Prägung möglich ist. Einige Personen sind ganz frei erfunden: Brun, Gawein und Radegunde haben nicht gelebt.

Wiebke von Thadden: Brun, Geisel des Königs im Reich der Franken, München 1982, S. 257.

M 3 **Ein Jugendbuch über die Zeit Karls des Großen**

Der Text zum Buch auf der Rückseite:

Der Krieg gegen die Franken ist verloren. König Karl der Große fordert Geiseln, um die Absprachen mit den unterworfenen Sachsen abzusichern. Brun – ein junger Sachse – stellt sich freiwillig zur Verfügung, neugierig auf das fremde Frankenreich und auf die neue Religion, das Christentum. Die Gefangenschaft ist angenehmer als erwartet, doch für Brun beginnt eine Zeit, die ihn vor viele Fragen stellt.

Umgang mit Jugendbüchern

Geschichtliche Ereignisse bildeten für Schriftsteller immer wieder einen Anreiz für Erzählungen, Theaterstücke und Gedichte. Auch in vielen Jugendbüchern spielen vergangene Zeiten eine wichtige Rolle. Dabei hielten sich die Autoren nicht immer an das, was sicher überliefert war, sondern ließen oft ihre Fantasie spielen. Sie erfanden Neues hinzu, ließen dafür anderes weg.

Diese dichterische Freiheit wird verschieden bewertet. Manche behaupten, dass dadurch die Geschichte verfälscht würde. Andere sagen, dass erst eine anschauliche Schilderung vergangene Ereignisse nachvollziehbar mache. Wieder andere legen nur darauf Wert, dass das jeweilige Werk gut geschrieben ist und dem Leser gefällt.

Ein Vergleich des im Buch dargestellten Geschehens mit dem, was aus den Quellen darüber bekannt ist, kann allerdings sehr interessant sein. Denn daraus ist zu ersehen, wie nah ein Buch an der Überlieferung bleibt oder wie frei es mit der Geschichte umgeht. Wenn man weiß, dass manches erfunden ist und man das vielleicht sogar entdeckt, wird der Lesespaß vielleicht sogar größer.

Fragen an historische Jugendbücher

1. Dargestelltes Ereignis

a) Fasse kurz zusammen, was erzählt wird.
b) Woher weiß man, ob die Kaiserkrönung tatsächlich stattgefunden hat?
c) Welche Elemente sind durch Quellen belegt, welche hat die Autorin hinzugefügt?
Ziehe dazu auch die Quellen auf den vorigen Seiten heran.

2. Dargestellte Figuren

a) Wie wird Brun geschildert? Welche Eigenschaften kennzeichnen ihn?
b) Woher weiß man, ob Brun tatsächlich gelebt hat?

3. Absicht der Darstellung

a) Erläutere, worauf es der Autorin in ihrem Buch ankam.
b) Soll das Buch deiner Meinung nach vor allem unterhalten oder informieren?
c) Ist der Autorin deiner Meinung nach die Darstellung der Kaiserkrönung geglückt?
d) Begründe deine Meinung.

Die Grundherrschaft

Grundherrschaft – Herrschaft über Land und Leute

Im Unterschied zu heute lebten im Mittelalter die meisten Menschen als Bauern. Ihr Leben war durch die Arbeit in der Landwirtschaft geprägt und durch ihre Stellung in der Grundherrschaft.

„Grundherrschaft“ ist ein moderner Begriff, den die Menschen im Mittelalter nicht kannten. Er bedeutet nicht nur, dass jemand Herr über ein bestimmtes Gebiet war, sondern auch über die dort wohnenden Menschen. Grundherrschaft heißt also: Herrschaft über Land und Leute. Hinweise darauf, wie dies im Einzelnen geregelt war, finden sich zum Beispiel in alten Güterverzeichnissen. Dort ist der Besitz eines Klosters oder eines Adligen genau aufgelistet und dort steht, was die einzelnen Höfe an Abgaben zu leisten hatten. Aus Urkunden erhält man Aufschluss über Schenkungen und Besitzwechsel. Diese vielen einzelnen Informationen ermöglichen es, sich eine Vorstellung von der Grundherrschaft zu machen, die das Leben so vieler Menschen über Jahrhunderte hinweg bestimmte.

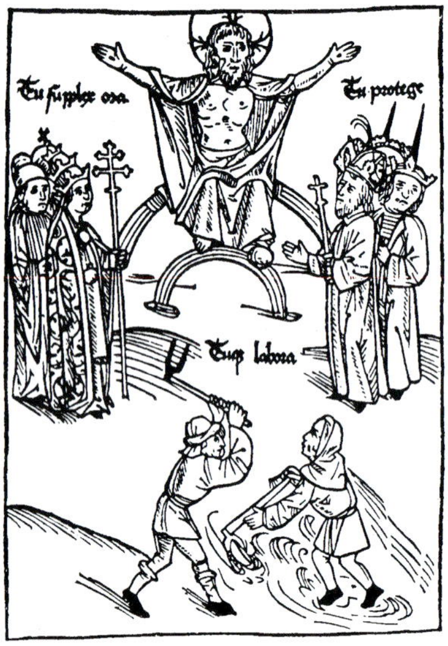

M 1 Ständebild
Auf dem Holzschnitt aus dem Jahr 1492 sind die drei wichtigsten Stände dargestellt: die kirchlichen Würdenträger, die Adligen und die Bauern. Die Inschriften weisen ihnen ihre Aufgaben zu: „Du sollst unterwürfig beten" – „Du sollst schützen" – „Du sollst arbeiten". Darüber thront Jesus auf einem Regenbogen.

Grundherr und Grundhöriger

In der Grundherrschaft bestand ein Verhältnis zwischen einem Grundherrn und einem Grundhörigen (der auf den Grundherrn „hören“ musste). Der Grundherr konnte der König, ein Adliger, ein Bischof oder auch ein Kloster sein. Die Grundhörigen waren Bauern – arm oder wohlhabend und mehr oder weniger abhängig vom Grundherrn.

Der Grundherr überließ den Grundhörigen im Allgemeinen ein Stück Land zur Bewirtschaftung, sorgte für deren Schutz, regelte die Bewirtschaftung des Landes und hielt Gericht. Die Grundhörigen bewirtschafteten das Land, leisteten dem Grundherrn Abgaben und waren verpflichtet, für ihn so genannte Frondienste, das heißt „Herrendienste“, zu verrichten. Wichtige Entscheidungen wie Heirat oder Umzug musste der Grundherr genehmigen.

Die Bauern waren dem Grundherrn rechtlich nicht gleichgestellt und sie waren in unserem heutigen Sinne nicht frei. Die mittelalterliche Gesellschaft war eine Ständegesellschaft. Die Zugehörigkeit zu einer sozialen Gruppe war durch die Geburt bestimmt: Wer als Grundhöriger geboren wurde, blieb Grundhöriger. Es gab aber große Unterschiede zwischen den Grundhörigen: Der eine musste nur bestimmte Abgaben leisten und arbeitete sonst für sich selbst; ein anderer musste Abgaben leisten und zum Beispiel an drei Tagen für den Grundherren arbeiten; ein Dritter musste Abgaben leisten und darüber hinaus immer dann, wenn der Grundherr es befahl, Dienste für ihn verrichten.

Fronhof und Hufen

Der Mittelpunkt einer Grundherrschaft war oft der so genannte Fronhof, das heißt Herrenhof: ein Bauernhof, den der Grundherr selbst bewirtschaftete oder durch einen Verwalter bewirtschaften ließ. Dieser Verwalter wurde oft „Meier“ genannt, wovon sich der heutige Familienname ableitet. Dazu hatte der Grundherr auf dem Herrenhof Arbeiter, die unter seiner Herrschaft standen und persönlich unfrei waren. Sie werden als Leibeigene bezeichnet. Zur Grundherrschaft gehörten

M 2 Grundherrschaft eines Klosters

Besitzungen des Klosters Benediktbeuren im 9. Jahrhundert (Auswahl)

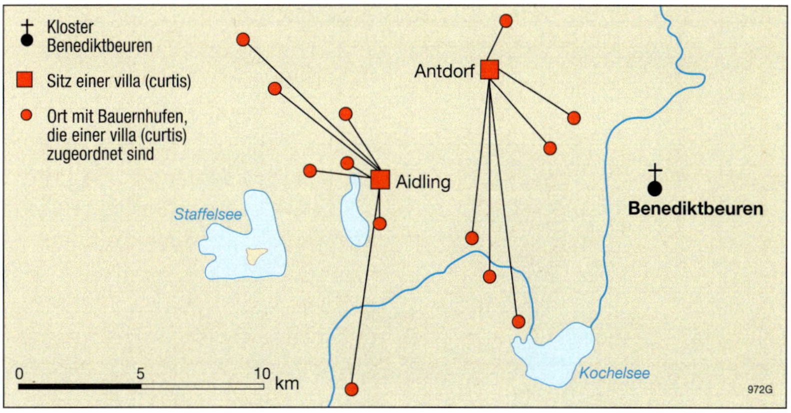

weiterhin einzelne Hufen – das sind Bauernhöfe, die von den dort lebenden Familien selbstständig bewirtschaftet wurden.

Die Entstehung der Grundherrschaft

Aus heutiger Sicht wirkt die Grundherrschaft auf uns fremd: Wieso haben die Bauern nicht gegen ihre eingeschränkte Freiheit protestiert? Dies ist nicht leicht zu beantworten, da nur wenige Schriftstücke aus der damaligen Zeit vorliegen. Folgende Überlegungen helfen aber weiter:

- Die Grundherrschaft war nichts grundsätzlich Neues. Bereits im Römischen Reich gab es einerseits Sklaven, die auf den großen Gütern arbeiteten, und andererseits freie Bauern, die ihr eigenes Land bewirtschafteten, aber bestimmte Abgaben zahlen mussten. Nach dem Ende des Römischen Reiches änderte sich dies nicht grundsätzlich, aber manche Sklaven erhielten von ihren Herren Land, und manche freien Bauern mussten – zum Beispiel wegen Schulden – ihr Land an einen Großgrundbesitzer abgeben. Aus Sklaven und Bauern wurden in einer langen Entwicklung Grundhörige.
- Die Grundherrschaft beruhte auf Gegenseitigkeit. So konnten die Bauern den Kriegsdienst, zu dem sie als Freie zunächst verpflichtet gewesen waren, umgehen. Die Anschaffung einer Ausrüstung und die lange Abwesenheit während der Sommermonate war für die Bauern eine große Belastung, die ihnen nun der Grundherr abnahm. Grundherr und Grundhörige waren aufeinander angewiesen. Sie bewirtschafteten das Land gemeinsam und entwickelten so ein Zusammengehörigkeitsgefühl. Gleichwohl konnte es Streit geben, der einvernehmlich gelöst, vor Gericht verhandelt oder auch gewaltsam ausgetragen wurde.
- Die Grundherrschaft ermöglichte es, das Land gut zu bewirtschaften. Im Laufe des Mittelalters wurde immer mehr Land erschlossen, dessen Bestellung den Grundherrn überfordert hätte. Umgekehrt hatten die Grundhörigen die Möglichkeit, gegen Abgaben und Dienste selbstständig einen Bauernhof zu betreiben.

Im Laufe des Mittelalters und der frühen Neuzeit wurden Frondienste und Abgaben zunehmend durch Geldzahlungen ersetzt. Die Grundherrschaft blieb aber immer als Grundlage bestehen. Erst im 19. Jahrhundert ist sie endgültig abgeschafft worden.

Bäuerliches Leben – Eine Bildquelle betrachten

M 3 Bilder von Bauern

In einer mittelalterlichen Handschrift, die Fragen der Zeitrechnung behandelt, finden sich die folgenden Abbildungen. Sie zählen zu den frühesten Darstellungen bäuerlicher Tätigkeiten. Das Werk entstand im Jahr 818 n. Chr auf Anregung Karls des Großen.

M 4 Ein Güterverzeichnis

Im vor 829 entstandenen Güterverzeichnis, einem so genannten Urbar, des Klosters Saint-Germain-des-Prés werden die Besitzungen des Klosters und Verpflichtungen der Grundhörigen in Nogent aufgeführt. Aripenni, perticae und bunuariae sind Flächenmaße, die regional unterschiedlich verwendet wurden und deren genaue Größe nicht mehr feststellbar ist. Der erste Satz des lateinischen Originals lautet:

„Habet ibi de prat[o] arip[ennos] XLIII ubi poss[unt] colligi de feno carra CXX."

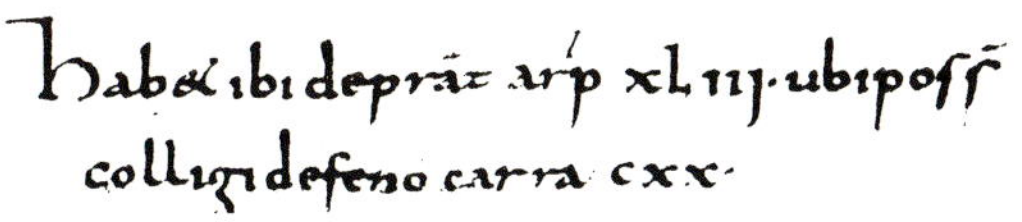

Die Übersetzung heißt:

Es besitzt dort 43 aripenni Wiesen, von denen 120 Fuder Heu geerntet werden können.
Es besitzt dort Wald, der insgesamt auf 15 Meilen im Umkreis geschätzt wird, in dem 1000 Schweine gemästet werden können.
Es besitzt dort eine Mühle, aus der ein Zins von 30 Scheffeln Getreide hervorgeht.
Es besitzt dort eine Kirche. [...]
Der Hörige Vulfradus und seine Frau, eine Freie namens Ermoara, haben bei sich drei Kinder mit diesen Namen: Vulfricus, Aldeberga, Vulfildis. Er bewirtschaftet 1 mansus ingenuilis [selbstständiger Hof besserer Qualität] bestehend aus 11 bunaria Ackerland, 2 aripenni Weinberg, 3 aripenni Wiesen. Er zinst für den Kriegsdienst 10 Scheffel Wein, für die Schweinemast 3 Scheffel [...]. Er pflügt für die Wintersaat 6 perticae, zur Frühjahrssaat 3 perticae. Bittfrontage [Arbeitstage für den Herrn], Holzschlag, Hand- und Spanndienste, so viel ihm befohlen wird. 3 Hühner, 15 Eier. Er transportiert Wein, wohin ihm befohlen wird. 100 Schindeln. Er bearbeitet auf der Weise 1 aripennum. [...]
Der Hörige Probardus des heiligen Germanus bewirtschaftet 1 mansus servilis [Hof minderer Qualität], bestehend aus 2 bunuaria Ackerland, 4 aripenni Wiesen. Er pflügt für die Wintersaat 2 perticae, für die Frühjahrssaat 1 perticae. 3 Hühner, 15 Eier. In jeder Woche 3 Tage.

Aus: Ludolf Kuchenbuch, Grundherrschaft im frühen Mittelalter, Idstein 1991, S. 121, 125.

M 5 Eine Schenkung

Engilram schenkt seinen Besitz dem Kloster St. Gallen. In der Urkunde vom 20. Mai 838 heißt es:

Im Namen Gottes habe ich, Engilram, aus Ehrfurcht vor Gott und für mein Seelenheil beschlossen, dass wir durch die Hand meines Bruders Pato mein gesamtes Allod [Eigentum], das ich in Alamanien zurzeit als meinen Besitz betrachte, dem Kloster St. Gallen, wo jetzt Bernwicus als Abt der Herde Gottes vorzustehen beliebt, übergeben und übertragen wollen. [...] Bei dieser Schenkung stellen wir die Bedingung , dass unserer Schwester Thiotpuruch diese Schenkung auf ihre Bitte für sich erhalten und zu ihren Lebzeiten den Nießbrauch besitzen und daher Zins bezahlen soll.

Aus: Ludolf Kuchenbuch, Grundherrschaft im frühen Mittelalter, Idstein 1991, S. 145f.

Aufgaben

1. Stelle wichtige Elemente der Grundherrschaft in einem Schaubild dar. → Text
2. a) Beschreibe möglichst genau, was auf den einzelnen Abbildungen dargestellt ist.
   b) Weshalb wählte man bäuerliche Tätigkeiten, um den Jahreslauf darzustellen?
   c) Beurteile die Aussagekraft der Abbildungen über das Leben der Bauern im frühen Mittelalter.
   → M3
3. a) Welche Leistungen der Grundhörigen kann man zu Gruppen zusammenfassen?
   b) Vergleiche die Situation von Vulfradus mit der von Probardus.
   → Text, M4
4. a) Welche Motive hatte Engilram bei seiner Schenkung?
   b) Welche Regelungen werden im Hinblick auf seine Schwester Thiotpuruch getroffen?
   c) Suche Gründe für diese Bedingungen.
   → M5
5. Stelle Vor- und Nachteile der Grundherrschaft in einer Tabelle gegenüber.
   → Text, M4, M5

Das Lehnswesen

„Rat und Tat“ und „Schutz und Schirm“

Die Grundherren lebten im Mittelalter nicht isoliert voneinander, sondern gingen oft ein Lehnsverhältnis ein. Dabei überließ ein Adliger, der Lehnsherr, einem anderen Adligen, dem Lehensmann, Land, das lateinisch „feudum“ genannt wurde. Der Lehnsmann wurde auch als Vasall bezeichnet; dies bedeutete ursprünglich „Knecht“.

Es handelte sich dabei aber nicht um eine Schenkung, sondern, wie der Begriff schon sagt, um eine „Leihe“. Der Lehnsherr verpflichtete sich dazu, seinem Lehnsmann „Schutz und Schirm“ zu gewähren, ihn insbesondere bei einem Angriff zu verteidigen. Umgekehrt musste der Lehnsmann seinem Lehnsherrn mit „Rat und Tat“ zur Seite stehen und im Notfall für ihn kämpfen. Wie die meisten anderen Vereinbarungen wurde dieser „Vertrag“ durch eine Reihe von symbolischen Handlungen geschlossen.

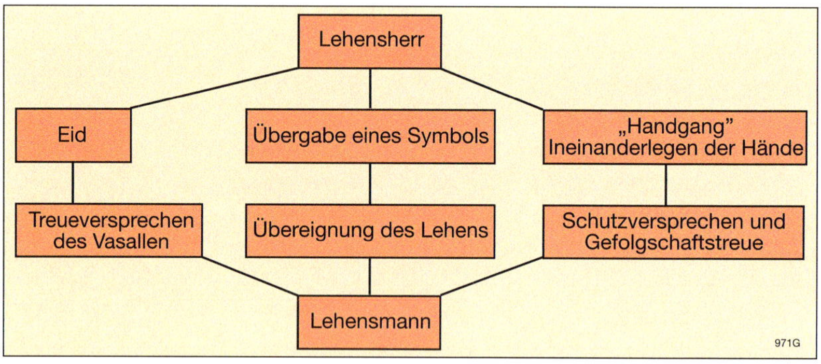

Für beide Seiten bot das Lehnsverhältnis Vorteile. Der Lehnsherr konnte die Teile seines Besitzes, deren Verwaltung ihn als Grundherrn möglicherweise überfordert hätte, zur Steigerung seiner eigenen Macht einsetzen und vergrößerte so seine Gefolgschaft.

Der Lehnsmann gewann, wenngleich er sich seinem Herrn formell unterordnete, mit dem überlassenen Land Macht als Grundherr hinzu und hatte einen mächtigen Verbündeten. Außerdem konnte er hoffen, dass auch seine Nachkommen belehnt und das Lehen gleichsam vererbt werden konnte.

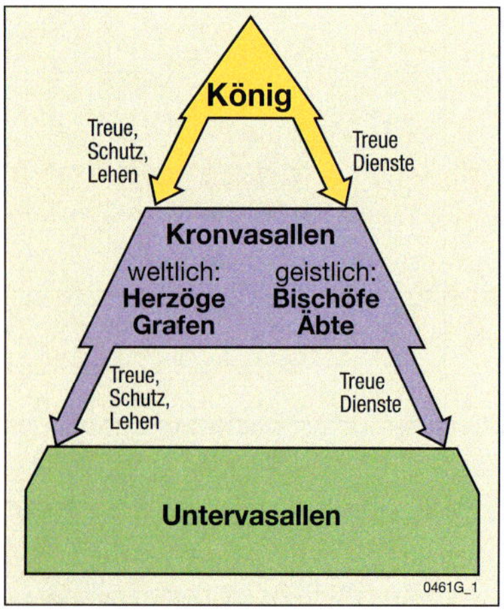

M 1 Lehnspyramide
Das Lehnswesen des Mittelalters lässt sich auch in Form einer solchen Pyramide darstellen.

Die Lehnspyramide

Lehnsverhältnisse waren nur zwischen Freien möglich. Sie dienten vor allem zur Machtsteigerung. Das Lehnswesen zeigt, dass es im Mittelalter einen eigenen Adelsstand gab, der vom Bauernstand strikt getrennt war. Adlige waren Grundherren, die untereinander Lehnsverhältnisse eingehen konnten. Auch die Bischöfe zählten zum Adel und konnten Lehen empfangen und vergeben.

An der Spitze des Adels stand der König als oberster Lehnsherr. Die von ihm belehnten großen Herren – die Kronvasallen – vergaben häufig einen Teil ihrer Besitzungen an Untervasallen. So entstand ein Netz von persönlichen Abhängigkeiten zwischen dem König, dem hohen und dem niederen Adel: das Lehnswesen des Mittelalters.

Der „Sachsenspiegel“ – Eine mittelalterliche Bilderhandschrift verstehen

M 2 Ein Bilderbuch des Rechts

Anfang des 13. Jahrhunderts verfasste der Adlige Eike von Repgow ein Rechtsbuch, den so genannten Sachsenspiegel. Es sollte alle wichtigen Rechtsregeln in der sächsischen Heimat des Autors zusammenfassen. Neben dem Text enthält die Handschrift auch Illustrationen für diejenigen, die nicht lesen konnten. Wichtige Elemente des Lehnswesens sind also bildlich dargestellt:

Bilder aus: Der Sachsenspiegel, ausgewählt und erläutert von Walter Koschorreck, 2. Aufl., Frankfurt /M. 1977, S. 41, 43.

a)

Die Bilderhandschrift verwendet eine festgelegte Bildersprache:

- Lilienkrone: Lehnsherr;
- grüne Farbe: adlige Herkunft;
- Fahne, Ährenbüschel, Ast: Symbole für Lehen;
- Ährenbündel im Kreis: Symbol für Anwartschaft auf ein Lehen;
- erhobener Finger: Gelöbnisgebärde.

b)

c)

Aufgaben

1. Erkläre mit eigenen Worten, was Lehnswesen bedeutet. → Text
2. a) Suche auf den Abbildungen die symbolischen Handlungen, die für die Herstellung eines Lehnsverhältnisses notwendig waren, und erläutere sie.
   b) Woran ist die Unterordnung und woran die Gegenseitigkeit des Verhältnisses zwischen Lehnsherr und Lehnsmann erkennbar?
   c) Überlege, weshalb die Figuren auf den Abbildungen manchmal mit drei oder fünf Armen dargestellt sind.
   d) Welche Bedeutung hat die Abbildung eines Lehensmannes zwischen zwei Lehnsherren? → M2
3. Welche Vor- und Nachteile hatte das Lehnswesen bei der Durchführung einer militärischen Aktion? → Text
4. Nenne Beispiele für Vereinbarungen, die auch heute symbolisch und nicht schriftlich getroffen werden.
5. Erläutere den Aufbau der Lehnspyramide. → M1

M 1

Vertrag von Verdun im Jahr 843

- Reich Lothars I.
- Reich Ludwigs des Deutschen
- Reich Karls II. des Kahlen
- Zugehörigkeit unbestimmt
- Patrimonium Petri

0 200 400 600 km

1069Ga

M 2

Vertrag von Meersen im Jahr 870

- Reich Ludwigs II.
- Reich Ludwigs des Deutschen
- Reich Karls II. des Kahlen
- Patrimonium Petri

0 200 400 600 km

1070Ga

M 3

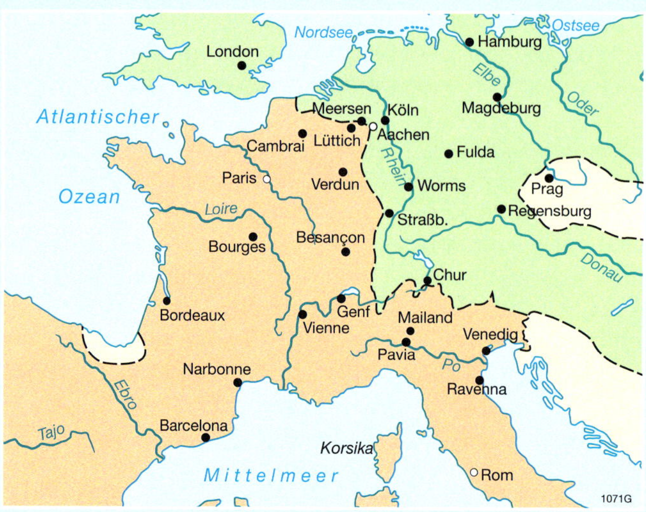

- - - Sprachgrenze

Sprache
- germanisch
- romanisch

0 200 400 km

1071Ga

Geschichtskarten zum Karolingerreich

Mit Geschichtskarten wird versucht, Ergebnisse geschichtlichen Geschehens zu vergegenwärtigen. So macht eine Karte des Karolingischen Reiches unter Karl dem Großen deutlich, welche Gebiete nach Lage der Quellen der Herrschaft Karls des Großen zugeordnet werden können. Inwieweit Karl tatsächlich seine Macht ausübte, lässt die Karte unberücksichtigt. Nach mittelalterlichem Verständnis hatte ein Herrscher ohnehin nur Macht über Personen und nicht über Gebiete. Nicht besiedelte Gebiete oder unzugängliche Gegenden fielen somit aus dem Herrschaftsgebiet heraus. Es gab insofern keine eindeutigen Grenzlinien, sondern Grenzräume. Dies vernachlässigt der Kartograf, um eine anschauliche Karte zu ermöglichen.

Karten machen darüber hinaus deutlich, wie sich Staaten im Lauf der Zeit verändert haben. So kann der Zerfall des Karolingerreiches dokumentiert werden. Damit sind zugleich Einblicke in die Veränderung der Geschichte möglich, weil die vertraglich ausgehandelte Herrschaftsaufteilungen nur relativ kurze Zeit bestanden.

Fragen an Geschichtskarten

1. Bestandteile der Karte

a) Wie hießen die Herrscher der Reichsteile 843 und 870?
b) Warum sind die Städte Aachen, Paris und Rom hervorgehoben?
c) Was bedeutet das Symbol ● (für Verdun und Meersen)?
d) Beschreibe, wie das Karolingerreich im Vertrag von Verdun aufgeteilt wurde.
e) Welche Veränderungen ergaben sich von der Aufteilung im Vertrag von Verdun zu der im Vertrag von Meersen?

2. Art der Karte

a) Welcher Art von Karte kann man M 1 und M 2 zuordnen?
b) Um welche Art von Karte handelt es sich bei M 3?
c) Wodurch unterscheidet sich die Karte M 3 von den beiden anderen Karten?

3. Aussagewert der Karte

a) Prüfe, ob sich aus den Karten die Gründe für die Teilungen entnehmen lassen.
b) Entscheide, ob man von einer Teilung oder einem Zerfall des fränkischen Reiches sprechen kann. Suche für deine Meinung Argumente aus dem entsprechenden Kapitel des Buches.
c) Stimmt die Sprachgrenze mit den jeweiligen Reichsgrenzen überein? Welche Folgerungen lassen sich daraus ziehen?

M 1 Der Magdeburger Reiter
Um 1240 entstandenes Standbild, das vermutlich Kaiser Otto I. darstellt.

M 2 Siegel König Ottos I. (936 n. Chr.)
Umschrift:
OTTO D(E)I GR(ATI)A REX
(Otto von Gottes Gnaden König),
Durchmesser: 5,2 cm

Königsherrschaft im Mittelalter

Ein Königsdenkmal

Im Zentrum von Magdeburg befindet sich der so genannte Magdeburger Reiter. Man vermutet, dass die Figur Otto I. darstellen soll, der im 10. Jahrhundert regierte. Magdeburg war sein bevorzugter Aufenthaltsort. Die einflussreiche Adelsfamilie der Ottonen, aus der er stammte, hatte in der dortigen Gegend ihre Besitzungen. Diese Adelsfamilie stellte den Herzog von Sachsen und konnte sich nach dem Ende der Karolingerherrschaft die Königswürde sichern.

Der König als oberster Lehnsherr im Reich

Als Begründer des mittelalterlichen Deutschen Reichs gilt der Vater von Otto, Heinrich I. Er einte die mächtigen Stammesherzöge, besiegte 933 die Ungarn an der Unstrut und festigte das Reich. Dass sein Sohn Otto die Nachfolge antrat, war keineswegs selbstverständlich, denn das Reich war ein Wahlkönigtum. Es gelang Heinrich I. jedoch, seinem Sohn noch zu Lebzeiten die Thronfolge zu sichern. So wurde Otto I. 936 in Aachen vom Adel zum König gewählt und feierlich gekrönt.

Der König war auf die Zusammenarbeit mit dem mächtigen Adel, besonders den Herzögen, angewiesen. Um zu gemeinsamen Entscheidungen zu kommen, fanden auf großen Versammlungen, den so genannten Hoftagen, regelmäßig Beratungen statt.

Die Stellung der Herzöge und anderer Adliger war deshalb so stark, weil sie mächtige Grundherren waren. Daneben hatten sie Vasallen. Dies waren andere Freie, meist Adlige, denen ein Stück Land, das Lehen, leihweise überlassen wurde. Der Lehnsherr war zu Schutz und Schirm verpflichtet und konnte von den Lehnsleuten „Rat und Tat“ verlangen. Otto war als König oberster Lehnsherr im Reich. Seine Lehnsleute versuchten aber, möglichst selbstständig zu werden, weshalb sich Otto nicht immer auf sie verlassen konnte. Deshalb suchte Otto Rückhalt bei der Kirche.

Die Reichskirche als Stütze der Königsherrschaft

Die Erzbischöfe und Bischöfe waren in ihrem Erzbistum oder Bistum für alle religiösen Fragen zuständig. Sie waren aber nicht nur Geistliche, sondern auch weltliche Grund- und Lehnsherren und hatten also auch politisch großen Einfluss. Daneben gab es Klöster, die ebenso über großen Besitz verfügen und große Macht besitzen konnten.

Als König galt Otto nicht nur als weltlicher Herrscher. Er war nach dem damaligen Verständnis von Gott dazu berufen. So beanspruchte er, über kirchliche Angelegenheiten zu bestimmen und setzte Äbte und Bischöfe ein. Durch Schenkungen von Land, durch die Stiftung von Geld und durch die Überlassung von bestimmten Rechten, wie zum Beispiel das Recht, Zoll zu erheben, waren die mächtigen kirchlichen Würdenträger dem König verpflichtet. Er konnte auf ihre Unterstützung vertrauen. So bildete die Kirche eine wichtige Stütze der Herrschaft Ottos und seiner Nachfolger.

Die Förderung der Kirche hatte für Otto noch einen anderen Vorteil. Da es in der damaligen Zeit keine Hauptstadt und keine feste Residenz gab, war der König mit seinem Gefolge immer unterwegs. Der Herr-

M 3 **Siegel Kaiser Ottos I. (um 965 n. Chr.)**
Umschrift:
OTTO IMP(ERATOR) AUG(USTUS)
Durchmesser: 6,5 cm

scher war „vor Ort“ in seinem Königreich, um für Frieden zu sorgen, um Gericht zu halten oder um politische Verhandlungen zu führen. Dies war allerdings sehr aufwendig, da alle am Hof Anwesenden versorgt werden mussten. Zu diesem Zweck gab es im ganzen Reich Königspfalzen. Nun übernahmen auch die reich ausgestatteten Klöster und Erzbistümer diese kostspielige Aufgabe.

Königtum und Kaisertum

Ottos Herrschaft war aber auch von außen bedroht. Die Ungarn unternahmen im 10. Jahrhundert immer wieder Vorstöße nach Mitteleuropa, überfielen Klöster, Burgen und Städte und zogen sich dann wieder zurück. Im Jahr 955 kam es zu einer großen Schlacht auf dem Lechfeld bei Augsburg, die Otto gewann.

Nach den Erfolgen gegen seine Widersacher im Inneren und nach dem Sieg über die Ungarn konnte Otto die Kaiserwürde beanspruchen. Im Jahr 962 wurde er in Rom vom Papst zum Kaiser gekrönt. Während sich das Königtum auf die nördlich der Alpen gelegenen Gebiete erstreckte, bezog sich das Kaisertum auch auf die Herrschaft über Italien. Der deutsch-römische Kaiser sah sich zudem in der Tradition des römischen Weltreiches.

M 4

Die Königskrönung Ottos I. – Arbeiten mit einer Textquelle

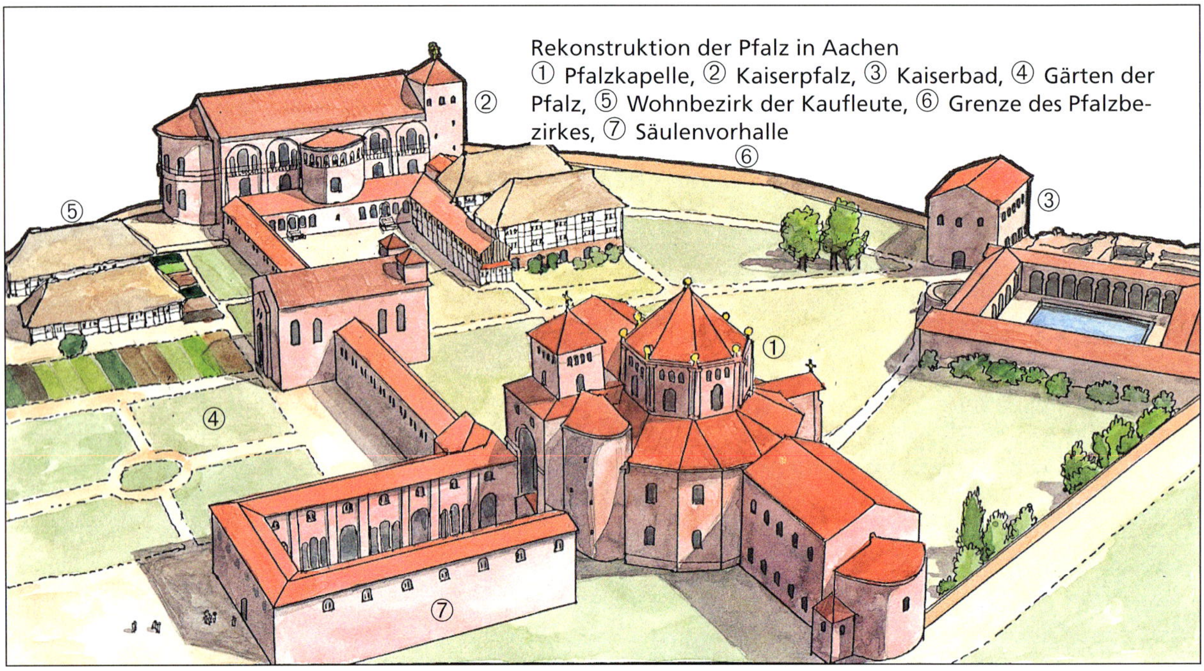

Rekonstruktion der Pfalz in Aachen
① Pfalzkapelle, ② Kaiserpfalz, ③ Kaiserbad, ④ Gärten der Pfalz, ⑤ Wohnbezirk der Kaufleute, ⑥ Grenze des Pfalzbezirkes, ⑦ Säulenvorhalle

M 5

M 6 Ein „Krönungsbericht"

In seiner „Sachsengeschichte" berichtet der Mönch Widukind aus dem Kloster Corvey an der Weser, der den Ottonen nahestand, über wichtige Ereignisse im 10. Jahrhundert. Da er die Krönung Ottos I. nicht persönlich miterlebte, beruht sein „Bericht" vermutlich auf der Beobachtung einer späteren Königserhebung:

Nachdem also der Vater des Vaterlandes und der größte wie beste König Heinrich gestorben war, wählte sich das gesamte Volk der Franken und Sachsen seinen Sohn Otto, der bereits vorher vom Vater zum König designiert worden war, als Herrscher aus. Als Ort der allgemeinen Wahl nannte und bestimmte man die Pfalz Aachen. [...]
Und als man dorthin gekommen war, versammelten sich die Herzöge und obersten Grafen mit der übrigen Schar vornehmster Ritter in dem Säulenhof, der mit der Basilika Karls des Großen [Pfalzkapelle] verbunden ist, setzten den neuen Herrscher auf einen dort aufgestellten Thron, huldigten ihm, gelobten ihm Treue, versprachen ihm Unterstützung gegen alle seine Feinde und machten ihn nach ihrem Brauch zum König. Während dies die Herzöge und die übrige Beamtenschaft vollführten, erwartete der Erzbischof mit der gesamten Priesterschaft und dem ganzen Volk im Innern der Basilika den Auftritt des neuen Königs. Als dieser erschien, ging ihm der Erzbischof entgegen, berührte mit seiner Linken die Rechte des Königs, während er selbst in der Rechten den Krummstab trug, bekleidet mit der Albe, geschmückt mit Stola und Messgewand, schritt vor bis in die Mitte des Heiligtums und blieb stehen. Er wandte sich zum Volk um, das ringsumher stand – es waren nämlich in jener Basilika unten und oben umlaufende Säulengänge –, sodass er vom ganzen Volk gesehen werden konnte, und sagte: „Seht, ich bringe euch den von Gott erwählten und von dem mächtigen Herrn Heinrich einst designierten, jetzt aber von allen Fürsten zum König gemachten Otto; wenn euch diese Wahl gefällt, zeigt dies an, indem ihr die rechte Hand zum Himmel emporhebt."
Da streckte das ganze Volk die Rechte in die Höhe und wünschte unter lautem Rufen dem neuen Herrscher viel Glück. Dann schritt der Erzbischof [Hildebert von Mainz] mit dem König, der nach fränkischer Sitte mit einem eng anliegenden Gewand bekleidet war, hinter den Altar, auf dem die königlichen Insignien lagen: das Schwert mit

dem Wehrgehänge, der Mantel mit den Spangen, der Stab mit dem Zepter und das Diadem. [...]
Derselbe [Erzbischof von Mainz] aber ging zum Altar, nahm von dort das Schwert mit dem Wehrgehänge auf, wandte sich an den König und sprach: „Nimm dieses Schwert, auf dass du alle Feinde Christi verjagst, die Heiden und schlechten Christen, da durch Gottes Willen dir alle Macht im Frankenreich übertragen ist, zum unerschütterlichen Frieden für alle Christen".
Dann nahm er die Spangen, legte ihm den Mantel um und sagte: „Durch die bis auf den Boden herabreichenden Zipfel [deines Gewandes] seist du daran erinnert, mit welchem Eifer du im Glauben entbrennen und bis zum Tod für die Sicherung des Friedens eintreten sollst." Darauf nahm er Zepter und Stab und sprach: „Durch diese Abzeichen bist du aufgefordert, mit väterlicher Zucht deine Untertanen zu leiten und in erster Linie den Dienern Gottes, den Witwen und Waisen die Hand des Erbarmens zu reichen; und niemals möge dein Haupt ohne das Öl der Barmherzigkeit sein, auf dass du jetzt und in Zukunft mit ewigem Lohn gekrönt werdest." Auf der Stelle wurde er mit dem heiligen Öl gesalbt und mit dem goldenen Diadem gekrönt von eben den Bischöfen Hildebert und Wigfried [von Köln], und nachdem die rechtmäßige Weihe vollzogen war, wurde er von denselben Bischöfen zum Thron geführt, zu dem man über eine Wendeltreppe hinaufstieg, und er war zwischen zwei Marmorsäulen von wunderbarer Schönheit so aufgestellt, dass er von da aus alle sehen und selbst von allen gesehen werden konnte.
Nachdem man dann das Lob Gottes gesungen und das Messopfer feierlich begangen hatte, ging der König hinunter zur Pfalz, trat an die marmorne, mit königlicher Pracht geschmückte Tafel und nahm mit den Bischöfen und dem ganzen Adel Platz; die Herzöge aber taten Dienst. Der Herzog der Lothringer, Giselbert, zu dessen Machtbereich dieser Ort gehörte, organisierte alles; Eberhard kümmerte sich um den Tisch, der Franke Hermann um die Mundschenken; Arnulf [von Bayern] sorgte für die Ritterschaft sowie für die Wahl und Errichtung des Lagers [...].
Der König aber ehrte danach einen jeden Fürsten freigebig, wie es sich für einen König gehört, mit einem passenden Geschenk und verabschiedete die vielen Leute mit aller Fröhlichkeit.

Widukind von Corvey, Sachsengeschichte, hrsg. v. Ekkehart Rotter u. Bernd Schneidmüller, Stuttgart 1981, S. 105–109.

Aufgaben

1. a) Erläutere, was man unter „Lehnswesen" und unter „Grundherrschaft" versteht.
   b) Erkläre die Begriffe „Erzbischof", „Reisekönigtum" und „Reichskirche".
   → Text
2. Zeige, auf wen sich Otto bei der Ausübung der Königsherrschaft stützen konnte.
   → Text
3. a) Den Bericht über die Krönung Ottos I. kann man in einzelne Handlungen einteilen. Erstelle eine Tabelle, in die du Ort, Handlung und Bedeutung der Handlung einträgst.
   b) Welche der einzelnen Handlungen gehören zusammen?
   c) Worauf konnte sich Otto berufen, wenn er seine Königsherrschaft rechtfertigte?
   → M6
4. a) Versuche, die Inschriften auf den beiden Siegeln zu entziffern.
   b) Erkläre die Bedeutung der beiden Inschriften.
   → M2, M3

M 1 Theophanu und Adelheid
Die beiden Medaillons auf dem Rand einer Kölner Evangelienhandschrift sind kürzlich als Portraits der Kaiserinnen Theophanu (oben) und Adelheid aus der Zeit ihrer Regentschaft identifiziert worden.

Theophanu - Die landfremde Kaiserin

Eine prachtvolle Heiratsurkunde

Die Heiratsurkunde der Kaiserin Theophanu ist eine der prächtigsten, die im gesamten Mittelalter im Heiligen Römischen Reich angefertigt wurde. Sie hielt fest, welche Schenkungen der Braut aus Anlass der Hochzeit gemacht wurden. Da Hochzeiten zwischen fürstlichen Häusern damals üblich waren, muss es andere Gründe dafür geben, dass eine so prachtvolle Urkunde ausgestellt wurde. Wer war diese Frau mit dem fremden Namen Theophanu?

Das Leben der Theophanu

Die junge Prinzessin Theophanu wurde am 14. April 972 in Rom mit dem bereits zum Mitkaiser gekrönten Thronfolger Otto II. verheiratet. Sie war damals etwa 13 Jahre alt, sodass sie in den Quellen als „puella", als Mädchen, bezeichnet wird. Theophanu war eine Nichte des Kaisers des Oströmischen Reiches, der in Byzanz, dem heutigen Istanbul, herrschte. Sie war mit allen wichtigen byzantinischen Familien verwandt. Trotzdem war sie manchen Menschen im Umfeld von Kaiser Otto I. nicht vornehm genug. Sie hätten lieber eine Tochter des vorherigen byzantinischen Kaisers als Braut des Thronfolgers gehabt und wollten Theophanu zurückschicken. Otto I. war diese Heirat aber politisch sehr wichtig, da er Byzanz nicht verärgern wollte. Außerdem heißt es, er sei von der Persönlichkeit Theophanus sofort beeindruckt gewesen.

Sie hatte in Byzanz eine Erziehung genossen, die sie dafür bestimmte, einen äußerst einflussreichen Mann zu heiraten und auch selbst Politik zu gestalten, wie es für Frauen aus dem byzantinischen Kaiserhaus durchaus üblich war. Theophanu war sehr gebildet, sie sprach und schrieb Griechisch und Latein und es scheint, als habe sie sich auch mit ihrem Ehemann, den sie nie zuvor gesehen hatte, von Anfang an gut verstanden. Gleichzeitig mit der Hochzeit wurde sie zur Mitkaiserin gekrönt.

Theophanu hatte mit Otto II. fünf Kinder: vier Töchter und einen Sohn, den Thronfolger Otto III. Als ihr Mann 980 starb, war sie 22 Jahre alt. Von den vier Töchtern verstarb eine. Mathilde heiratete einen Adligen. Die beiden ältesten Töchter, Sophie und Adelheid, wurden angesehene und einflussreiche Äbtissinnen. Standesgemäße Heirat und Führung eines Klosters waren übliche Lebenswege für adlige Frauen.

Theophanu und ihr Ehemann Otto konnten die Kinder nicht immer selbst erziehen, denn das Kaiserpaar – und später die Kaiserin allein – befand sich fortwährend auf Reisen. Sie mussten immer wieder in allen Gebieten des Reiches – von den heutigen Niederlanden bis nach Süditalien – nach dem Rechten sehen und auch selbst Feldzüge gegen ihre Feinde anführen.

Bei den damaligen Reisebedingungen dauerten solche Züge oft Monate oder sogar mehrere Jahre. Waren die Reisen nur kurz oder war es für eine Sache erforderlich, dass der Thronfolger und die anderen kaiserlichen Kinder anwesend waren, nahmen ihre Eltern sie mit. Bei längerer Abwesenheit des Kaiserpaares vertraute man die Kinder einem Bischof, einem Adligen oder einer Äbtissin zur Erziehung an.

Am 25. Juni 991 starb Theophanu in Nimwegen eines natürlichen Todes oder durch Gift. Sie wurde höchstens 33 Jahre alt.

M 2 **Heiratsurkunde der Theophanu**

Pergament, Länge: 144,5 cm, Breite: 39,5 cm, um 972

Die Urkunde verzeichnet die reichen Schenkungen an die byzantinische Prinzessin Theophanu, die am Ostertag des Jahres 972 in Rom den Sohn Ottos des Großen, Otto II., heiratete. Der Text ist mit Goldtinte auf Purpur geschrieben. Der Purpurgrund ist in der Art kostbarer byzantinischer Seidenstoffe durch kreisrunde Medaillons gegliedert, die mit Darstellungen kämpfender Tiere gefüllt sind: Löwen, die ein Rind schlagen, sowie Greifen mit einem Lamm in den Fängen – beides antike Motive, die sich in dieser Form bis in die altorientalische Kunst zurückverfolgen lassen. Der kostbar wirkende Purpurgrund entspricht dem Wunsch nach höchster Prachtentfaltung, mit der das ottonische Herrscherhaus die byzantinische Prinzessin in Rom empfing.

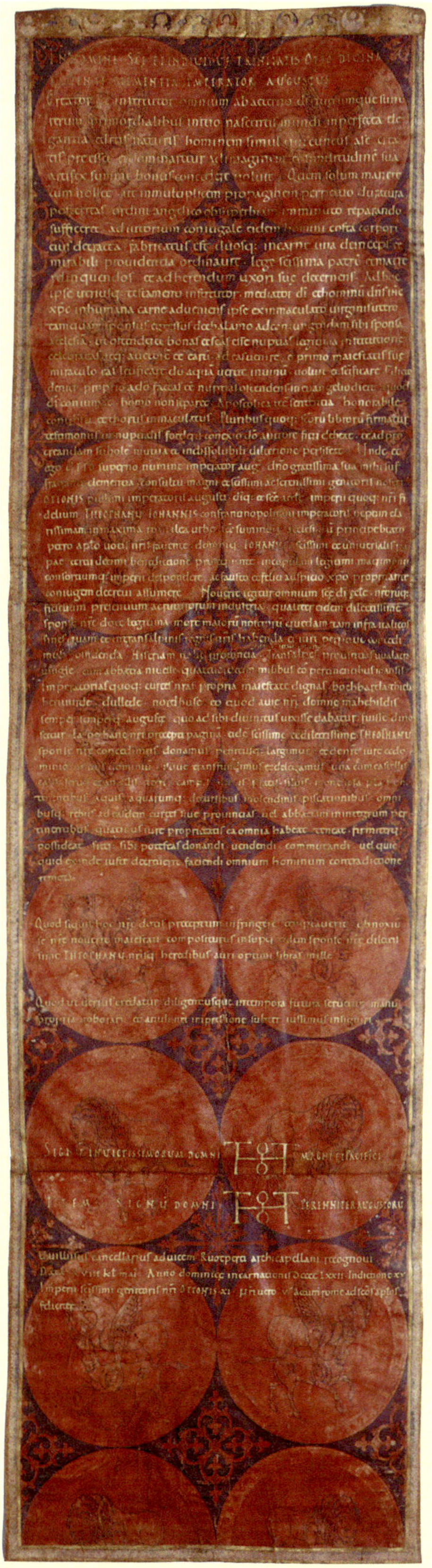

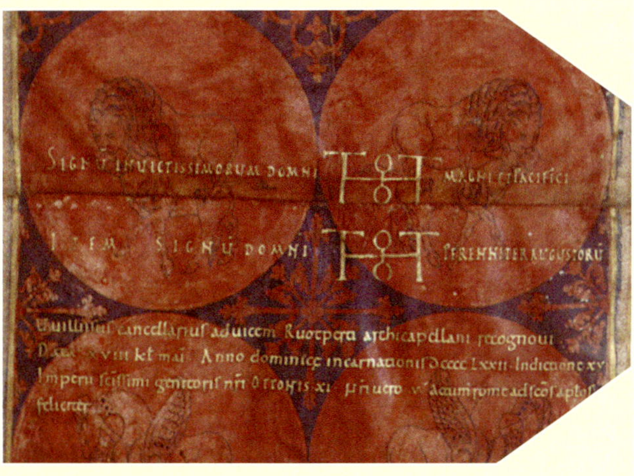

Ausschnittvergrößerung mit dem Monogramm Ottos

M 3 **Lebensdaten der Theophanu**

- geboren wahrscheinlich 959
- Hochzeit mit Otto II. am 14. April 972
- Regentschaftsregierung für Otto III. ab 984
- gestorben in Nimwegen am 15. Juni 991

Theophanu als Regentin

Im Byzantinischen Reich hatten Frauen als Kaiserinnen viel Macht und Einfluss. Auch deshalb hat Theophanu nicht gezögert, sich die Regentschaft für ihren nur dreijährigen Sohn Otto III. zu sichern. Das war im Heiligen Römischen Reich durchaus nicht selbstverständlich, wenn es auch seit dem 5. Jahrhundert im Abendland immer wieder Regentinnen gegeben hatte.

Normalerweise wurde aber der nächste männliche Verwandte Vormund beziehungsweise Regent, weshalb Heinrich der Zänker, der Herzog von Bayern und Neffe Ottos I., das königliche Kind in seine Gewalt brachte. Aber auch der König von Frankreich versuchte, sich die Regentschaft zu sichern. Beide wollten selbst anstelle des Kindes König werden.

Um ihr Ziel zu erreichen, reiste Theophanu von Rom aus sofort zu ihrer Schwiegermutter Adelheid nach Pavia und verständigte sich mit ihr, sodass beide Frauen gemeinsam das Ziel einer Regentschaft Theophanus für Otto III. verfolgten, obwohl sie sich nie besonders gut verstanden hatten. Dabei half ihnen Erzbischof Willigis von Mainz, dem der Kaiser die Verwaltung des Reiches während seiner Italienaufenthalte anvertraut hatte.

Heinrich der Zänker musste schließlich den jungen Otto III. an die beiden Kaiserinnen übergeben, weil die Großen des Reiches hinter der Regentschaft der Frauen standen.

Bereits im Juli 985 verdrängte Theophanu ihre Schwiegermutter aber wieder vom Königshof zurück nach Italien; anschließend machte sie sich mit ihrem Sohn auf den traditionellen Königsumritt durch das Reich, wodurch die Rechtmäßigkeit des Königtums Ottos III. symbolisch abgesichert wurde.

Theophanu gelang es, die Ostgrenze des Reiches gegen die Slawen abzusichern. Sie führte dazu sogar selbst ein Heer über die Elbe. Auch die Westgrenze konnte sie festigen. Dadurch erwarb sie sich großes Ansehen. 989/90 unternahm sie allein, ohne ihren Sohn, einen Italienzug, weil sie das ganze Reich und nicht nur Teile für ihn sichern wollte. Ob dies der Ausdruck eines „Regierungsprogramms“ war, nämlich die verschiedensprachigen Völker des Reichsgebietes – vielleicht sogar alle des ehemaligen Karolingerreiches – unter dem Dach des Kaisertums (und auch der Kirche) zusammenzufassen, ist umstritten.

Allerdings würdigten schon ihre Zeitgenossen und sogar ihre Gegner die außerordentlichen Verdienste, die sie sich um das Reich und um das Kaisertum erworben hatte.

Theophanu – Eine Ausnahmeerscheinung?

Theophanu war im Mittelalter eine Ausnahme. Die meisten Frauen lebten als Bäuerinnen oder Mägde auf dem Lande. Über sie ist wenig bekannt, sodass ihr individueller Lebensweg nicht nachvollzogen werden kann. Aber auch über viele adlige Frauen gibt es nur wenige Informationen. Das Wissen über Theophanu dagegen beruht auf den Urkunden, die sie als coimperatrix, als Mitkaiserin, zusammen mit ihrem Mann und später auch alleine ausgestellt hat. Weiter haben der Geschichtsschreiber Thietmar von Merseburg und der Biograf ihrer Schwiegermutter, der heiligen Adelheid, Abt Odilo von Cluny, über sie berichtet. Dieser Abt war Theophanu gegenüber allerdings nicht wohlgesonnen.

M 4 Ein Kaiserpaar

Elfenbeintäfelchen (entstanden 982/983), vermutlich auf einem Buchdeckel angebracht. Der zusammengekauerte Mann verharrt in der orientalischen Untergebenheitshaltung, der Proskynese.

M 5 Eine wissenschaftliche Sichtweise

Die Amtsauffassung der Theophanu in der Sichtweise eines modernen Historikers:

In Italien trat Theophanu nicht nur im Auftrag ihres Sohnes auf. Am 2. Januar stellte sie in Rom als divina gratia imperatrix augusta [von göttlicher Gnade erhabene Kaiserin] eine Urkunde aus. Nun war die Rechtslage hier verwickelter, denn die Herrschaft über Rom war nicht ein Teil des Königreichs Italien, das Otto III. geerbt hatte, sondern kaiserliches Vorrecht. Kaiser wurde man aber nicht einfach durch Erbrecht, sondern erst durch die Krönung. Theophanu konnte also nicht einfach im Namen Ottos III. urkunden. Sie war jedoch selber bei ihrer Eheschließung zur Kaiserin gekrönt worden und sah sich nun als regierende Kaiserin. [...] Auf dem Rückweg stellte sie in Ravenna [...] sogar eine Urkunde aus, die mit Theophanius gratia divina imperator augustus gezeichnet und auf das achtzehnte Jahr ihrer Herrschaft datiert war. In Ravenna wurde auch in ihrem Auftrag und Namen, iussione domne Theophana imperatricis, Gericht gehalten. Das zeigt, dass Theophanu genug Selbstbewusstsein hatte, um sich als einzige derzeitige Vertreterin des kaiserlichen Purpurs und damit als regierende Kaiserin zu verstehen und zu betätigen. [...]

Der Inhalt des Regierens war ihr wichtiger als die Form, aber im Kaisertum sah sie sich nicht nur als consors [Teilhaberin] ihres Gatten, dessen Mandat mit seinem Tod erloschen war, sondern als eigenständige imperatrix [Kaiserin].

Hansjörg Frommer, Adelheid und Theophanu. Zwei Kaiserinnen des 10. Jahrhunderts. In: Adelheid. Kaiserin und Heilige. 931 bis 999. Impératrice et sainte. 931 à 999. Adélaide. Karlsruhe1999, S. 76 ff.

Aufgaben

1. a) Vergleiche, wie Otto II. und Theophanu dargestellt werden. Was bedeutet diese Art der Darstellung?
   b) Wie lässt sich erklären, dass der Künstler byzantinische Bildelemente in seiner Darstellung verwendet hat?
   → M4
2. a) Stelle das Selbstverständnis der Theophanu dar.
   b) Charakterisiere Theophanus Regierungsweise.
   → M5
3. Welche Probleme ergeben sich, wenn man etwas über das Leben von Frauen im Mittelalter herausfinden will?

Das Frankenreich entsteht

Mönchtum und Kloster >>>

Kaiserkrönung Karls des Großen (800)

Kaiserkrönu
Ottos I. (96

500 600 700 800 900

Zusammenfassung

Um 500 n. Chr. ging das Weströmische Reich unter. Die nachfolgende Zeit zwischen 500 und 1500 bezeichnet man als Mittelalter. Aus den verschiedenen Reichen der Völkerwanderungszeit ging im 5. und 6. Jahrhundert das Frankenreich hervor. Die Grundlagen dafür legte Chlodwig. Er bezeichnete sich als „König der Franken“ und trat am Ende des 5. Jahrhunderts zum Christentum über.

Unter Karl dem Großen erreichte das Frankenreich seine größte Ausdehnung. Mit seiner Kaiserkrönung im Jahr 800 n. Chr. beanspruchte Karl, Herr über das Römische Reich zu sein und so das Erbe des Imperium Romanum fortzuführen. Auf diese Weise erhielt sich auch die antike Kultur. Nach den Karolingern gelang es den Ottonen, deutsche Könige zu werden und sich vom Papst zu römischen Kaiser krönen zu lassen.

Die Verbreitung des Christentums war ein langwieriger Prozess. Missionare, die durch das Land zogen und die Menschen bekehrten, spielten dabei eine wichtige Rolle.

In so genannten Grundherrschaften bewirtschafteten unfreie Bauern für sich und ihre Grundherrn – zumeist Adlige oder auch Klöster – das Land. Das Lehnswesen regelte demgegenüber das Verhältnis von Freien: Gegen die Verleihung von Land verpflichtete sich der Lehnsmann – der so genannte Vasall – gegenüber dem Lehnsherrn zu politischer und militärischer Unterstützung.

1100	1200	1300	1400	1500

Daten

800: Kaiserkrönung Karls des Großen in Rom

Begriffe

Mittelalter, Missionierung, Papst, Reisekönigtum, Pfalz, Graf, Stammesherzog, Reichskirche, Ständegesellschaft, Grundherrschaft, Lehnswesen

Personen

Karl der Große
Otto der Große

Tipps zum Thema: Europa im frühen Mittelalter

Filmtipp

Karl der Große,
Bauerkrieger, Königsboten
und Gelehrte im Frankenreich,
Deutschland 1991

Lesetipp

Auguste Lechner:
Die Nibelungen. Glanzzeit und Untergang eines mächtigen Volkes, Würzburg 2005

Museen

Kaiserpfalz, Goslar

Kulturhistorisches Museum, Magdeburg

Aachener Dom und Domschatzkammer

Kommentierte Links: www.westermann.de/geschichte-linkliste

Adel. Privilegierter Stand, dessen Macht sich im Mittelalter auf Grundbesitz und kriegerischen Erfolg stützte. Im Frankenreich erhielten Adlige vom König Land (Lehnswesen), wofür sie als bewaffnete Reiter Heeresfolge leisten mussten. Von seinen Bauern verlangte der adlige Grundherr Abgaben und Frondienste, übernahm deren Schutz und sprach Recht. Der Adel entwickelte im Mittelalter besondere Lebensformen und war von Steuern befreit. Zum Adel zählte man durch Geburt (Geburtsadel) oder Dienst im Auftrag des Königs (Dienst- oder Amtsadel). Im 12. Jh. bildete sich der Hochadel heraus, an dessen Spitze die Kurfürsten standen. Zum niederen Adel zählten vor allem Ritter und Ministeriale.
Agora. Marktplatz und zumeist auch Versammlungsort der griechischen Polis.
Akropolis (gr. = Oberstadt). Burgberg der griechischen Polis, zumeist verbunden mit dem Tempel der Stadtgottheit.
Altsteinzeit. Siehe Steinzeit.
Antike. Die Zeit der griechisch-römischen Kultur im Altertum. Die Antike bildet zusammen mit dem Christentum die Grundlage der abendländischen Kultur.
Archäologie. Wissenschaft, die aufgrund von Ausgrabungen und Bodenfunden alte Kulturen erforscht.
Archon. Nach Abschaffung des Königtums wurden in Athen jährlich neun Archonten als oberste Beamte gewählt. Die Bestellung durch das Los nahm dem Amt seit 487 v. Chr. seine Bedeutung.
Areopag (gr. = Areshügel). Sitz des gleichnamigen Rates in Athen, der während der Adelszeit die politischen Entscheidungen fällte und oberster Gerichtshof war. Ihm gehörten die ehemaligen Archonten an. Nach Einführung der Demokratie verblieb ihm lediglich die Blutgerichtsbarkeit.
Aristokratie (griech. = Herrschaft der Besten). Staatsform, wo im Unterschied zur Monarchie oder Demokratie ein bevorzugter Teil des Volkes herrscht. In der Regel handelt es sich dabei um eine privilegierte, oftmals grundbesitzende Adelsschicht, wie sie z. B. in der frühen römischen Republik herrschte.

Bischof. Amtsträger der christlichen Kirche, dem die Verwaltung eines bestimmten Gebietes (Bistum, Diözese) übertragen ist. Aufgrund seines Lehr-, Priester- und Hirtenamtes beaufsichtigt der Bischof das Gemeindeleben in seiner Diözese. Er gilt nach katholischer Lehre als Nachfolger der Apostel.
Bronzezeit. Epoche etwa zwischen 2 500–800 v. Chr., in der sich die Verarbeitung von Bronze für Werkzeuge, Waffen und Schmuck durchsetzte. Die Technik entstand in Vorderasien und breitete sich seit etwa 1800 v. Chr. auch in Europa aus. Auf die Bronzezeit folgte die Eisenzeit.
Bürger. Wer an politischen Entscheidungen des Staates aktiv mitwirkte und das Bürgerrecht besaß, galt in der Antike als Bürger. In Griechenland vererbte sich das Bürgerrecht, konnte jedoch durch die Volksversammlung auch Fremden verliehen werden. Neben solchen Vollbürgern gab es auch Bürger mit eingeschränkten Rechten (z. B. Frauen). Römischer Bürger war man durch Geburt von römischen Eltern. Anfangs beschränkte sich das Bürgerrecht auf die Stadt Rom, wurde später auf die römischen Bundesgenossen übertragen und galt seit 212 n. Chr. für alle freien Reichsuntertanen.

Christentum. Eine der großen monotheistischen Weltreligionen. Gott gilt als Schöpfer der Welt und der Menschen. Die Vertreibung von Adam und Eva aus dem Paradies, die sich über ein Verbot Gottes hinweggesetzt hatten, ist Sinnbild für die Belastung des Menschen mit Sünden. Das Leben und Leiden von Jesus Christus verspricht den Menschen allerdings die Erlösung. Die Zehn Gebote bilden die Leitlinien für das Handeln des Einzelnen.

Demokratie (gr. = Herrschaft des Volkes). Die Staatsform der Demokratie ist in Athen entstanden. Sie beruht auf der Gleichheit aller Bürger, die über politische Entscheidungen in der Volksversammlung – der höchsten demokratischen Einrichtung – abstimmen (direkte Demokratie). Dennoch herrschte in der athenischen Demokratie nur eine Minderheit, da breite Bevölkerungsschichten keine politischen Rechte besaßen (Frauen, Sklaven).
Diadochen (gr. = Nachfolger). Die Feldherrn Alexanders d. Gr., die nach seinem Tod das Weltreich unter sich aufteilten. So entstanden mehrere unabhängige Staaten mit griechischen Herrscherfamilien (z. B. Ägypten unter den Ptolemäern).
Diktator. Während der frühen römischen Republik konnte bei einem Staatsnotstand ein außerordentlicher Beamter als Diktator eingesetzt werden. Seine Ernennung erfolgte auf Vorschlag des Senats durch einen der zwei Konsuln für höchstens 6 Monate. Während dieser Amtszeit hatte er weitreichende Befugnisse, doch blieben die Magistrate als untergeordnete Instanzen bestehen. Zu unterscheiden davon ist die Diktatur von Caesar, da er als unumschränkter Alleinherrscher ohne Begrenzung der Amtszeit regierte.

Eisenzeit. Epoche etwa ab 1000 v. Chr. (in Europa), in der sich Eisen als Rohstoff für Waffen und Werkzeuge durchsetzte. Sie löste die Bronzezeit ab.

Faustkeil. Meist aus Feuerstein gefertigtes Werkzeug der Altsteinzeit. Er wurde mithilfe eines Schlagsteins kegelförmig zugeschlagen und zum Stoß in der Faust geführt.
Forum (lat. = Marktplatz). Das Forum war in allen römischen Städten Mittelpunkt des öffentlichen Lebens und Zentrum für die städtischen Behörden. Magistratsgebäude, Tempel, Wandelgänge und Markthallen umgaben den Platz. Nach dem Vorbild des Forum Romanum wurden auch die Foren in den Städten der Provinzen erbaut.
Frondienst (althochdt. frô = Herr). Der hörige oder leibeigene Bauer musste für seinen Grundherrn unbezahlte Arbeit leisten. Je nach seiner rechtlichen Stellung waren diese Arbeiten nach Anzahl der Tage, Zeit, Ort und Art festgelegt. Zu den Frondiensten zählten besonders Bodenbestellung, Fuhrdienste sowie Burg-, Haus-, und Straßenbau.

Graf. Stellvertreter des Königs in einem bestimmten Gebiet mit dem Auftrag, den Frieden zu sichern und die Finanzen, d. h. die Zölle, zu verwalten. In der Karolingerzeit wuchs seine Bedeutung, da der Graf das Heeresaufgebot befehligte. Außerdem übte er im Namen des Königs die hohe Gerichtsbarkeit aus. Karl der Große hatte das Amt noch an Unfreie gegeben, doch bald wurde es in den vornehmen Familien erblich. Seit dem 12. Jh. machten einige Grafen ihr Herrschaftsgebiet zu selbstständigen Territorien und wurden zu Landesherren.
Grundherrschaft. Herrschaft über das Land und die darauf lebenden Menschen. Adelige, auch Klöster, gaben an meist unfreie Bauern (Hörige, Leibeigenschaft) Land zur Bewirtschaftung und gewährten den Bauern Schutz. Dafür leisteten diese Abgaben und Frondienste. Der Grundherr verfügte über die niedere Gerichtsbarkeit und verurteilte leichtere Vergehen; damit war er ein Teil der Obrigkeit. Die Grundherrschaft formte die europäische Wirtschaft und Gesellschaft über Jahrhunderte, in Deutschland bis zum Beginn des 19. Jh.

Hellenismus. Eine von Alexander d. Gr. eingeleitete Epoche, in der sich die griechische Kultur im gesamten Mittelmeerraum und bis in den Orient ausbreitete. Die Aufnahme orientalischer Elemente führte zu einer Mischkultur, in der das Griechische jedoch bestimmend blieb.
Herzog. Bei den Germanen der oberste gewählte Heerführer eines Stammes. Diese Stammesherzöge erlangten eine vom König fast unabhängige erbliche Macht. Sie lenkten ihre Herzogtümer Bayern, Schwaben, Sachsen, Franken und Lothringen als Kriegsherren und Friedenssicherer, als Richter und Gesetzgeber. Die Stammesherzöge wählten 919 den Sachsenherzog Heinrich zum König und gründeten damit das mittelalterliche Deutsche Reich. Seit dem 12. Jh. zerfielen die Stammesherzogtümer in zahlreiche fest umrissene Gebiete (Territorien), deren Einheit nicht mehr durch einen Stamm, sondern durch die Herrschaft des Landesherrn gebildet wurde.
Hieroglyphen (gr. = heilige Zeichen). Die Bilderschrift der alten Ägypter, die neben Zeichen für Begriffe auch Silben- und Konsonantenzeichen enthielt. Die Entzifferung gelang dem französischen Gelehrten Champollion.
Hochkultur. Wenn menschliche Gruppen in einer bestimmten Region typische Lebensformen entwickeln, spricht man von einer Kultur. Erkennbar ist sie anhand ihrer materiellen und geistigen Schöpfungen: Geräte, Waffen, Kleidung, Kunstwer-

ke, Siedlungen, Bestattungsarten, Religion, Formen des Zusammenlebens. – Seit etwa 3000 v. Chr. entstanden mit Ägypten und den sumerischen Stadtstaaten die ersten Hochkulturen. Ihre Kennzeichen sind zentrale Verwaltung, Schrift, städtische Lebensformen sowie ein gegliedertes Gesellschaftssystem mit Arbeitsteilung.

Hoplit. Schwer bewaffneter griechischer Fußsoldat, der in geschlossener Formation (Phalanx) kämpfte. Hopliten mussten das Bürgerrecht besitzen und für ihre Ausrüstung selbst aufkommen.

Höriger. Ein Bauer, dem ein Grundherr Land gegen Abgaben und Frondienste leiht. Hörigkeit war eine Form der dinglichen Abhängigkeit. Der Hörige bearbeitete den Boden selbstständig, war aber an ihn gebunden; das galt auch für seine Kinder und für den Fall, dass das Land verkauft wurde. Oft wurden Freie durch Schuldknechtschaft zu Hörigen oder sie unterstellten sich freiwillig dem Schutz eines Grundherrn, da sie den Kriegsdienst nicht mehr leisten konnten.

Hunnen. Nomadisches Reitervolk aus Innerasien, das im 4. Jh. n. Chr. aus den Steppen Südrusslands nach Westen vordrang und die germanische Völkerwanderung auslöste. Als Attila 434 König der Hunnen wurde, beherrschten sie weite Teile Europas zwischen Donau und Ostsee, Rhein und Ukraine. Von dort unternahmen sie Plünderungszüge und erhielten riesige Tributzahlungen. 451 erlitten die Hunnen auf den Katalaunischen Feldern eine verheerende Niederlage gegen ein Bündnis germanischer Stämme unter Führung des Römers Aetius. Danach zerfiel das Hunnenreich rasch.

Jungsteinzeit. Siehe Steinzeit.

Kaiserzeit. Nach Caesars Ermordung führte dessen Adoptivsohn Oktavian, mit dem das römische Kaisertum beginnt, den Beinamen „Caesar". Daraus ging unser Lehnwort „Kaiser" hervor. Zugleich wurde Oktavian der Ehrentitel „Augustus" (= der Erhabene) verliehen. Seither führten alle Herrscher des Römischen Reichs die Kaisertitel Caesar, Augustus und Imperator. Nach dem Sieg des Christentums verstanden sich die römischen Kaiser als Weltenherrscher, die im Auftrag Gottes regierten.

Kalender. Um den Zeitpunkt der jährlichen Nilüberschwemmungen exakt zu berechen, ersannen die Ägypter ein System der Zeitrechnung: den Kalender. Aus astronomischen Berechnungen ermittelten sie ein Kalenderjahr von 365 Tagen, das sie in drei Jahreszeiten einteilten: Überschwemmung, Aussaat, Ernte. Jede Jahreszeit umfasste 4 Monate zu 30 Tagen; hinzu kamen 5 Zusatztage, die sich am Ende des Jahres befanden, sowie Schalttage.

Kelten. Volksstamm, der zwischen 800 v. Chr. und Christi Geburt weite Teile Europas beherrschte. Ihr Ursprungsgebiet erstreckte sich über Ostfrankreich, Süddeutschland und Böhmen. Metallverarbeitung und Kunsthandwerk standen bei ihnen in hoher Blüte. Unter ihren Fürsten lebten sie in befestigten Siedlungen, die häufig auf Bergeshöhen lagen. Das Vordringen der Römer und Germanen vernichtete die Macht der Kelten. Reste des keltischen Volkstums finden sich z. B. in Irland, Wales und der Bretagne.

Klientel. Die meisten Römer waren in republikanischer Zeit Klienten (Schutzbefohlene) eines einflussreichen adligen Patrons (Schutzherr). Sie unterstützten dessen politische Absichten, traten bei Wahlen für ihn ein und bildeten seine Anhängerschaft. Für diese Treue schuldete der Patron dem Klienten Schutz und Hilfe in allen Nöten und vertrat seine Interessen vor Gericht. Dieses Schutz- und Treueverhältnis (Klientel) stützte den Einfluss adliger Politiker und brachte armen Bürgern manche Vorteile.

Kloster (lat. claustrum = abgeschlossen). Durch eine Mauer von der Welt abgetrennter Lebensraum von Mönchen oder Nonnen. Diese haben Gelübde abgelegt, in Armut, Gehorsam und Ehelosigkeit ihr Leben im Dienst Gottes zu führen. Die Leitung hat ein Abt oder Prior. Benedikt von Nursia gab um 530 den zahlreichen abendländischen Klöstern einen klaren Aufbau und strenge Regeln, die jahrhundertelang gültig blieben.

Kolonisation. Im Altertum kolonisierten besonders Phöniker, Griechen und Römer durch Neugründung von Städten in fremden Gebieten. Landmangel und Übervölkerung führten im 8.–6. Jh. v. Chr. zur Besiedlung der Mittelmeerküsten durch die Griechen. Die dort gegründeten Kolonien waren von ihren Mutterstädten unabhängig, blieben jedoch durch geistige und oftmals wirtschaftliche Bande mit ihnen verbunden. Die römischen Kolonien dienten der militärischen Sicherung eroberter Gebiete. In ihnen wurden häufig ausgediente Soldaten (Veteranen) angesiedelt.

Konsul. Titel der zwei höchsten Beamten der römischen Republik, die für ein Jahr gewählt wurden. Anfangs stand das Amt nur Patriziern offen, seit 367 v. Chr. auch Plebejern. Die Konsuln führten die Regierungsgeschäfte, beaufsichtigten die Militär- und Zivilverwaltung, beriefen Senat und Volksversammlung ein und hatten im Krieg den Oberbefehl. Das Amt verlor in der Kaiserzeit seine Bedeutung.

Kurfürst (althochdt. kuri = Wahl). Ein Fürst, der das Recht hatte, den Herrscher zu wählen. Allmählich erlangte im Deutschen Reich eine Gruppe von sieben Fürsten dieses Privileg und bildete so die Spitze des Hochadels. Es waren die Erzbischöfe von Mainz, Köln und Trier, der Pfalzgraf bei Rhein, der Herzog von Sachsen, der Markgraf von Brandenburg und der König von Böhmen. Die Goldene Bulle von 1356 bestimmte endgültig allein diese Kurfürsten zur Königswahl und legte ein Mehrheitswahlrecht fest. Weiterhin bestimmte sie die Unteilbarkeit der Kurländer sowie das Erstgeburtsrecht bei der Erbfolge.

Lehnswesen. Es entstand im 8. Jh. im Frankenreich und bildete die Grundlage der politisch-gesellschaftlichen Ordnung des Mittelalters. Der König (Lehnsherr) verlieh seinen Gefolgsmännern Land und Leute als Lehen. Dafür schuldete der Lehnsmann (Vasall) seinem Lehnsherrn lebenslange Treue, Gefolgschaft und Waffendienst. Mächtige Lehnsleute verliehen Grundbesitz an Untervasallen weiter. Da Lehen frühzeitig erblich wurden, erlangten die Lehnsleute eine starke Machtposition gegenüber dem König. Das führte in Deutschland zu einer Schwächung der zentralen Staatsgewalt.

Limes. Befestigte Grenzlinie des Römischen Reiches. Umfangreiche Grenzbefestigungen entstanden besonders in Britannien, an Rhein und Donau, in Dakien und Nordafrika.

Metöken (gr. = Mitbewohner). Name der freien Bewohner Athens, die keine attischen Bürger waren. Gegenüber anderen Fremden genossen sie bestimmte Vorrechte und waren, da ihnen Landbesitz verwehrt war, vorwiegend im Handel und Handwerk tätig.

Ministeriale (= Dienstleute) weltliche oder geistliche Herren beauftragten Ministeriale mit Hof- und Kriegsdiensten oder mit der Verwaltung ihrer Besitzungen. Die Könige nahmen für solche Aufgaben oft Unfreie, da sie ihnen treuer ergeben waren als die selbstbewussten großen Adligen. Die Staufferherrscher versuchten sogar – allerdings erfolglos – mithilfe der Ministerialen eine Reichsverwaltung aufzubauen und die Macht des hohen Adels zu brechen. Die Ministerialen glichen sich allmählich dem Adel an und stiegen in den Ritterstand auf.

Mittelalter. Das Mittelalter bezeichnet den Zeitraum zwischen der Antike und der Neuzeit, umfasst also den Zeitraum von etwa 500 bis 1500 n. Chr. Der Anfang und das Ende werden jeweils von bedeutenden Ereignissen, wie zum Beispiel dem Untergang des Weströmischen Reiches 476 n. Chr. oder der Entdeckung Amerikas durch Christoph Kolumbus 1492 markiert. Allerdings ist mit fließenden Übergängen zwischen den Epochen zu rechnen.

Monarchie. Im Gegensatz zur Aristokratie und Demokratie die Herrschaft eines Einzelnen im Staat. Entscheidend ist dabei die Rechtmäßigkeit der Herrschaft entweder durch Wahl oder Erbrecht. Die Regierungszeit eines Monarchen ist in der Regel unbeschränkt.

Mönchtum. Das christliche Mönchtum wurzelt in der Absage an die Welt und der Hinwendung zu Gott. Erste Mönche waren Einsiedler, die im 4. Jahrhundert n. Chr. Familie und Beruf verließen, um allein an unwirtlichen Orten zu leben. Der Zusammenschluss mehrerer Mönche oder Nonnen zu einer Gesellschaft, die nach bestimmten Regeln lebte, erfolgte im Kloster. Für das westliche Mönchtum wurde die Regel des Benedikt von Nursia aus dem 6. Jahrhundert n. Chr. wegweisend. Grundregeln sind Armut, Gehorsam und sexuelle Enthaltsamkeit.

Monotheismus (gr. mono = allein; Theismus = Gottesglaube). Der Glaube an einen einzigen Gott. In der vom Polytheismus geprägten Zeit der Hochkulturen und der Antike waren zuerst das Judentum, dann das Christentum die einzigen monotheistischen Religionen.

Neandertaler. Menschengruppe der Altsteinzeit (Steinzeit), benannt nach Skelettresten, die der Forscher J.C. Fuhlrott 1856 im Neandertal bei Düsseldorf entdeckte. Der Neandertaler zählt zu den Altmenschen und tritt mit ersten Vorläufern vermutlich um 250 000 v. Chr. auf. Den klassischen Neandertaler gibt es seit etwa 100 000 v. Chr. mit Fundresten vor allem in Europa. Besondere Kennzeichen sind ein robuster Körperbau, eine fliehende Stirn, kräftige Überaugenwülste sowie ein weit nach vorn gerücktes Gebiss. Die Gründe für ihr Aussterben um 35 000 v. Chr. sind umstritten, werden aber häufig mit der verstärkten Ausbreitung der eiszeitlichen Jetztmenschen in Verbindung gebracht.
Nobilität (lat. nobilis = edel). Als nach den Ständekämpfen in Rom auch Plebejern höchste Ämter offen standen, verschmolzen die führenden Plebejerfamilien mit den alten Patriziergeschlechtern allmählich zu einer neuen Oberschicht: der Nobilität. Die Bekleidung eines Staatsamtes wurde nun zum Merkmal des hohen Adels und die Nobilität bestimmte maßgeblich die römische Politik.
Nomaden. Viehhalter, die mit ihren Herden sowie ihrer gesamten Habe regelmäßige Wanderbewegungen durchführen, um geeignete Weideplätze aufzusuchen.

Olympische Spiele. Seit 776 v. Chr. fanden in Olympia alle 4 Jahre sportliche Wettkämpfe statt, die mit feierlichen Kulthandlungen verbunden waren. Die Olympischen Spiele erstreckten sich über 5 Tage und waren ein nationales Bindeglied zwischen den oftmals zerstrittenen griechischen Stämmen und Stadtstaaten. Während der Spiele herrschte ein allgemeiner Landfriede. Die letzten Spiele der Antike fanden 393 n. Chr. statt und wurden 394 n. Chr. durch Kaiser Theodosius verboten.

Papst (lat. papa = Vater). Die Bischöfe von Rom betrachteten sich als Nachfolger des Apostel Petrus und beanspruchten daher schon früh eine Vorrangstellung in der Gesamtkirche. Dieser Anspruch wurde auf dem Konzil von Nicäa, das Kaiser Konstantin 325 einberufen hatte, von den Bischöfen des lateinischen Westens anerkannt. Die Bischöfe des griechischen Ostens erkannten den Vorrang (Primat) Roms jedoch nicht an, was später zur Abspaltung der Orthodoxen Kirche führte. Den Ehrentitel „papa", der ursprünglich allen Bischöfen zustand, führte seit dem 5. Jh. allein der römische Bischof.
Papyrus (Plur. Papyri). Grasartige Pflanze, die in den Sümpfen des Nil wächst. Sie lieferte im alten Ägypten das Rohmaterial für die Herstellung des Schriftträgers Papyrus. Das in Streifen zerschnittene Mark der Pflanze wurde nebeneinander gelegt und mit einer zweiten, rechtwinklig darüber gebreiteten Schicht durch Klopfen und Pressen verbunden. Die Pflanze enthält genügend Bindemittel, sodass Klebstoffe nicht erforderlich waren. Die ältesten Papyri stammen aus dem 3. Jahrtausend v. Chr.
Patrizier (lat. patres = Väter). In der Frühzeit der römischen Republik die alten Adelsfamilien, die die politische Führung bildeten und den Senat stellten. Nach den Ständekämpfen wuchsen sie mit der Führungsschicht der Plebejer zur Nobilität zusammen.
Pfalz (lat. palatium = Palast). Das Frankenreich und das Deutsche Reich des Mittelalters kannten keine Hauptstadt. Der Herrscher reiste mit seinem Hofstaat, seiner Familie, seinen Beamten und Priestern durch sein Herrschaftsgebiet. Auf den Pfalzen, die im ganzen Reichsgebiet verstreut lagen, übte er seine Herrschaft an Ort und Stelle persönlich aus.
Pharao (ägypt. = Großes Haus). Die Bezeichnung des ägyptischen Herrschers. Der Name wurde ursprünglich nur für den königlichen Palast gebraucht und ging später auf den König selbst über.
Plebejer. In der Frühzeit der römischen Republik die große Masse der Bürger ganz unterschiedlicher Herkunft, die von der Staatsführung ausgeschlossen waren. Im Kampf gegen die regierenden Patrizier erlangten sie schließlich die politische Gleichberechtigung und führenden Plebejerfamilien gelang der Aufstieg in den Adel (Nobilität). Die Gleichsetzung des Begriffs Plebejer mit der sozialen Unterschicht wurde erst in der Kaiserzeit üblich.
Polis. Im antiken Griechenland eine Stadt einschließlich des umliegenden Landgebietes. Die Polis (Plur. Poleis) war politischer und religiöser Mittelpunkt ihres Gebietes und Tagungsort des Rates und der Volksversammlung. Man spricht daher auch von einem Stadtstaat, obwohl viele Poleis kaum die Größe eines Dorfes überschritten. Da jede Polis auf politische Selbstständigkeit und wirtschaftliche Unabhängigkeit bedacht war, kam es zu keinem einheitlichen griechischen Staat.
Polytheismus (gr. poly = viel; Theismus = Gottesglaube). Religion, in der viele Gottheiten verehrt werden, die nach der Vorstellung der Menschen jeweils verschiedene Wirkungsbereiche haben. Die Glaubensvorstellungen der alten Ägypter, der Griechen und der Römer war polytheistisch (vgl. Monotheismus).
Prätor (lat. = der Vorangehende). Ursprünglich war der Prätor wohl Heerführer des römischen Königs, doch wandelte sich sein Aufgabenbereich zur Zeit der Republik. Seit 367 v. Chr. waren Prätoren für die römische Gerichtsbarkeit zuständig und nach den Konsuln die ranghöchsten Magistrate. Die Ausdehnung des römischen Staates führte zur Einsetzung eines zusätzlichen Fremden-Prätors, der für Prozesse mit Nichtbürgern verantwortlich war. Nach Ablauf ihres Amtsjahres erhielten Prätoren eine Position als Provinzstatthalter und nahmen danach einen Sitz im Senat ein.
Prinzipat. Der römische Kaiser Augustus nannte sich Princeps (= der Erste), um seine Stellung im Staat von Königtum und Diktatur abzugrenzen. Tatsächlich besaß er jedoch die alleinige Macht, obwohl die republikanischen Einrichtungen unter ihm fortbestanden. Diese neue monarchische Staatsform, mit der das römische Kaisertum beginnt, wird als Prinzipat bezeichnet.
Proletarier. Bezeichnung für die besitzlose Schicht römischer Bürger, die lediglich über eine Nachkommenschaft (lat. = proles) verfügten. Sie mussten keine Steuern zahlen und bis ins 1. Jh. v. Chr. auch keinen Militärdienst leisten. Die Proletarier entstammten dem verarmten Bauernstand sowie der Unterschicht der römischen Stadtbevölkerung.
Provinz. Die von Rom erworbenen Gebiete außerhalb Italiens hießen Provinzen. Sie erhielten ein auf ihre politischen und kulturellen Verhältnisse abgestimmtes Provinzrecht (lex provincialis) und wurden von Statthaltern verwaltet. Die Provinzbewohner galten als Untertanen ohne römisches Bürgerrecht (Bürger) und hatten Steuern und Tribute zu entrichten. Unter Kaiser Augustus wurde die Provinzialverwaltung reformiert. Es entstanden Provinziallandtage mit Beschwerderecht beim Kaiser und verschiedene Gesetze, die sich gegen die Ausbeutung der Bewohner richteten.
Pyramide. Auf viereckiger Grundlage aufgebautes, spitz zulaufendes steinernes Grabmal der Pharaonen in Ägypten. Die ersten Pyramiden entstanden seit 2600 v. Chr.

Quästor (lat. = der Untersucher). Zur Zeit der römischen Republik waren die Quästoren für das Finanzwesen, die Verwaltung der Staatskasse und den Einzug der Steuern verantwortlich. Mit der Ausdehnung des römischen Staates traten weitere Quästoren hinzu, die ihr Amt in den Provinzen als Gehilfen der Statthalter ausübten. Die Quästoren waren Jahresbeamte und nahmen innerhalb der Magistrate die unterste Rangstufe ein.
Quelle. Überlieferung, aus der Informationen über die Vergangenheit ermittelt werden können. Es werden verschiedene Quellenarten unterschieden: Schriftliche Quellen (z. B. Papyrus- und Pergamenthandschriften, Inschriften, Briefe oder Verträge), gegenständliche Quellen (z. B. Gebrauchsgegenstände oder Bauwerke), Bildquellen (z. B. Gemälde, Fotos oder historische Karten) sowie mündliche Quellen (z. B. Augenzeugenberichte).

Rat der Fünfhundert. Wichtiges Staatsorgan der athenischen Demokratie, das von Kleisthenes begründet wurde. Der Rat hatte 500 Mitglieder, die jährlich durch das Los bestellt wurden. Ratsfähig war jeder Bürger Athens. Ein Gremium von 50 Ratsherren führte für jeweils 36 Tage die Regierungsgeschäfte. Der Rat bereitete die Sitzungen der Volksversammlung vor, überwachte die gesamte Verwaltung und leitete die Außenpolitik.

Reichskirche. Die ottonischen und salischen Könige setzten Bischöfe und Äbte in hohe Staatsämter ein und übertrugen ihnen große Besitzungen. Durch diese Maßnahme wollten sie dem Machtanspruch der Stammesherzöge begegnen, die sich gegen die zentrale Reichsgewalt auflehnten. Die Reichskirche wurde auf diese Weise zur wichtigsten Stütze des Königtums, bildete ein Gegengewicht zu den Herzögen und war Verfechterin der Reichseinheit. Erst der Investiturstreit stellte dieses System infrage, da dem König die Investitur von Bischöfen entzogen wurde.

Reichsstände. Politische Mächte im Deutschen Reich, die Sitz und Stimme im Reichstag besaßen. Hierzu zählten die geistlichen Reichsstände (z. B. Bischöfe, Äbte), die weltlichen Reichsstände (Herzöge, Grafen) sowie die Reichsstädte. Im Reichstag, den der König einberief, gliederten sich diese Reichsstände seit 1489 in drei Gruppen (Kurien) auf: Kurfürstenrat, Fürstenrat und Reichsstädte. Das Stimmrecht dieser Kurien war unterschiedlich geregelt.

Reichsteilung. Nach dem Ende des Weströmischen Reiches um 500 n. Chr. im Zuge der Völkerwanderung entstanden in den nachfolgenden Jahrhunderten auf dem Gebiet des ehemaligen Imperium Romanum drei große Reiche: Der östliche Teil des Römischen Reiches mit der Hauptstadt Konstantinopel bestand als Byzantinisches Reich fort; der südliche Teil des Römischen Reiches wurde ab dem 7. Jahrhundert von arabischen Herrschern erobert; im westlichen Teil des Römischen Reiches kam es schließlich zur Reichsbildung der Franken.

Republik (lat. res publica = öffentliche Angelegenheit). Staatsform, in der das Volk oder eine bestimmte Schicht des Volkes (z. B. der Adel) die Macht ausübt. So war z. B. das antike Athen eine demokratische Republik. Die römische Republik hingegen, die von adligen Patriziern beherrscht wurde, war eine aristokratische Republik (Aristokratie).

Romanisierung. Die Beeinflussung und Durchdringung eines Volkes mit der römischen Kultur und der lateinischen Sprache zur Zeit des Römischen Reiches.

Scherbengericht (Ostrakismos; von gr. ostrakon = Tonscherbe). Sobald ein Bürger Athens im Verdacht stand, die Demokratie zu gefährden, konnte er durch ein Scherbengericht aus der Polis verbannt werden. Am Ostrakismos, den zuvor die Volksversammlung zu beschließen hatte, mussten mindestens 6000 Bürger teilnehmen. Zur Abstimmung schrieben sie den Namen der Person, die sie zu verbannen wünschten, auf eine Tonscherbe. Wer die meisten Stimmen erhielt, musste das Land für 10 Jahre verlassen. Der Verbannte behielt alle bürgerlichen Rechte und Ehren sowie sein Eigentum. Das Scherbengericht war somit keine Strafe für eine Verfehlung, sondern diente der Stabilität der Polis bei innenpolitischen Auseinandersetzungen.

Senat. Ursprünglich „Rat der Alten“, in den zur Zeit der römischen Republik vor allem ehemalige Magistrate auf Lebenszeit aufgenommen wurden. Aufgrund der Autorität und Erfahrung seiner Senatoren lenkte der Senat praktisch den Staat, obwohl seine Aufgaben gesetzlich nirgends festgelegt waren. Besonders im Gegensatz zu den jährlich wechselnden Beamten garantierte er eine kontinuierliche Staatsführung, bestimmte die Außenpolitik und beanspruchte ein Aufsichtsrecht über die staatliche Ordnung.

Sklaventum. Sklaverei war vielfach eine Folge von Krieg, Raub und Verschuldung. Der Sklave war frei verfügbares Eigentum seines Herrn und vererbte diesen Status auf seine Nachkommen. Sklaverei war bei den Völkern des Altertums weit verbreitet, und wir finden Sklaven im Bergbau und Handwerk, im Haushalt und Erziehungswesen, in der Landwirtschaft und Staatsverwaltung. Ihr Los war unterschiedlich und hing vom Herrn und der Tätigkeit ab. Im Römischen Reich kam es auch zur Freilassung von Sklaven, die damit das römische Bürgerrecht erwarben.

Ständegesellschaft. Die europäische Gesellschaft war bis zur Französischen Revolution (1789) unterteilt in Gruppen mit verschiedenen Rechten. Jeder Mensch wurde in seinen gesellschaftlichen Stand hineingeboren. Diese strenge und verbindliche Rangordnung galt als gottgegeben. Die Geistlichen bildeten den ersten Stand (Lehrstand), die Adligen den zweiten (Wehrstand). Die große Masse der Bauern bildete den dritten Stand (Nährstand), zu dem später auch die Bürger zählten. Außerhalb der Ständegesellschaft blieben sozial Verachtete (z. B. Henker, Spielleute, Dirnen) sowie die Juden.

Steinzeit. Älteste und längste Epoche der Vorgeschichte, benannt nach dem vorwiegend verwendeten Material für Waffen und Werkzeuge. Man unterscheidet „Altsteinzeit“ (etwa 2 Mill. Jahre–15 000 v. Chr.) und „Jungsteinzeit“ (etwa 10 000–2 000 v. Chr.). Während der Altsteinzeit lebten die Menschen als Jäger und Sammler in umherstreifenden Horden zusammen. In der Jungsteinzeit gingen sie zum Ackerbau und zur Tierzucht über und wohnten in Siedlungen. Auf die Steinzeit folgte die Bronzezeit.

Triumvirat (lat. = Dreimännerbund). In Rom wurden hin und wieder für verschiedene staatliche Aufgaben Dreimännerkollegien eingesetzt. Auf private Absprache basierte hingegen das Triumvirat von Caesar, Pompeius und Crassus, das 60 v. Chr. zur Durchsetzung politischer Interessen gegründet wurde. Dieses Bündnis bildete die Grundlage für den späteren Aufstieg Caesars an die Spitze des römischen Staates.

Tyrannis. Herrschaftsform in der griechischen Antike, bei der ein Alleinherrscher (Tyrann) die politische Macht in einer Polis unrechtmäßig übernahm. Häufig hatte er beim Umsturz das Volk auf seiner Seite.

Völkerwanderung. Verschiebungen germanischer Völker, die sich vom 4.–6. Jh. n. Chr. in Europa vollzogen. Auslöser der Völkerwanderung waren die Hunnen, die im Jahr 375 in die Donautiefebene vordrangen. Zahlreiche germanische Völker wurden von ihnen mitgerissen oder verlagerten ihre Siedlungsgebiete. Einige Stämme durchzogen plündernd das Römische Reich und gründeten auf seinem Boden kurzlebige Germanenreiche, so z. B. die Ostgoten in Italien, die Westgoten in Spanien und Südfrankreich, die Wandalen in Nordafrika und die Burgunder am Rhein.

Volksgericht. Die Einführung von Volksgerichten in Athen geht auf Solon zurück. Jeder über 30 Jahre alte Bürger konnte als Richter an der Verhandlung teilnehmen. Seit dem 5. Jh. v. Chr. wurden aus der Bürgerschaft jährlich 6000 Volksrichter ausgelost. Bei Verhandlungen wurde das Urteil nach Anhörung der Parteien in geheimer Abstimmung gefällt. Für ihre Tätigkeit erhielten die Richter Diäten (Tagegelder).

Volkstribun. Um sich vor Übergriffen durch die Patrizier zu schützen, wählten die Plebejer in Rom seit 490 v. Chr. Volkstribunen. Jeder der 10 Volkstribunen war unverletzlich und hatte ein Vetorecht (Einspruchsrecht) gegen jeden Magistrats- und Senatsbeschluss, sofern er den Interessen der Plebejer zuwiderlief. Seit der Kaiserzeit war das Amt entmachtet.

Volksversammlung. Die Versammlung aller stimmberechtigten Bürger eines Staates zur Wahrnehmung ihrer politischen Rechte wird Volksversammlung genannt. Sie war in den demokratischen griechischen Stadtstaaten die höchste politische Instanz und entschied über wichtige politische Angelegenheiten. Die römische Volksversammlung war mehrfach gegliedert, doch hatten hier – im Gegensatz zur demokratischen griechischen Polis – die wohlhabenden Bürger ein Übergewicht. Zur Kaiserzeit büßte die Volksversammlung ihre Bedeutung ein.

Vorgeschichte. Die Epoche der Menschheitsgeschichte, aus der keine schriftlichen Überlieferungen vorliegen. Sie endet um 3000 v. Chr. mit den ersten Schriftquellen der Sumerer und Ägypter.

Ägyptisches Fremdenverkehrsamt, Frankfurt/M.: 56 M3
akg-images, Berlin: 8 M1, 15 M4 + M5, 16/17, 27, 28 M1 o., 32, 40 o.li. + u.re., 41 u., 49 M5 (E. Lessing), 53 M3, 58 M3, 65 o.li. + o.re., 67 M3 (E. Lessing), 72 M1, 75 M8 (J. Hios), 92 M1 (E. Lessing), 98 M1, 99 M5, 99 M6 (E. Lessing), 104 u., 105 li. 3.v.o., 106 M2, 112 M4, 114 M2, 119 M2, 120 M4 + M5, 126 M4, 145 M2
Ancient Egypt Picture Library, Bob Partridge, Knutsford Chesire: 45 M8
Archäologische Rekonstruktionswerkstatt D. von Brandt, Aachen: 30 M6
Askani, B., Schwetzingen: 74 M5, 86 M1, 87 M2, 178 M5

Bayerische Staatsbibliothek, München: 150 o.re. + 170 M3 (Clm. 210, fol. 91 r)
Bayerische Staatssammlung für Paläontologie und Geologie, München/Dr. E. Rieber: 16 u.li., 18 M1–M3, 19 M4, 21 M9
Bayerisches Landesamt für Denkmalpflege, Abt. Bodendenkmalpflege, München: 134 M4 (Dr. E. Keller)
© 1999 Beltz & Gelberg, Weinheim: 167 M3
Bevilacqua, C.: 94 M8
Bildarchiv Preußischer Kulturbesitz, Berlin: 16 o.li., 23 M4, 26 M1, 46 M1 (Hoffmann), 52 M1, 58 M4, 65 Mi.re., 73 M3 (Antikensammlung/SMB/I. Geske), 79 M6, 85 M3, 89 M7, 93 M3 (Antikenmuseum/SMB/J. Laurentius), 94 M7 (J. Laurentius), 115 M3 (Scala), 125 M3, 162 M2
Bilderberg, Hamburg: 6 u. + 21 M10 (Rekonstruktion von W. Schnaubelt u. N. Kieser/Wildlife Art/Hess. Landesmuseum, Darmstadt/Geo/Th. Ernsting)
Bistum Fulda: 150 u.re., 156 M1, 157 M2
Blume Bild, Celle: 6/7
Bridgeman Art Library, London: 90 M1 (Museo Archeologico Nazionale, Neapel), 106 M1 (Giraudon/Museo Nazionale Etrusco di Villa Giulia Rom)
British Museum, London: 60/61 M5, 78 M3, 87 M3, 114 M1

© CORBIS, Düsseldorf: 100 M7 (R. Vanni)

Das digitale Bildarchiv P. Widmann, Tutzing: 145 M3
Derichs, J., Göttingen: 7 o., 12 (4), 13 (6)
Deutsches Archäologisches Institut, Madrid: 118 M1 (P. Witte DAI-MAR-01-79-69)
Dixon, M., Dover: 105 u., 132 M1

F1 online, Frankfurt/M.: 15 M7

Gemeinnützige Stiftung L. von Matt, Buochs: 110 M1
Germanisches Nationalmuseum, Nürnberg: 164 M6

Hehmann, M., Osnabrück: 140 M10
Hessisches Staatsarchiv, Marburg: 176 M2 (Urk. RI Stift Fulda 936 Okt. 14)
Hirmer Verlag, München: 65 u.re., 80 M1, 88 M6
Historisches Archiv der Stadt Köln: 180 M1 (Rheinisches Bildarchiv)

Kärtner Ansichtskartenverlag Schilcher-Steinmann, Klagenfurt: 134 M7 o.
Kesper, I., Salzkotten: 24 M5, 44 M7

Lade, Helga, Frankfurt/M.: 42/43
laif, Köln: 64/65 (Huber)
Landesamt für Denkmalpflege Baden-Württemberg, Stuttgart: 9 M3
Landesamt für Denkmalpflege Hessen, Wiesbaden: 17 u. + 36 M5 (A. Stiffler), 36 M4 (O. Braasch), 36 M6 (P. Will), 37 M8–M10 (U. Seitz-Gray), 134 M6 (O. Braasch)
Landeshauptarchiv Sachsen-Anhalt, Abt. Magdeburg: 177 M3 (Rep. U1)
Landesmuseum für Vorgeschichte, Dresden: 22 M2 (Faustkeil)
Landesmuseum Natur und Mensch, Oldenburg: 16 o.re., 30 M10
Liepe, J., Berlin: 47 M2
Lorenz, R., Bissendorf: 54 M1
Lotus Film, E. Thiem, Kaufbeuren: 40 o.re., 41 o., 43 M3, 48 M3,

Mahlburg, W., Hanau: 138 M6
mauritius-images, Mittenwald: 55 M2 (J. Beck), 104/105 (Pigneter), 119 M3 (Waldkirch)
Museum im Schloß, Bad Pyrmont: 136 M2

Naturkundemuseum, Leipzig: 22 M2 (Schaber)
Niedersächsisches Staatsarchiv, Wolfenbüttel/B.P. Keiser: 181 M2 (Sig. 6 Urk. 11)

Picture Alliance, Franfurt/M.: akg-images: 64 u.li. (D.E. Hoppe), 67 M4 (Rodemann), 176 M1; dpa: 58 M2 (K. Scholz), 64 u.re. (H. Hollemann), 65 u.li. (M. Jung), 75 M7 (A. Neumeier), 141 M13 (P. Brenneken)

Réunion des Musées Nationaux, Paris: 126 M5, 164 M5, 183 M4
Rheinisches Amt für Bodendenkmalpflege, Bonn: 9 M4
Ricciarini: 40 u.li.
Rizzoli, Mailand: Titel (Münze)
Rogger, Dr. H., Gröbenzell: 105 o.li.
Römer, H.-H., Wuppertal: 87 M4
Römisch-Germanische Kommission des Deutschen Archäologischen Instituts, Frankfurt/M.: 17 o.li., 24 M6
Römisch Germanisches Museum, Köln: 6 o.li., 28 M1 (Tongefäß), 29 M3 (S. Siegers), 133 M3, 134 M7 u., 143 M3 + M4
Römisch-Germanisches Zentralmuseum, Mainz: 35 M2, 113 M7
Rosgartenmuseum, Konstanz: 22 M2 (Hapunen u. Nadeln)

Sächsische Landesbibliothek, Deutsche Fotothek, Dresden: 144 M1
© Scala, Florenz: 124 M2, 127 M8
Scherl, "Geschichte unseres Volkes", Oldenbourg 1955: 160 M2, 163 M3
Silkeborg Museum, Denmark: 136 M1
Simon, H. u. E., Nürnberg: 29 M5
Staatliche Antikensammlung, München: 66 M2 (Studio Koppermann)
Staatliche Kunstsammlungen, Dresden: 68 M6 (Skulpturensammlung)
Staatliche Kunstsammlungen, Kassel: 68 M5
Staatliche Münzsammlung, München: 111 M2, 122 M1 + M2, 147 M8 + M9
Südtiroler Archäologiemuseum, Bozen, www.iceman.it: 16 u.re., 31 M11 + M12

Theiss Verlag, Stuttgart: 137 M4
Thüringisches Landesamt für Archäologische Denkmalpflege, Weimar: 22 M2 (Harpune)
Tonn, D., Bovenden: 22 M1, 25 M7, 38/39, 50 M1 + M3, 62/63, 77 M2, 102/103, 122 M3, 123, 148/149, 184/185
Tourist-Information Trier: 135 M8

ullstein bild, Berlin: 6 o.re., 15 M6 (photothek)
Universitätsbibliothek, Heidelberg: 150 u.li., 173 M2

Verkehrsverein Bad Aachen: 150/151, 162 M1
Verlag Philipp von Zabern, Mainz: 58 M1
VISUM, Hamburg: 19 M5 (D. Gebhardt)

Wadsworth Athenaum, Hartford: 93 M4
Westermann Archiv: 42 M6, 44 M6, 81 M2, 97 M3, 142 M2
Wrobel, W., Freyung: 10 M5, 11 M7 + M8

alle übrigen Karten und Schaubilder: Westermann Kartographie/Technisch Graphische Abteilung, Braunschweig